高等职业教育财经商贸类专业基础课系列教材

企业财务管理

解建秀 苏英伟 主　编
李盼盼 副主编

清华大学出版社
北京

内 容 简 介

本书以任务驱动为理念，以财务管理岗位实际工作任务所需的知识和能力为依据，选取具有适用性、针对性的教学内容，系统阐述了企业在资金的筹集、投放、营运、分配等一系列管理活动中进行预测、决策、预算、控制和分析的原理、方法及技巧。本书共8个项目，包括财务管理认知、财务管理的价值观念、筹资管理、项目投资管理、证券投资管理、营运资金管理、利润分配管理和财务预算。每个项目设置项目目标、项目任务、项目训练等环节，帮助学生掌握科学的财务管理方法和技能，培养其分析和解决问题的能力，为将来的实际工作打下坚实的基础。本书的另一大特色是将Excel在财务中的应用具体体现在有关项目的决策中，以提高学生运用Excel的能力。本书每个项目中设置思政园地，旨在帮助学生树立正确的财务观和价值观，用智慧和创新回报社会。

本书每个项目均配有教学视频和教学课件，内容具有较强的实用性，可作为高等职业院校财务会计类相关专业的教材，也可作为企业财务管理人员的学习参考书。

本书封面贴有清华大学出版社防伪标签，无标签者不得销售。
版权所有，侵权必究。举报：010-62782989，beiqinquan@tup.tsinghua.edu.cn。

图书在版编目（CIP）数据

企业财务管理 / 解建秀，苏英伟主编. —北京：清华大学出版社，2022.10
高等职业教育财经商贸类专业基础课系列教材
ISBN 978-7-302-61641-2

Ⅰ. ①企… Ⅱ. ①解… ②苏… Ⅲ. ①企业管理－财务管理－高等职业教育－教材 Ⅳ. ①F275

中国版本图书馆CIP数据核字(2022)第145398号

责任编辑：刘士平　强　溦
封面设计：傅瑞学
责任校对：刘　静
责任印制：刘海龙

出版发行：清华大学出版社
网　　址：http://www.tup.com.cn，http://www.wqbook.com
地　　址：北京清华大学学研大厦A座　　邮　编：100084
社 总 机：010-83470000　　　　　　　　邮　购：010-62786544
投稿与读者服务：010-62776969，c-service@tup.tsinghua.edu.cn
质量反馈：010-62772015，zhiliang@tup.tsinghua.edu.cn
课件下载：http://www.tup.com.cn，010-83470410

印 装 者：大厂回族自治县彩虹印刷有限公司
经　　销：全国新华书店
开　　本：185mm×260mm　　印　张：14.5　　字　数：334千字
版　　次：2022年11月第1版　　　　　　印　次：2022年11月第1次印刷
定　　价：49.00元

产品编号：092042-01

前言

置身于大数据及风险时代的现代企业迫切需要实施精细化的财务管理,需要利用会计信息和数学工具对企业当前和未来经营过程中的财务活动进行研究,为企业经营过程中的投资和筹资决策提供依据。高等职业教育肩负着为经济社会发展培养高素质技能型专门人才的重任,需要适应新时代人才培养要求,构建具有实用性、针对性的教学内容体系。

本书以提升综合素质、增强职业能力为目标,以培养财务管理思维、提升财务管理技能为理念,以财务管理岗位流程为线索,系统阐述了企业在资金的筹集、投放、营运、分配等一系列管理活动中进行预测、决策、预算、控制和分析的原理、方法及技巧。本书共8个项目,包括财务管理认知、财务管理的价值观念、筹资管理、项目投资管理、证券投资管理、营运资金管理、利润分配管理和财务预算。

本书从传授财务管理基本方法,培养财务管理基本技能和职业素养入手,充分汲取当前企业财务管理工作实践经验,将职业实践活动中的新知识、新方法、新流程引入编写过程中,内容和组织形式充分体现"项目导向、任务驱动"的教学特点与要求,真正反映岗位工作与社会实践的需要。本书具有以下特色。

(1) 以任务驱动为理念,依据财务管理岗位实际工作任务所需的知识和能力选取具有适用性、针对性的教学内容,通过每个项目任务中的任务情景、任务提出、任务分析,提高学生分析问题、解决问题的能力。

(2) 结合财务管理实际工作的需求,将 Excel 在财务中的应用具体体现在筹资决策和投资决策中,既能提高学生运用 Excel 的能力,又能快速得到直观清晰的财务管理数据结果。

(3) 内容深入浅出,融知识性、趣味性于一体,遵循学生的认知规律与职业成长规律,由浅入深阐述财务管理的理论、方法和技能。同时,本书设置同步案例、同步思考、知识链接、知识拓展、理财视角、思政园地等栏目,增加学生学习兴趣,激发学生学习财务管理的积极性。

(4) 注重实践训练,培养学生的创新能力、创业素质和职业素养。每个项目不仅设置了知识题、实务题、案例题,还设置有项目实训,可帮助学生综合检验学习效果,增强理论学习的针对性,提高学生职业分析的能力。

(5) 配套资源丰富,注重教材立体化建设,每个项目均配有教学视频和教学课件。本

书是辽宁省省级精品在线课程"企业财务管理"的建设成果,学生可登录超星泛雅网络教学平台观看在线课程,获取更多教学资源。

本书由辽宁经济职业技术学院解建秀老师领衔的教学团队负责编写,该教学团队同时建设有辽宁省省级精品在线课程"企业财务管理",团队成员全部参与课程建设及教材编写,具体分工如下:解建秀负责编写项目1～项目3,苏英伟负责编写项目4～项目6(6.1、6.2、6.3、6.4),李盼盼负责编写项目6(6.5)～项目8,尤强、闫冬冬负责书稿整理。

本书联合企业专家共同开发编写,积极探索校企双元合作教材开发模式,在职业岗位要求、典型工作任务及职业素养等方面得到企业专家高洪、王学谦的帮助,在此表示感谢!本书在编写过程中也参考了有关学者、专家的论著,参阅了同行专家的相关研究成果和案例,在此一并表示衷心的感谢。

由于编者的理论水平和实践经验有限,书中难免有不足之处,恳请各位读者给予批评、指正。

编 者

2022年6月

目录

项目 1　财务管理认知 … 1
1.1　财务管理基础 … 2
1.2　财务管理目标 … 7
1.3　财务管理环境 … 10
项目训练 … 16

项目 2　财务管理的价值观念 … 21
2.1　货币时间价值 … 22
2.2　风险价值 … 39
项目训练 … 45

项目 3　筹资管理 … 51
3.1　筹资管理基础 … 53
3.2　权益资金筹集 … 55
3.3　债务资金筹集 … 58
3.4　确定最优资本结构 … 67
项目训练 … 83

项目 4　项目投资管理 … 90
4.1　项目投资管理基础 … 91
4.2　项目投资的现金流量 … 96
4.3　项目投资决策的评价指标 … 102
4.4　项目投资决策的评价指标的运用 … 110
项目训练 … 116

项目 5　证券投资管理 … 121
5.1　证券投资基础 … 122
5.2　债券投资收益评价 … 126
5.3　股票投资收益评价 … 131
5.4　证券投资组合的收益与风险 … 136
项目训练 … 139

143 项目6　营运资金管理

- 6.1　营运资金管理基础 ……………………………………………… 145
- 6.2　现金管理 ………………………………………………………… 146
- 6.3　应收账款管理 …………………………………………………… 153
- 6.4　存货管理 ………………………………………………………… 160
- 6.5　营运资金财务政策 ……………………………………………… 167
- 项目训练 …………………………………………………………… 170

175 项目7　利润分配管理

- 7.1　利润分配管理基础 ……………………………………………… 176
- 7.2　利润分配程序和方式 …………………………………………… 178
- 7.3　股利分配政策 …………………………………………………… 182
- 项目训练 …………………………………………………………… 187

192 项目8　财务预算

- 8.1　财务预算基础 …………………………………………………… 193
- 8.2　财务预算的编制方法 …………………………………………… 196
- 8.3　现金预算与预计财务报表的编制 ……………………………… 202
- 项目训练 …………………………………………………………… 212

217　附录　资金时间价值系数表

226　参考文献

财务管理认知

项目1
Xiangmu 1

项目目标

知识目标

(1) 理解财务管理的含义；
(2) 掌握企业财务管理的主要内容；
(3) 明确财务管理目标；
(4) 熟悉财务管理环境。

能力目标

(1) 正确分析企业财务活动和财务关系；
(2) 掌握合理选择财务管理目标和协调利益冲突的方法；
(3) 正确分析企业财务管理环境。

思政目标

(1) 培养爱岗敬业、诚实守信、廉洁自律的职业精神；
(2) 养成大局观念，培养集体主义精神；
(3) 树立正确的价值观、法制观、义利观。

项目任务

任务情景

某软件设计公司有六个颇受市场欢迎的游戏软件，公司预计年度的营业收入将达2亿元。目前，公司的资本额为2 000万元，为了筹措营运所需资金，公司准备将自有的厂房及仓库抵押给银行以取得4 000万元担保放款。公司还计划进一步将营业项目扩展到商用以及教育应用软件的开发设计。公司财务副总经理发现，若要完成这些扩充计划，现有的资金筹措方式将不足以应付未来公司对资金的需求。更严

重的是,公司将立即面临短期营运现金不足的问题。为满足公司业务发展的需要,公司的部分原有投资者建议今年进行少量分红,将资金用于支持公司的发展。

该软件设计公司面临的问题实际上正是企业财务管理的主要内容。

(1) 公司未来的投资策略是什么?如何投资?

(2) 一旦选定投资计划,公司的钱从哪里来?

(3) 公司的日常运营需要多少现金?如何管理现金?

(4) 公司的利润如何分配?

任务提出

企业的任何一项生产经营活动都离不开资金运动,企业财务管理便是对资金运动的管理。财务管理是商品经济条件下企业最基本的经济管理活动。商品经济越发达,市场经济越发展,财务管理越重要。在企业管理中,财务管理人员扮演着十分重要的角色,并具有重要的地位。成为一名合格的财务管理人员并出色完成财务管理工作,首先应从认识财务管理入手,认识财务管理,需要完成以下工作任务。

工作任务1:明确财务管理的主要内容。

工作任务2:判定并协调财务管理的目标。

工作任务3:面对各种理财环境,顺利开展财务管理工作。

任务分析

在企业日常经营活动中,财务管理人员经常要解决以下问题:企业应实施什么样的长期投资项目,为实施这些投资项目应如何筹集所需资金,企业日常的现金和财务工作如何管理,企业的利润如何分配等,这些财务活动构成了财务管理的基本内容。企业组织财务活动的根本目的是为企业保持和创造价值,财务管理人员为达到这样的财务管理目标,应学会处理与各方利益者之间的关系,协调好财务管理工作中的矛盾。现代社会中,企业的财务管理活动既受其组织形式、公司目标和内部财务结构等内部理财环境的影响,又受法律制度、金融系统、税收体制等外部环境影响,这就要求财务人员掌握理财环境的种类、内容、主要金融机构的功能等,遵循各种制度规定和市场规律,进行正确的理财活动。

1.1 财务管理基础

1.1.1 财务管理的含义

在经济高速发展、社会日益繁荣的今天,人们已经充分认识到财务管理在企业管理中的核心地位,财务管理已经成为企业生存和发展的重要环节。学习财务管理,首先要对企业的财务活动、财务关系和财务管理的内容、方法、原则等内容形成总体认识。

1. 财务

财务，顾名思义就是理财事务。企业财务是指企业生产经营过程中的资金运动及其所体现的财务关系。在市场经济条件下，拥有一定数量的资金是企业进行生产经营活动的前提条件。企业生产经营过程一方面表现为物资的不断购进和售出，另一方面则表现为资金的支出和收回。企业的经济活动不断进行，便会不断产生资金的收支。企业资金的收支构成经济活动的一个独立方面，便是企业的财务活动。实际上，任何财务活动都离不开人与人之间的经济利益关系，也体现着企业与各方面的经济关系，即财务关系。因此，研究企业财务管理，必须研究企业财务活动的经济内容及其体现的财务关系，这是企业财务管理学必须解决的基本问题。

2. 财务活动

企业财务活动是以现金收支为主的资金收支活动的总称，即企业资金的筹集、投放、使用、收回及分配等一系列行为。企业的财务活动贯穿于企业生产经营活动过程的始终，具体包括以下内容。

（1）资金筹集活动。筹资活动是指企业为了满足投资和用资的需要而筹措资金的行为。筹集资金是资金运动的起点。无论是所有者提供的资金，还是企业的自有资金，抑或是债权人提供的资金，企业筹集到的资金，都表现为资金的流入；企业偿还借款、支付利息和股利等，则表现为资金的流出。这些资金收付活动就是因筹集资金而引起的财务活动。

（2）资金投放与使用活动。企业资金的投放与使用是企业筹集资金的目的。企业取得资金后，就要将资金投入使用，以获取最大的经济效益。否则，筹资就失去了意义。企业投资可以分为对外投资和对内投资。对内投资是企业内部使用资金的过程，如形成流动资产、购置固定资产及无形资产等。对外投资是对外投放资金的过程，如投资购买其他企业的股票、债券或与其他企业联营等。无论是企业支付内部所需资产和费用，还是购买各种有价证券，都需要支付资金，而当企业收回对外投资或出售有价证券时，则会产生资金的收入。这些资金收付活动就是因资金投放与使用而引起的财务活动。

（3）资金回收与分配活动。企业资金投放和使用的结果是取得收入并实现资金的增值。企业所取得的盈利在弥补生产经营耗费后，需要在不同利益主体中进行合理分配。随着分配过程的进行，资金退出或者留存企业，必然会引起企业的资金运动。这些资金收付活动就是因资金的回收和分配而引起的财务活动。

资金的筹集、投放与使用、收回与分配三个方面相互联系、相互依存，共同构成财务活动的完整过程。这些财务活动伴随企业生产经营过程反复不断地进行，从而构成了企业财务管理的主要内容。

3. 财务关系

企业财务关系是指企业在组织财务活动过程中与有关各方发生的经济利益关系。财务关系体现着财务活动的本质特征，主要包括以下几个方面。

（1）企业与国家行政管理者之间的财务关系。企业与国家行政管理者——政府之间的财务关系主要表现为企业应照章纳税的强制性分配关系。国家行政管理者担负着维护社会正常秩序、保卫国家安全、组织和管理社会活动等任务。为完成这些任务,国家行政管理者无偿参与企业利润的分配,企业则必须按照国家税法规定缴纳各种税款。这种关系体现为一种强制和无偿的分配关系。

(2) 企业与投资者、受资者之间的财务关系。企业与投资者、受资者之间的财务关系主要表现为经济分配关系,体现着经营权与所有权的关系。投资者是企业的所有者,可以是国家、法人单位、个人或外商。投资者向企业投入资金,便拥有了参与或监督企业经营、参与企业剩余权益分配的权利,同时也承担一定的风险。企业实现利润后,应按照出资比例或合同、章程的规定,向投资者支付报酬。当企业向其他单位投资时,企业是出资者,被投资单位是受资者。

(3) 企业与债权人、债务人之间的财务关系。企业与债权人、债务人之间的财务关系主要表现为债权债务关系。企业一方面向金融机构、其他单位或个人借入资金,并按借款合同的约定按时向债权人支付利息和归还本金,另一方面可以作为债权人向其他单位或个人提供资金,并按照合同约定收取到期利息和本金。

(4) 企业内部各单位之间的财务关系。企业内部财务关系主要表现为内部各部门之间、企业与职工之间的结算关系。在经济核算的前提下,企业内部各部门之间的经济利益关系,主要是指在生产经营环节中相互提供产品、劳务等形成的资金结算关系。企业与职工的关系主要是指企业根据职工所提供的服务向职工支付劳动报酬的分配关系。

(5) 企业与供货商、客户之间的财务关系。企业与供货商、客户之间的财务关系主要表现为结算关系,是企业购买供货商的商品或劳务,以及向客户销售商品或提供服务过程中形成的经济关系。

上述财务关系广泛存在于企业财务活动中,构成了企业财务管理的另一项重要内容,即努力实现企业与其他各种财务主体之间的利益均衡,调动各个方面的积极因素,实现财务管理目标。

4. 财务管理

财务管理,简单地说就是管理财务。它是基于企业在生产经营中客观存在的财务活动与财务关系而产生的,是利用价值形式组织财务活动,处理企业与各方面财务关系的一项经济管理工作,是企业管理的重要组成部分。

企业管理包括多个方面,如生产管理、技术管理、质量管理、人力资源管理、财务管理等,各种管理的侧重点不同。财务管理的特点是侧重价值管理,主要利用资金、成本、收入、利润等价值指标,对企业再生产过程的资金运动进行管理。做好财务管理工作,对及时组织资金供应、有效运用资金、严格控制消费、改善经营管理、提高企业经济效益等都具有重要的作用。

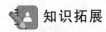

知识拓展

财务管理的发展历程

财务管理起源于15世纪末16世纪初,经历了萌芽、筹资财务管理、法规财务管理、资产财务管理、投资财务管理和财务管理深化发展的新时期六个阶段。在20世纪初之前是财务管理的萌芽时期,此时还没有形成独立的财务管理职业;20世纪初是筹资财务管理时期,财务管理的职能主要是预计资金需要量和筹措所需资金,融资是当时财务管理的根本任务;20世纪40年代初至50年代是法规财务管理时期,这一时期财务管理的主要内容是各种财务目标和预算的确定、债务重组、资产评估、保持偿债能力等问题;20世纪50年代至60年代中期是资产财务管理时期,这一时期注重财务管理的事前控制,强调将企业与其所处的经济环境密切联系,以资产管理决策为中心,将财务管理向前推进一大步;20世纪60年代后期至70年代中期是投资财务管理时期,这一时期财务管理进一步发展成为集财务预测、财务决策、财务计划、财务控制和财务分析于一身,以筹资管理、投资管理、营运管理和利润分配管理为主要内容的管理活动,并在企业管理中居于核心地位;20世纪70年代中期以后,财务风险问题与财务预测、决策数量化受到高度重视,数学方法、应用统计、电子计算机、电子通信技术和网络技术等先进方法和手段在财务管理中的应用,使财务管理理论发生了一场"革命"。我国的企业财务管理也经历了一个漫长的历史发展过程。自改革开放以来,随着社会主义市场经济和现代企业制度的建立,企业成为独立的财务主体,财务管理的内容与方法正在随着现代市场经济的要求而变化,财务管理工作正在发挥越来越重要的作用。

1.1.2 财务管理的内容

财务管理的基本内容包括企业筹资管理、投资管理、营运资金管理、利润分配管理。

1. 筹资管理

企业在筹资过程中,根据未来的发展规划、目前的财务状况及资本市场的变化情况,既要确定筹资的总规模,保证投资所需的资金,又要选择筹资渠道和筹资方式或工具,确定合理的筹资结构,降低筹资的代价。因此,筹资管理的一项重要内容就是确定最佳的筹资规模与资金结构。

2. 投资管理

企业在投资过程中,必须根据未来的发展规划确定投资规模,以保证获得最佳的投资效益。同时,需要通过投资方式和投资方向的选择,确定合理的投资结构,以提升投资效益而降低投资风险。

3. 营运资金管理

企业要根据生产经营的需要确定合理的营运资金规模,通过各种途径加速营运资金的周转,加强管理,节约使用营运资金,提高资金的使用效果。

4. 利润分配管理

根据国家法律规定,企业在取得收益并及时足额缴纳各种税费后,需要将利润进行分配,可以暂时留存企业,也可以作为投资者的追加投资。企业必须根据国家所规定的分配原则合理确定分配的规模和分配方式,以使企业获得最大的长期利益。

【同步思考1-1】我们这里所讲的财务管理与以前学过的财务会计一样吗?两者有何异同?

分析说明:这个问题应从财务管理与财务会计两者的本质、对象、职能等几个方面进行分析。

1.1.3　财务管理的方法

财务管理方法也称财务管理环节，是指在财务活动的不同阶段所采用的管理方法，包括财务活动进行之前的财务预测、财务决策和财务预算，财务活动过程中的财务控制，以及一定时期的财务活动结束后的财务分析。这些环节互相配合、紧密联系，构成完整的企业财务管理工作体系。

1. 财务预测

财务预测是根据财务活动的历史资料，考虑现实的要求和条件，对企业未来的财务活动和财务成果作出科学的预计和测算。它为财务决策提供依据，同时也为编制财务预算做好准备。因此，进行财务预测，对于提高财务管理的效率和质量有十分重要的意义。

2. 财务决策

财务决策是根据财务管理的总体目标，从各种可供选择的财务方案中选择最优方案的活动。在市场经济条件下，财务管理的核心是财务决策，其他管理环节的工作都是围绕着这个核心展开的。因此，财务决策的合理与否将决定财务管理工作的成效乃至整个企业的兴衰。

3. 财务预算

财务预算是在财务决策的基础上，对企业预算期的财务活动进行全面的计划和安排，并形成专门的以货币为主要计量形式的书面文件。财务预算是财务决策的具体体现，是财务控制的主要依据和财务考核的重要标准。

4. 财务控制

财务控制是在财务管理的过程中，以财务预算为依据，对资金的收入、支出、占用、耗费进行日常的指导、协调、监督和限制，以实现财务预算所规定的财务目标。

5. 财务分析

财务分析是以核算资料为主要依据，对企业财务活动的过程和结果进行调查研究，评价计划完成情况，分析影响计划执行的因素，挖掘企业潜力，提出改进措施。财务分析常用的方法有对比分析法、比率分析法、因素分析法等。

1.1.4　财务管理的原则

财务管理的原则也称理财原则，它是联系理论与实务的纽带，包括有关竞争环境的原则、有关创造价值的原则和有关财务交易的原则。

1. 有关竞争环境的原则

有关竞争环境的原则是对资本市场中人的行为规律的基本认识，包括自利行为原则、双方交易原则、信号传递原则和引导原则。

2. 有关创造价值的原则

有关创造价值的原则包括有价值的创意原则、比较优势原则、期权原则和净增效益原则。

3. 有关财务交易的原则

有关财务交易的原则包括风险报酬权衡原则、投资分散化原则、资本市场有效原则和货币时间价值原则。

1.2 财务管理目标

1.2.1 财务管理目标的含义

财务管理目标也称理财目标,是指企业财务管理工作所要达到的最终目的。财务管理目标是企业财务管理的出发点和归宿,是评价企业财务管理活动是否合理的基本标准,也是企业目标的具体化。

1.2.2 财务管理目标的种类

企业是以营利为目的的组织,财务管理作为企业的一项重要管理活动,其根本目标也应该是盈利最大化。盈利有多种表现形式,如利润、资本利润率、每股利润、股东财富等,由于企业组织形式各异(如独资、公司制、合伙制),财务管理目标的定位也不可能完全统一,通常以公司制为制度背景来表述财务管理的目标。

财务管理目标主要包括以下三种类型。

1. 利润最大化

利润最大化是假定企业财务管理行为将朝着有利于企业利润最大化的方向发展。以利润最大化作为财务管理的目标的这种观点认为:利润代表企业新创造的财富,利润越多,则企业的财富增加得越多。同时,利润的多少在一定程度上反映了企业经济效益的高低和企业竞争能力的大小,追求利润最大化与实现企业盈利目标具有高度一致性,人们也很容易接受。

利润最大化也存在不足,主要体现在以下方面。

(1) 利润最大化没有考虑利润发生的时间,即没有考虑货币时间价值。"今天的1元钱和明天的1元钱是不等值的",这是因为货币价值会随着时间的推移而增加。例如,同步案例1-1中的两个经营方案如果按照利润最大化观点进行选择,便难以做出正确的判断。

【同步案例1-1】 晨星公司经过讨论形成了两个经营方案,具体资料如表1-1所示。

要求:选择合适的经营方案。

分析:如果仅从利润的数量上看,两个方案都可以选择,因为甲方案和乙方案四年的利润总计都是1 200万元。但是,如果从时间的角度分析,乙方案要好于甲方案,原因是乙方案先期获得的利润远远大于甲方案。所以,从理财的角度应选择乙方案。

表 1-1　晨星公司经营方案的年利润资料　　　　　　　单位：万元

方案	各年利润			
	2018 年	2019 年	2020 年	2021 年
甲方案	100	100	500	500
乙方案	500	500	100	100

（2）利润最大化中的利润指标是一个绝对数，它没有反映创造的利润与投入的资本额之间的关系，不利于不同时期、不同规模企业之间进行比较分析。例如，甲企业投入1 500万元，依靠现有条件竭尽所能进行经营，获利 500 万元；乙企业投入 1 000 万元，积极开发新产品，培训技术人才，改进设备，当年获利 500 万元，哪个方案更理想？如果仅以利润指标为依据，就难以做出判断。

（3）利润最大化没有考虑风险因素。高额利润往往要承担较大的风险，追求利润最大化有时会增加企业的风险。

（4）利润最大化容易导致企业财务决策的短期行为，使企业仅关注眼前利益，而不顾企业的长远发展。例如，成本高的投资在短期内可能亏损，从长远来看却可能获得更多的盈利，但由于强调利润最大化目标，这种投资可能被否决。

理财视角

合 理 利 润

企业要追求利润最大化无可厚非，但是利润最大化必须在合理利润的范围内。对利润最大化的评判，对合理利润的追求，总是与企业的可持续发展相联系。

阿里巴巴曾制定企业宪法（核心理念）：第一条是"唯一不变的是变化"；第二条是"阿里巴巴永远不把赚钱作为第一目标"，这是永远不能变的；第三条是"永远赚取公平合理的利润"，所谓的最大利润、暴利一定不会使公司走得太远。

什么是对利润的正确态度？利润是企业的目标，是企业的生存目标之一，但绝不是一个高瞻远瞩的公司唯一的生存目标。每个企业都要正确处理国家利益、社会利益、企业利益之间的关系，都应该树立正确的价值观、法治观和义利观，不能为了追求利润而违反法律、偷税漏税、损害客户或消费者的合法权益。

利润是企业的生存目标之一，又是达成更重要目的的手段。企业应追求的不是最大化的利润，而是合理化的利润。

2. 资本利润率最大化或每股利润最大化

资本利润率是非股份制企业的净利润与资本额的比率。每股收益是股份制企业的当期净利润同当期发行在外普通股的加权平均数的比值。这种观点的优点是反映了投资者投入的资本获取回报的能力，缺点是与利润最大化目标一样，该指标仍然没有考虑货币的时间价值和风险因素，也不能避免企业的短期行为，会导致与企业发展的战略目标相背离。

3. 企业价值最大化

企业价值是指企业全部资产的市场价值,即企业资产所能创造的预计未来现金流量的现值。企业价值最大化的财务管理目标反映了企业潜在的或预期的获利能力和成长能力,其优点主要表现在:该目标考虑了货币的时间价值和投资的风险;反映了对企业资产保值增值的要求;有利于克服管理上的片面性和短期行为;有利于社会资源合理配置。其主要缺点则是企业价值的确定比较困难,特别是对于非上市公司来说难以评估其价值。

对股份制企业来说,股东创办企业的主要目的是创造尽可能多的财富,他们是企业的所有者,企业价值最大化就是股东财富最大化。股东财富最大化又以企业股票市值最大化为基础。因此,股东财富最大化不仅反映了股东的利益,也反映了雇员、债权人、客户、供应商和管理机构的利益,可以较为合理地体现委托与受托责任的经济利益关系,是企业最合理的财务管理目标。

客观来说,任何一种理财目标都有其局限性。从不同的角度出发,公司的理财目标必然是不同的。但是无论财务管理目标定位于哪个层次,其最终目标都应是减少各个层面的利益相关者的利益冲突。

1.2.3 财务管理目标的协调

在财务管理过程中,财务活动所涉及的不同利益主体的目标是不一致的,如何协调它们之间的矛盾,实现财务管理的目标,是财务管理必须解决的问题。

一般来说,所有者(股东)、经营者和债权人之间构成了企业最重要的财务关系。企业是所有者的企业,财务管理目标是指所有者的目标。所有者委托经营者代理企业管理,为实现他们的目标而努力,但经营者和所有者的目标并不完全一致。债权人将资金借给企业,并不是为了"股东财富最大化",与所有者的目标也不一致。除此之外,企业在经营过程中还存在企业财务管理目标和社会责任之间的利益矛盾。企业必须处理好这些矛盾。

1. 所有者与经营者的矛盾与协调

企业价值最大化直接反映了企业所有者的利益,与企业经营者没有直接的利益关系。对所有者来说,其所放弃的利益也就是经营者所得的利益。这种放弃的利益是所有者支付给经营者的享受成本。经营者和所有者的主要矛盾是经营者希望在提高企业价值和股东财富的同时,能更多增加享受成本;而所有者和股东则希望经营者以较小的享受成本带来更高的企业价值或股东财富。为缓解这一矛盾,应采取解聘、接收、激励等措施。解聘是一种通过所有者约束经营者的办法,由所有者对经营者予以监督,当经营者的行为损害股东利益时,要求董事和经理予以纠正,解聘有关责任人员;接收是一种通过市场约束经营者的办法,当经营者经营决策失误、经营不力时,公司可能被其他公司强行接收或吞并,同时经营者也会被解聘;激励是把经营者的报酬同其绩效挂钩,通过股票期权、绩效股等形式使经营者自觉自愿采取各种措施提高股票市价,从而达到股东财富最大化的目标。

知识拓展

股票期权

股票期权是指买方在交付了期权费后即取得在合约规定的到期日或到期日以前按协议价买入或卖出一定数量相关股票的权利。股票期权是上市公司给予企业高级管理人员和技术骨干在一定期限内以一种事先约定的价格购买公司普通股的权利。

股票期权是一种不同于职工股的激励机制,它能有效地把企业高级人才的利益与企业自身的利益良好结合起来。股票期权的行使会增加公司的所有者权益。它是由持有者向公司购买未发行在外的流通股,即直接从公司购买而非从二级市场购买。

2. 所有者与债权人的矛盾与协调

债权人把资金交给企业,其目标是到期收回本金,并获得约定的利息收入。企业借款的目的是利用所筹集的资金扩大经营规模,投入有风险的经营项目。资金一旦到了企业手里,债权人就失去了控制权,股东可以通过经营者谋取自身利益而伤害债权人利益。所有者与债权人之间的矛盾在于,所有者未经债权人同意,要求经营者投资于比债权人约定的风险更高的项目,便会增大偿债的风险;所有者未经债权人同意发行新债券或举借新债,便会导致旧债券或旧债务的价值降低。为处理这一矛盾,可采用在借款合同中加入限制性条款,如规定资金用途、规定不得发行新债的数额,或当发现公司有意侵蚀其债权价值时,提前收回借款并拒绝进一步合作等方法,保护债权人的权益。

3. 财务管理目标与社会责任的协调

企业财务管理目标与社会目标在许多方面是一致的,企业在追求自己的目标时,必然为社会提供服务,使社会受益。例如,企业为了生存,必须生产出符合社会需要的产品,满足消费者的需求;企业为了发展,要扩大规模,自然会增加职工人数,解决社会就业问题;企业为了获利,必须提高劳动生产率,改进产品质量,改善服务,从而提高社会生产效率和公众的生活质量。但是企业财务管理目标与社会目标也有不一致的地方。例如,企业为了获利,可能生产伪劣产品,可能不顾工人的健康和利益,可能造成环境污染,可能损害其他企业的利益等。国家要保护所有公民的正当权益,股东只是社会中的一部分人,他们在谋求自己利益的时候,不能损害他人利益。为此,国家颁布了一系列保护公众利益的法律、法规,如《中华人民共和国环境保护法》《中华人民共和国消费者权益保护法》《中华人民共和国产品质量法》等,通过这些法律、法规来强制企业承担社会责任,调节股东和社会公众的利益。

1.3 财务管理环境

财务环境也称理财环境,是指影响公司理财的一切社会因素的总和,主要包括经济环境、金融环境和法律环境。企业财务活动的运作受财务环境制约,财务管理人员要研究企业财务管理所处环境的现状和发展趋势,把握开展财务活动的有利条件和不利条件,为企业财务决策提供可靠的依据。

1.3.1　经济环境

财务管理的经济环境是指影响企业财务活动和财务管理的各种经济因素,主要包括一个国家或地区的经济发展状况、经济政策、通货膨胀状况。

1. 经济发展状况

经济发展状况对企业的理财活动有极大影响,企业必须根据经济发展状况调整相关的理财行为。经济发展是波动的,有繁荣时期也有衰退时期。在经济繁荣期,市场需求旺盛,企业为了扩大市场,需要增加投资,这就要求财务人员迅速筹集所需资金;在经济衰退期,企业极有可能处于紧缩状态,产销量下降,投资锐减,有时出现资金紧缺,有时出现资金闲置。面对不同的经济发展状况,财务管理人员必须预测经济的变化趋势,适时调整财务政策。

2. 经济政策

经济政策是国家进行宏观经济调控的重要手段。经济政策包括国家的产业政策、金融政策、财税政策等。企业的筹资活动、投资活动和分配活动都会受到经济政策的影响。财务管理人员应当深刻领会国家的经济政策,研究经济政策的调整对财务管理工作可能造成的影响。

3. 通货膨胀状况

通货膨胀是困扰企业管理人员的一个重要问题。人们通常认为,在产品和服务质量没有明显改善的情况下,价格的持续提高就是通货膨胀。通货膨胀不仅对消费者不利,对企业的财务活动的影响也非常严重。大规模的通货膨胀会引起资金占用的迅速增加;会引起利率的上升,增加企业筹资成本;通货膨胀时期有价证券的价格不断下降,会给筹资带来较大困难。在通货膨胀面前,企业只有和政府联手,共同采取相应措施,才能减少损失。

1.3.2　金融环境

金融环境也称金融市场环境。金融市场是指资金供应者和资金需求者双方通过金融工具进行交易的场所。

1. 金融市场的组成及分类

(1) 金融市场的组成。金融市场由主体、客体和参与者组成。主体是指银行和非银行金融机构,它们是金融市场的中介机构,是连接投资人和筹资人的桥梁。客体是金融市场上的买卖对象,也称信用工具,包括各种商业票据、债权、股票、借款合同、抵押契约等,多样化的金融工具满足了资金供求者的不同需要。参与者是指客体的供给者和需求者,如政府部门、企事业单位、城乡居民、外商等。

(2) 金融市场的分类。金融市场以金融工具期限为标准,可分为货币市场和资本市场。货币市场又称短期金融市场,是指融资期限在一年以内的资本市场,包括同业拆借市

场、票据贴现市场、银行短期信贷市场、短期证券市场等。资本市场又称长期金融市场,是指融资期限在一年以上的资本市场,包括股票市场和债券市场。

金融市场以金融交易的过程为标准,可分为一级市场和二级市场。一级市场又称发行市场、初级市场,是证券在发行者与最初购买者之间的交易市场。二级市场又称流通市场、次级市场,主要处理已发行在外的有价证券在投资者之间进行转让、流通的相关业务。

金融市场以交割的时间为标准,可分为现货市场和期货市场。现货市场又称即期市场,是指证券交易双方在成交后,当即或在约定的几天之内买方付款、卖方交出证券的交易市场。期货市场又称远期市场,是指买卖双方成交后,在双方约定的未来某一特定时点才办理交割的交易市场。

2. 金融市场中的利率

利率又称利息率,是一定时期内利息与本金的比率,通常用百分比表示。在金融市场上,利率是资金使用权的价格。利率的变化不仅会影响个人和企业的利益,而且会影响整个国民经济。在企业融资、投资过程中,需要考虑利率变化的影响;在企业经营过程中,需要考虑利率变化对经济走势的影响。因此,财务管理人员必须高度重视利率及其变动情况。

(1) 金融市场利率的种类。利率按照不同的标准可分为不同的种类:按计算利率的期限单位,可划分为年利率与月利率;按债权人实际收益,可分为实际利率和名义利率;按利率的变动关系,可分为基准利率和套算利率;按借贷期内利率是否变动,可分为固定利率和浮动利率。

(2) 金融市场利率的确定。在金融市场上,利率的构成可用公式表示为

利率=纯利率+通货膨胀附加率+风险附加率

纯利率是指无通货膨胀、无风险情况下的平均利率。在没有通货膨胀时,国债的利率一般可视为纯利率。纯利率的高低受平均利润率、资金供求关系和国家调节的影响。一般来说,利息率随平均利润的提高而提高。利息中的最高限不能超过平均利润率,否则企业无利可图,不会借入资金;利息率的最低限必须大于零,不能等于零或小于零,否则资金提供者不会提供资金。在平均利润率不变的情况下,金融市场上的供求关系决定市场利率水平,在经济高涨时,资金需求量上升,若供应量不变,则利率上升;在经济衰退时,则刚好相反。政府为防止经济过热,会运用货币政策,通过中央银行减少货币供应量,则资金供应量减少,利率上升;政府为了刺激经济发展,会增加货币发行量,利率下降。

通货膨胀附加率是指为弥补通货膨胀造成的购买力损失而要求提高的利率。由于持续的通货膨胀会不断降低货币的实际购买力,投资者的真实报酬下降,因此,投资者在把资金交给资金使用者时,会在纯利率的水平上再加上通货膨胀附加率。

风险附加率包括违约风险收益率、流动性风险收益率和期限风险收益率。其中,违约风险收益率是指为了弥补因债务人无法按时还本付息而带来的风险,由债权人要求提高的利率;流动性风险收益率是指为了弥补因债务人资产流动性不佳而带来的风险,由债权人要求提高的利率;期限风险收益率是指为了弥补因偿债期长而带来的风险,由债权人要求提高的利率。

【同步思考1-2】我国曾于2020年发行期限为3年、利率为3.8%的可上市流通的国

债。你认为决定其票面利率水平的主要因素有哪些?

分析说明:这个问题应考虑金融市场利率的构成。

3. 金融市场与企业理财的关系

(1) 金融市场是企业投资和筹资的场所。金融市场上有许多融通资金的方式,且比较灵活。企业需要资金时,可以到金融市场选择适合自己需要的方式进行筹资。企业有了剩余资金,也可以灵活选择投资方式,为其资金寻找出路,以增加企业收益。

(2) 企业通过金融市场使长短期资金互相转化。企业持有的股票和债券是长期投资,在金融市场上可以随时抛售变现,成为短期资金,远期票据可通过贴现变为现金,大额可转让定期存单可以在金融市场卖出,成为短期资金。同样,短期资金也可以在金融市场上转变为股票、债券等长期资产。

(3) 金融市场为企业理财提供有意义的信息。金融市场的利率变动能够反映资金的供求状况,有价证券市场的行情能够反映投资人对企业经营状况和盈利水平的评价,是企业经营和理财的重要依据。

金融环境对企业理财活动影响极大。金融市场的发育程度,各种融资方式的开放情况,各种有价证券等金融手段的利用情况,承兑、抵押、转让、贴现等各种票据业务的开展程度,对企业资金能否正常流通有极大的影响。企业财务管理人员应熟悉各种类型金融市场的管理规则,有效利用金融市场来组织资金供应,同时还要遵守国家金融主管机关对于金融市场的宏观调控和指导,发挥金融市场的积极作用,限制其消极作用。

4. 我国的金融机构

金融机构是指专门从事货币信用活动的中介组织。我国的金融机构按地位和功能可分为以下四类。

(1) 中央银行,即中国人民银行。

(2) 银行。主要包括政策性银行和商业银行。

(3) 非银行金融机构。主要包括国有及股份制的保险公司、城市信用合作社、证券公司(投资银行)、财务公司等。

(4) 在境内开办的外资、侨资、中外合资的金融机构。

以上各种金融机构相互补充,构成了一个完整的金融机构体系。

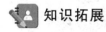
知识拓展

衍生金融工具

衍生金融工具是以货币、债券、股票等基本金融工具为基础而创新出来的金融工具,它以一些金融工具的存在为前提,以这些金融工具为买卖对象,价格也由这些金融工具决定。

常见的衍生工具包括以下四种。

(1) 期货合约。期货合约是指由期货交易所统一制定的、规定在将来某一特定时间和地点交割一定数量和质量实物商品或金融商品的标准化合约。

(2) 期权合约。期权合约是指合同的买方支付一定金额的款项后即可获得的一种选

择权合同。目前,我国证券市场上推出的认购权证属于看涨期权,认沽权证则属于看跌期权。

(3) 远期合同。远期合同是指合同双方约定在未来某一日期以约定价值,由买方向卖方购买某一数量的标的项目的合同。

(4) 互换合同。互换合同是指合同双方在未来某一期间内交换一系列现金流量的合同。按合同标的项目不同,互换可以分为利率互换、货币互换、商品互换、权益互换等。其中,利率互换和货币互换比较常见。

1.3.3 法律环境

财务管理的法律环境是指企业与外部发生经济关系时所应遵守的各种法律、法规和规章。企业财务管理总是在一定的法律环境下进行的:一方面,法律提出了企业从事各项业务活动所必须遵守的规范和前提条件,从而对企业的行为进行约束;另一方面,法律也为企业守法从事各项业务活动提供了保护。市场经济需要一个完整的法律体系来维护市场秩序,这个法律体系包括企业组织法律规定、税务法律规定、财务法律规定等。

1. 企业组织法律规范

企业必须依法成立才能合法经营,获得良好的法律环境。组建不同类型的企业,要依照不同的法律规范,包括《中华人民共和国公司法》(简称《公司法》)、《中华人民共和国中外合作经营企业法》等。如《公司法》对公司的设立条件、设立程序、组织机构、组织变更和终止的条件、程序都做出了明确规定,包括股东人数、法定资本最低限额和资本筹集方式等。只有按其规定的条件和程序设立的企业,才能成为公司。《公司法》还对公司生产经营的主要方面做出了规定,包括股票的发行和交易、债券的发行和转让、公司的财务会计要求、利润分配等。公司一旦成立,其主要活动包括财务管理活动都要按照《公司法》的规定来进行。《公司法》是公司财务管理最主要的法律规范,其他企业也应按照相应的法律来开展理财活动。

2. 税务法律规范

纳税是企业应尽的法定义务,对企业财务管理有着重要的影响。因为税负是企业的一种支出,会增加企业的现金流出,企业通常希望在不违反税法的前提下减少税务负担。税负的减少只能靠财务管理人员精心安排和筹划投资、筹资、利润分配等财务决策,而不允许在纳税行为已经发生时偷税漏税。影响企业理财活动的有关税务法规主要有三大类,即所得税的法规、流转税的法规和其他地方税的法规。

3. 财务法律规范

财务法规是指规范企业财务活动、协调企业财务关系的法令文件。2021年财政部对《企业财务通则》进行了最新修订,发布了《上市公司2019年执行企业内部控制规范体系情况蓝皮书》,这是《企业内部控制基本规范》在上市公司实施的重要成果。《企业财务通则》主要目的是加强企业财务管理,规范企业财务行为,保护企业及其相关方的合法权益,推进现代企业制度建设;《企业内部控制基本规范》主要目的是加强和规范企业内部控制,提高企业经营管理水平和风险防范能力,促进企业可持续发展,维护社会主义市场经济秩序和社会公众利益。

除此之外,影响企业财务管理活动的经济法律、法规还有很多,包括各种证券法律规范、结算法律规范、合同法律规范等。了解和熟悉这些法律、法规,对完成财务管理工作、实现财务管理目标有重要意义。

理财视角

树立全员理财观

企业的每一个部门、每一个员工都是财务管理活动的具体参与者,都是企业收入的创造者或支出的直接执行对象。打造企业理财文化离不开全体职工的积极参与。如果仅仅依靠企业财务部门和财务人员来打造企业的理财文化是不可能打造出企业理财文化的,理财文化的作用也不可能得到充分发挥。

员工既是各项理财制度、方法的创造者,又是各项制度的执行者。因此,公司各项理财活动都必须围绕如何体现和发挥人的积极性和创造性来开展。推行新的理财方法或理财制度必须首先在广大员工中进行宣传,使他们能充分认识到这些新措施对帮助公司渡过难关、促进公司长远发展、提高公司经济效益、增加员工个人收入的积极意义。只有让全体员工形成思想认识,才能获得他们的理解和支持,才能使他们坚决拥护和贯彻执行公司做出的各项理财决策。此外,还必须鼓励广大员工对公司的财务管理提出合理建议,指出公司目前财务管理中存在的问题,以不断完善和推出新的管理方法。

总之,公司经营者要建立有效的企业财务管理制度,一定要在公司中树立全员理财观,发挥公司全体员工的理财积极性,实施人人理财。

项目小结

1. 企业财务是指企业生产经营过程中的资金运动及其所体现的财务关系。

2. 企业财务活动是以现金收支为主的资金收支活动的总称,即企业资金的筹集、投放、使用、收回及分配等一系列行为。

3. 企业财务关系是指企业在组织财务活动过程中与有关各方发生的经济利益关系。财务关系体现着财务活动的本质特征,主要包括企业与国家行政管理者之间的财务关系,企业与投资者、受资者之间的财务关系,企业与债权人、债务人之间的财务关系,企业内部各单位之间的财务关系,企业与供货商、客户之间的财务关系。

4. 企业财务管理是基于企业在生产经营中客观存在的财务活动与财务关系而产生的,是利用价值形式组织财务活动,处理企业与各方面财务关系的一项经济管理工作。

5. 财务管理目标也称理财目标,是指企业财务管理工作所要达到的最终目的。财务管理目标主要包括三种类型:利润最大化、资本利润率最大化或每股利润最大化、企业价值最大化。

6. 实现财务管理目标过程中涉及不同利益主体之间矛盾,协调这些矛盾是财务管理

必须解决的问题,包括所有者与经营者的矛盾与协调、所有者与债权人的矛盾与协调。

7. 财务环境也称理财环境,是指影响公司理财的一切社会因素的总和,主要包括经济环境、金融环境和法律环境。

中国第一位注册会计师——谢霖

谢霖(1885—1969年),字霖甫,江苏常州人,是我国会计界先驱,知名会计学者,我国会计师制度的创始人,会计改革实干家和会计教育家,我国第一位注册会计师,第一个会计师事务所的创办者。他编写了《簿记学》《实用银行会计》《改良中式会计》等多部著作,为中国现代会计制度的建立做出了突出的贡献。

谢霖先生在面临国外强权不公正的干扰之下,从维护国家主权和民族尊严的角度出发,建立起我国第一家会计事务所。由他创办的正则会计师事务所业务范围遍布中国数十个大中城市。同时,他在这些地方开办了正则会计补习学校,为国家培养了大批会计专业人才。

谢霖教授的神算盘以及他的专业水平、实干精神多次在与外国公司谈判中为民生公司挽回了较大的经济损失。谢霖的专业水平和敬业精神让外国代表十分敬佩,因此,谢霖的名声也很快轰动了北美的财经界,美国加利福尼亚大学授予谢霖先生名誉博士学位。

在抗日战争期间,谢霖以一名财经教授的身份,在从上海到成都的过程中,他每到一个地方都要在当地的大学发表抗日演讲。他所演讲的主题是"日本侵华对中国经济的破坏",从会计角度分析侵华战争对中国经济的破坏程度。谢霖的演讲始终不忘讲事实、摆道理,用数据说话,具有非常强的说服力,再加上他的演讲逻辑清晰,语言铿锵有力,不时挥舞双拳,吸引了众多的大学师生。谢霖希望通过自己的演讲,自己的大声疾呼、大声呐喊,唤醒沉睡着的中国民众,使人们尽快认清日本帝国主义的野心,早日投入到抗日救亡的战斗中去。

谢霖教授的爱国情怀和奋勇向前的敬业精神激励鼓舞着我们一代又一代的财务人。作为即将从事财务工作的青年学生,应坚定职业理想信念,爱岗敬业,增强职业荣誉感和自豪感,树立共产主义远大理想和中国特色社会主义共同理想,勇担时代重任,努力把自己锻炼成为合格的社会主义建设者和接班人,为实现中华民族的伟大复兴而努力奋斗!

项目训练

一、单项选择题

1. 在下列财务管理目标中,通常被认为比较合理的是(　　)。
   A. 产值最大化　　　　　　　　B. 利润最大化
   C. 企业价值最大化　　　　　　D. 每股利润最大化

2. 企业的财务活动是指企业的（　　）。
   A. 货币资金收支活动　　　　　　B. 分配活动
   C. 资金运动　　　　　　　　　　D. 资本金投入和收益活动
3. 财务关系是企业在组织财务活动过程中与有关各方面所发生的（　　）。
   A. 经济往来关系　　　　　　　　B. 经济协作关系
   C. 经济责任关系　　　　　　　　D. 经济利益关系
4. 每股利润最大化目标相较于利润最大化目标的优点在于（　　）。
   A. 考虑了资金时间价值因素　　　B. 考虑了风险价值因素
   C. 考虑了投入与产出的关系　　　D. 能够避免企业的短期行为
5. 按利率与市场资金供求情况的关系，利率可分为（　　）。
   A. 固定利率和浮动利率　　　　　B. 市场利率和法定利率
   C. 名义利率和实际利率　　　　　D. 基准利率和套算利率
6. 企业与债权人之间的财务关系主要体现为（　　）。
   A. 投资—收益关系　　　　　　　B. 债务债权关系
   C. 分工协作关系　　　　　　　　D. 债权债务关系
7. 在借贷期内可以调整的利率是（　　）。
   A. 套算利率　　　　　　　　　　B. 市场利率
   C. 浮动利率　　　　　　　　　　D. 实际利率
8. 财务制度体系的最高层次是（　　）。
   A. 会计法　　　　　　　　　　　B. 企业财务通则
   C. 分行业财务制度　　　　　　　D. 企业内部财务管理办法
9. 企业最为主要的环境因素是（　　）。
   A. 经济环境　　　　　　　　　　B. 法律环境
   C. 金融环境　　　　　　　　　　D. 政策环境
10. 为了促进企业进一步发展，财务管理应（　　）。
    A. 合理有效地使用资金　　　　　B. 提高产品质量，扩大产品的销售
    C. 筹集发展所需资金　　　　　　D. 保证以收抵支并能偿还到期债务
11. 考虑了时间价值和风险价值因素的财务管理目标是（　　）。
    A. 利润最大化　　　　　　　　　B. 资本利润率最大化
    C. 企业价值最大化　　　　　　　D. 每股利润最大化
12. 由财务预测、决策、预算、控制和分析构成的体系是财务管理环节，也是进行财务管理时运用的（　　）。
    A. 财务管理主体　　　　　　　　B. 财务管理方法
    C. 财务管理目标　　　　　　　　D. 财务管理制度

二、多项选择题

1. 下列各项中,属于企业财务活动的有（　　）。
   A. 筹资活动　　B. 投资活动　　C. 资金营运活动　　D. 分配活动

2. 下列各项中,属于企业财务关系的是(　　)。
   A. 企业与政府之间的财务关系　　B. 企业与受资者之间的财务关系
   C. 企业内部各单位之间的财务关系　D. 企业与职工之间的财务关系
3. 下列各项中,属于利率组成因素的有(　　)。
   A. 通货膨胀附加率　　　　　　B. 风险附加率
   C. 纯利率　　　　　　　　　　D. 社会积累率
4. 债权人为了防止其利益不受侵害,可以采取的保护措施有(　　)。
   A. 在借款合同中加入限制性条款
   B. 发现公司有侵蚀其债权价值意图时,采取通过市场接收或吞并的措施
   C. 发现公司有侵蚀其债权价值意图时,采取解聘经营者的措施
   D. 发现公司有侵蚀其债权价值意图时,采取收回借款或不再借款的措施
5. 以下关于利息率表述正确的有(　　)。
   A. 利息率是利息占本金的百分比指标
   B. 利息率是一定时期运用资金资源的交易价格
   C. 利息率是中国人民银行对商业银行贷款的利率
   D. 利息率是没有风险和通货膨胀情况下的社会平均利润率
6. 企业价值最大化目标的优点有(　　)。
   A. 考虑了资金时间价值和投资的风险价值
   B. 反映了对企业资产保值增值的要求
   C. 避免了短期行为
   D. 有利于社会资源的合理配置
7. 以利润最大化为理财目标的主要缺点有(　　)。
   A. 没有反映所得利润与投入资本额的关系
   B. 没有考虑资金时间价值和风险问题
   C. 利润的多少与经济效益的大小没有关系
   D. 容易导致企业追求短期利益的行为
8. 财务管理内容是对企业资本或资金的运作,包括企业的(　　)。
   A. 筹资管理　　　　　　　　　B. 投资管理
   C. 收益分配管理　　　　　　　D. 成本管理
9. 所有者与经营者的利益矛盾的协调办法有(　　)。
   A. 解聘　　　　B. 接受　　　　C. 激励　　　　D. 处罚
10. 财务管理的主要特征是(　　)。
    A. 价值管理　　B. 综合管理　　C. 资金管理　　D. 会计管理
11. 影响财务管理的金融环境要素主要有(　　)。
    A. 金融政策　　B. 金融机构　　C. 金融市场　　D. 利息率
12. 下列属于影响企业理财经济环境的因素有(　　)。
    A. 经济周期　　B. 财务法规　　C. 通货膨胀　　D. 市场竞争
13. 设置财务管理机构,应考虑(　　)。

A. 国家的经济发展水平　　　　B. 经济管理体制
C. 企业经营规模大小　　　　　D. 财务法规
14. 金融市场按其业务对象不同可划分为(　　)。
A. 证券市场　　B. 外汇市场　　C. 资金市场　　D. 黄金市场
15. 企业财务包括两个方面的内容,即(　　)。
A. 资金运动　　B. 资金周转　　C. 财务活动　　D. 财务关系

三、判断题

1. 企业与政府之间的财务关系体现为投资与受资的关系。（　）
2. 以企业价值最大化作为理财目标,有利于社会资源的合理分配。（　）
3. 从资金的借贷关系看,利率是一定时期运用资金这一资源的交易价格。（　）
4. 财务管理的核心是价值管理。（　）
5. 财务关系是伴随着资金运动的过程产生的。（　）
6. 企业目标本质上取决于财务管理的目标。（　）
7. 企业价值最大化是合理的财务管理目标。（　）
8. 纯利率是指没有风险和通货膨胀情况下的均衡点利率。（　）
9. 财务预测是财务决策的基础,财务决策又是财务预算的前提。（　）
10. 与会计机构并行的财务管理机构主要适用于中小型企业。（　）

四、简答题

1. 什么是企业的财务管理?如何理解企业的财务?
2. 在市场经济中,企业财务活动包括哪些内容?
3. 在市场经济中,企业财务活动所产生的各种利益关系包括哪些方面?
4. 如何理解企业财务管理的内容?
5. 企业财务管理目标有几种观点?每种观点的优缺点是什么?
6. 如何理解企业的财务管理环境?在企业的财务管理过程中,受到哪些环境的影响?

五、案例题

张洋与李潇共同投资1 000万元兴建了昌盛工贸公司,聘请王伟为总经理,王伟又从银行借款1 000万元,形成了昌盛工贸公司固定资产1 200万元,流动资产800万元。在公司运营的前两年,企业每年实现营业收入1 000万元,利润水平为税前利润200万元,税后利润130万元。但因为种种原因,公司在第三年的经营中只实现了营业收入700万元,各种材料人工等付现成本390万元,各种其他费用50万元,本年度应提取的折旧120万元,经财产清查,本年度发现各种待处理财产损失50万元。王伟担心本年度利润太少可能引起投资者不满,故决定对固定资产只提取60万元的折旧,对待处理财产损失先不予处理。这样,本年度的税前利润=700－390－50－60=200(万元),税后利润为200×(1－25%)=150(万元)。王伟向张洋和李潇汇报,在本年度销售受到影响的情况下,经过努力还是完成了目标利润。

问题：

(1) 你认为王伟达到目标利润了吗？

(2) 为什么王伟要进行财务数据的调整？他的调整是否与企业目标一致？

(3) 你认为企业的目标是什么？在本例中王伟是否违背了该目标？

(4) 你认为什么是公司的财务管理目标？其基本目标与企业目标是什么关系？有什么样的具体目标？

分析提示：这个问题应分别从利润的构成、计入利润中的费用标准、理财目标与企业目标之间的关系等几个方面进行分析。

六、实训题

(1) 实训项目：认识财务管理。

(2) 实训目的：通过实训使学生了解企业财会部门的机构设置、人员配备、权责分配情况，了解财务管理的特点、财务管理的目标、财务管理的内容等，增强对财务管理的认识，提高学习的兴趣和热情。

(3) 实训组织：组织学生到企业进行实地调查采访或开展网上调研，收集企业财务管理工作的有关资料，为财务管理课程的进一步学习奠定基础。

(4) 实训成果：完成实训报告。实训报告的内容应包括：所调查企业财务管理部门的机构设置、人员配备、权责分配情况；该企业财务管理的地位和作用；该企业的财务管理目标；该企业财务管理的内容；该企业财务管理的环节。

财务管理的价值观念

项目2
Xiangmu 2

项目目标

知识目标

(1) 理解货币时间价值的含义;
(2) 掌握货币时间价值计算的基本方法;
(3) 掌握名义利率和实际利率的计算;
(4) 了解风险的概念,掌握风险衡量的方法,理解风险与报酬之间的关系。

能力目标

(1) 正确理解时间价值和风险价值的实质和应用的必要性;
(2) 能够对财务活动中涉及货币收付的业务运用货币时间价值进行分析评价;
(3) 掌握风险衡量指标的计算及应用。

思政目标

(1) 树立正确消费观,养成艰苦朴素、勤俭节约的优秀品质;
(2) 具备理性的投资理财观念,形成风险意识和金融素养。

项目任务

任务情景

情景1:晨星公司为建设一条产品生产线,准备向天晟财务公司借款5 000万元,天晟财务公司提出5年后归还本利之和5 500万元。另外,晨星公司还需要投资购买产品生产线设备,设备供应商提出了两种付款方式,一种是现在立即付款为5 000万元,另一种是在今后的5年内每年年末付款1 200万元。在银行利率为8%的情况下,晨星公司能接受天晟财务公司的借款条件吗?采购设备选择哪种方式付款更有利呢?

情景2:晨星公司准备投资开发一款新产品,现有两个方案可供选择,根据市场

预测,相关情况如表 2-1 所示。

表 2-1　晨星公司投资开发新产品的方案预测

市场状况	概率	预计年收益率	
		方案 A	方案 B
好	0.3	40%	50%
一般	0.5	15%	15%
差	0.2	−15%	−20%

公司财务管理人员应如何进行风险比较分析,晨星公司应该投资哪个方案?

任务提出

在日常生活中,我们经常会遇到这类问题:我们打算买一辆汽车,是花 20 万元现金划算,还是每月支付 5 000 元,共支付 4 年更划算呢?假如我们有 10 万元积蓄,可以进行长期投资,一种选择是存入银行,5 年后可以得到 12.5 万元,另一种选择是购买股票,运气好可能每年赚 30%,运气不好可能会全赔。这些问题告诉我们两个简单的道理:货币是有时间价值的;风险是有货币成本的。也就是说,今天的 1 元钱比明天的 1 元钱更值钱;保险的 1 元钱比有风险的 1 元钱更值钱。

货币时间价值与风险价值是财务管理中最基本的价值观念,也是现代财务管理理论的基础。这两类价值观念在财务管理的不同领域中被广泛应用,是财务决策的基本工具。掌握财务管理的价值观念需要完成以下工作任务。

工作任务 1:辨析货币时间价值及不同形式下货币时间价值的计算。

工作任务 2:正确运用货币时间价值进行财务决策的选择。

工作任务 3:辨析风险价值并对风险价值进行正确的估算。

任务分析

企业在进行财务管理的筹资、投资、分配决策时,通常要在多种付款方案中进行选择,需要计算哪种方式对企业来说更划算或者成本最低,这就要用到货币时间价值和等价原理,分别计算出各种付款方案的现值并进行比较,从中选出现值成本最低的一种。这些都要求财务管理人员掌握一定的理财基础知识与技术,如单利的终值和现值计算,复利的终值和现值计算,年金的不同类型,每一种年金终值和现值的计算方法,以及企业在进行财务决策时衡量风险和收益的方法。

2.1　货币时间价值

"时间就是金钱"是对货币时间价值的最好说明。货币时间价值是现代财务管理的一个重要的基础性理念,也是经济活动中客观存在的重要经济现象。要掌握现代财务管理方法,必须深刻理解货币时间价值的含义。

2.1.1 解读货币时间价值

1. 货币时间价值

货币时间价值是指货币在周转使用中,随着时间的推移所带来的增值,又称资金的时间价值。假如将100元存入银行,年利率为10%,一年后连本带利就是110元,即今年的100元与一年后的110元等值,其中增值的10元就是100元钱一年的货币时间价值。货币时间价值揭示了不同时点上资金之间的换算关系,是进行筹资、投资决策不可缺少的计量手段。

货币时间价值是在没有风险和没有通货膨胀条件下的社会平均资本利润率。商品经济中,资金所有者把资金的使用权让渡给使用者都要获得一定的报酬,即应具有一定的投资利润率,由于市场竞争的存在,投资利润率会趋于平均化,这就要求资金所有者在进行某项投资时至少取得社会平均利润率。

货币时间价值可以用绝对数来表示,也可以用相对数来表示,如利息额或利息率。通常情况下,利息率应用更为普遍。

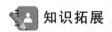知识拓展

货币时间价值的来源

马克思认为,时间价值实质上是工人创造的剩余价值的一部分。按照马克思的劳动价值论,在发达的商品经济条件下,资本的流通公式是G—W—G′,处于公式两端的都是同一性质的货币,如果两个货币量完全相等,投资行为就没有任何实际意义。因此,资本流通的结果不仅要保持原有的价值,而且要取得更多的价值,即价值增值。资本流通的基本性质决定了以价值增值为特征的资本运动是永无止境的。所以,准确地讲,资本流通公式G—W—G′中,G′=G+ΔG,即原来预付的货币额加上增值的货币额ΔG。货币时间价值的真正来源是工人所创造的剩余价值的一部分。

(资料来源:兹维·博迪,罗伯特·C. 默顿,戴维·L. 克利顿. 金融学[M]. 2版. 曹辉,译. 北京:中国人民大学出版社,2018.)

2. 货币时间价值的作用

货币时间价值主要是解决资金的现在价值和未来价值之间的换算,即知道了现在的价值计算将来的价值,或者是知道了将来的价值计算现在的价值。在实际工作中,银行存贷款利息的计算、房贷利息的计算、项目投资的可行性分析等都离不开货币时间价值。

(1) 货币时间价值是评价投资方案是否可行的基本依据。货币时间价值是扣除风险报酬和通货膨胀等因素后的社会平均资金利润率,投资方案若要得以实行,应至少取得社会平均资金利润率水平。因此,用货币时间价值作为尺度来衡量投资项目的资金利润率,是评价投资方案的基本依据。如果投资方案的资金利润率高于货币的时间价值,则该方案的经济效益良好;反之,则该方案的经济效益较差。

(2) 货币时间价值是评价企业收益的尺度。企业的财务目标是实现企业价值最大化。为此,企业的经营者必须充分利用各种经济资源去实现预期的收益,而预期收益水平的评判标准应以社会平均资金利润率为准。因此,货币时间价值是评价企业收益的尺度。

知识拓展

衡量货币时间价值的利率与一般利息率

衡量货币时间价值的利率与一般利息率(如银行存贷利息率、股息率、债券利息率等)是有区别的。一般利息率除了包含货币时间价值的因素外,还包含风险价值和通货膨胀因素,并受供求关系的影响。货币时间价值量的大小通常可以用利息率来表示,但这种利息率应以社会平均资本利润率为基础,并且以社会平均资本利润率作为货币时间价值量的最高界限。

(资料来源:刘曼红,李朝晖.公司理财[M].4版.北京:中国人民大学出版社,2016.)

2.1.2 一次性收付款项的终值与现值

货币是有时间价值,不同时间的货币收支不宜直接进行比较,需要把它们换算到相同的时点上才能进行大小的比较和比率的计算。在将不同时间的货币收支换算到相同时点的过程中,涉及两个重要概念,即终值和现值。

终值也称将来值或本利和,是指现在一定量现金在未来某一时点上的价值。例如,某公司现在存入银行现金 100 元,一年期定期存款年利率为 5%,3 年后一次性取出本利和为 115 元,这 115 元就是 100 元 3 年后的终值。

现值也称本金,是指未来某一时点上的一定量资金折算到现在时点的价值。上述 3 年后的 115 元折合为现在的价值为 100 元,这 100 元就是 3 年后 115 元的现值。

终值和现值的计算与利息计算有关,实际工作中有两种计息方式,即单利和复利,货币时间价值可以按单利计算其终值和现值,也可以按复利计算其终值和现值。企业财务管理中通常按复利计算货币时间价值。为计算方便,本书有关符号定义如下:PV 为现值或本金;FV 为终值或本利和;i 为每一利息期的利率;n 为计算利息的期数;I 为利息。

1. 一次性收付款项单利的终值和现值

单利是指只按本金计算利息,而利息部分不再计息的一种利息计算方式。

(1) 单利终值计算。单利终值的计算公式为

$$FV = PV \times (1 + in)$$

【同步案例 2-1】晨星公司决定从今年的留存收益中提取 100 000 元存入银行,并计划在 2 年后更新设备,银行一年期定期存款利率为 5%,采用单利计算利息,则该公司 2 年后可用来更新设备的金额是多少?

【解析】　　　$FV = 100\,000 \times (1 + 5\% \times 2) = 110\,000$(元)

如果这笔款项 3 年后取出,则取出的金额为

$$FV = 100\,000 \times (1 + 5\% \times 3) = 115\,000 \text{(元)}$$

显然,每期得到的利息不参与以后各期计息。

(2) 单利现值计算。求单利现值就是求单利终值的逆运算,单利现值的计算公式为

$$PV = \frac{FV}{1+in}$$

【同步案例2-2】晨星公司准备在5年后从银行取得本利和100 000元,用以支付一笔贷款,在年利率为5%的情况下,按单利计算利息,则该公司现在需要存入银行的资金是多少?

【解析】
$$PV = \frac{100\ 000}{1+5\%\times 5} = 80\ 000(元)$$

目前,我国银行存款利息的计息、债券利息的计息以及国库券利息的计息都是按单利方法进行的,但在企业财务决策过程中,货币时间价值的计算通常采用复利方法进行。

2. 一次性收付款项复利的终值与现值

复利是指每经过一个计息期,就要将所生利息加入本金计算利息,逐期滚算,俗称"利滚利"。这里所说的计息期是指相邻两次计息的时间间隔,如年、月、日等,如果没有特别说明,计息期指一年。

(1) 复利终值计算。复利终值是指一定量的本金按复利计算若干期后的本利和。

【同步案例2-3】晨星公司将10 000元现金存入银行,年利率为6%,计算一年后的本利和。

【解析】一年后的本利和为

$$FV = PV + PV \times i = PV \times (1+i) = 10\ 000 \times (1+6\%) = 10\ 600(元)$$

如果一年后,公司不使用该笔资金,继续存放在银行中,则第二年本利和为

$$FV = [PV(1+i)](1+i) = PV \times (1+i)^2 = 10\ 000 \times (1+6\%)^2$$
$$= 10\ 000 \times 1.123\ 6 = 11\ 236(元)$$

同理,第三年的本利和为

$$FV = PV(1+i)^3 = 10\ 000 \times (1+6\%)^3 = 10\ 000 \times 1.191\ 0 = 11\ 910(元)$$

第n年的本利和为

$$FV = PV \times (1+i)^n$$

综上,复利终值的计算公式为

$$FV = PV \times (1+i)^n$$

其中,$(1+i)^n$为1元钱的本利和,也称为1元钱的复利终值系数,用符号$(F/P, i, n)$表示,并可通过复利终值系数表(附表1)获得相关数据。复利终值的计算公式也可以表示为

$$FV = PV \times (F/P, i, n)$$

即

复利终值=现值×复利终值系数

【同步案例2-4】如果采用复利方式计算同步案例2-3中的利息,则该公司2年后可用来更新设备的金额是多少?

【解析】 $FV = PV \times (1+i)^n = PV \times (F/P, i, n) = 10\ 000 \times 1.123\ 6 = 11\ 236(元)$

经计算可知,晨星公司2年后可从银行取得11 236元用来更新设备。

(2) 复利现值计算。复利现值是复利终值的逆运算,是指今后某一特定时间收到或付出的一笔款项,按折现率所计算的货币的现在价值,即按复利计息的以后年份收入或支出货币的现在值。

复利现值的计算公式为

$$PV = FV \times (1+i)^{-n}$$

式中,$(1+i)^{-n}$ 为 1 元钱的现值,也称为 1 元钱的复利现值系数,用符号 $(P/F, i, n)$ 表示,并可通过复利现值系数表(附表 2)获得相关数据。因此复利现值的计算公式也可以表示为

$$PV = FV \times (P/F, i, n)$$

即

复利现值＝终值×复利现值系数

【同步案例 2-5】 晨星公司准备在 5 年后从银行取得本利和 100 000 元,用以支付一笔款项,在年利率为 5% 的情况下,按复利计算利息,则公司现在需要存入银行多少资金?

【解析】 $PV = FV \times (1+i)^{-n} = FV \times (P/F, i, n) = 100\,000 \times 0.783\,5 = 78\,350$(元)

经计算可知,晨星公司现在需要存入银行 78 350 元资金,方可在 5 年后从银行取得本利和 100 000 元。

知识链接

用 Excel 计算复利终值和复利现值

1. 复利终值的计算

在 Excel 环境下,通过插入财务函数"FV",并根据 Excel 软件的操作提示正确输入已知参数现值 PV、总期数 NPER 和折现率 RATE,就可以直接求出复利终值 FV。

"FV"函数格式为

FV(利率,支付总期数,定期支付额,[现值],[是否期初支付])

沿用同步案例 2-4 数据,晨星公司将 10 000 元现金存入银行,年利率为 6%,采用复利计算利息,则该公司 2 年后可用来更新设备的金额有多少?

分析:由题意可知,这是已知现值计算终值,可以使用函数"FV"计算,其中参数利率(RATE)为 6%,支付总期数(NPER)为 2,现值(PV)为 10 000,其余参数可省略,如图 2-1 所示。

注意:参数中的现值在本题中是将资金存入银行,对企业来说是投资(或支出),在函数中应用负数表示金额;如果计算企业的收益(或收入),则在函数中以正数表示金额。

2. 复利现值的计算

在 Excel 环境下,通过插入财务函数"PV",并根据 Excel 软件的操作提示正确输入已知参数现值 FV、总期数 NPER 和折现率 RATE,就可以直接求出复利现值 PV。

"PV"函数格式为

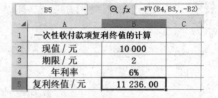

图 2-1 一次性收付款项复利终值的计算

FV(利率,支付总期数,定期支付额,[终值],[是否期初支付])

沿用同步案例 2-5 数据,晨星公司准备在 5 年后从银行取得本利和 100 000 元,用以支付一笔款项,在年利率为 5%的情况下,按复利计算利息,则该公司现在需要存入银行多少资金?

分析:由题意可知,这是已知终值计算现值,可以使用函数"PV"计算,其中参数 RATE 为 5%,NPER 为 5,FV 为 100 000,其余参数可省略,如图 2-2 所示。

图 2-2　一次性收付款项复利现值的计算

在 B5 单元格中输入函数公式"=PV(B4,B3,,B2)",就可以计算出晨星公司现在需要存入银行 78 352.62 元。存入银行的资金对企业来说是支出,所以复利现值表现为负数。

2.1.3　年金的终值与现值

上文在介绍终值和现值的计算时,考虑的是一次性收付款项的情况,除此之外,在现实经济生活中还存在一定时期内多次收付款项的情况,即系列收付款项。如果在一定时期内每次收付的金额相等,则这样的系列收付款项称为年金。例如,等额分期付款、分期偿还贷款、保险费、养老金、折旧、租金、零存整取储蓄、整存零取储蓄等都存在年金问题。简言之,年金是指凡在一定时期内,每隔相同时期(一年、半年、一季度等)收入或者支出相等金额的款项,通常计作 A。

年金按其每次收付发生的时点不同,可分为普通年金、预付年金、递延年金、永续年金等类型。

1. 普通年金终值与现值

普通年金是指从第一期起,在一定时期内每期期末等额发生的系列收付款项,也称后付年金。普通年金的收付形式如图 2-3 所示,其中横线代表时间的延续,横线上的数字表示各期的顺序号,竖线的位置表示支付的时点,竖线下端的数字表示支付的金额,这里以 100 元为例。

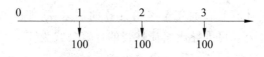

图 2-3　普通年金的收付形式

(1) 普通年金终值计算。普通年金终值是指一定时期内每期期末等额收入或支出款项的复利终值之和。如图 2-3 所示数据,第三期期末的普通年金终值的计算如图 2-4 所示。在第一期期末的 100 元,应赚得两期的利息;在第二期期末的 100 元,应赚得一期的利息;第三期期末的 100 元,没有计息,其价值是 100 元。

如果年金的期数很多,用上述方法计算终值会十分烦琐。由于每年支付额相等,折算

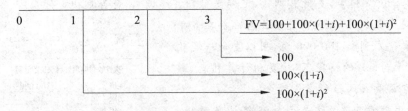

图 2-4 普通年金终值的计算

终值的系数又是有规律的,因此可找出简便的计算方法。

设每年的支付金额为 A,利率为 i,期数为 n,则按复利计算的普通年金终值 FV 为

$$FV = A + A(1+i) + A(1+i)^2 + \cdots + A(1+i)^{n-1}$$

经过整理,得出普通年金终值的计算公式为

$$FV = A \times \frac{(1+i)^n - 1}{i}$$

式中,$\frac{(1+i)^n - 1}{i}$ 为年金终值系数,记作 $(F/A, i, n)$,可查年金终值系数表(附表 3)获得相关数据。普通年金终值的计算公式也可以表示为

$$FV = A \times (F/A, i, n)$$

即

普通年金终值＝年金×普通年金终值系数

【**同步案例 2-6**】晨星公司拟于 5 年后购置一台预计价值 1 000 万元的大型调控设备。从现在起每年从利润中留存 180 万元存入银行,作为专项基金,银行年利率为 8%。计算 5 年后这笔基金是否能够支付购买大型调控设备的价款。

【**解析**】每年从利润留存中存入银行的款项均相等,表现为年金,求 5 年后的价值,即为年金终值。

$$FV = A \times (F/A, i, n) = 180 \times (F/A, 8\%, 5) = 180 \times 5.866\ 6 \approx 1\ 055.99(万元)$$

上述计算结果表明,该公司每年年末从利润中留存 180 万元存入银行,年利率 8%,5 年后这笔基金为 1 055.99 万元,高于预计价值 1 000 万元,能够支付购买大型调控设备的价款。

(2) 偿债基金的计算。偿债基金是指为使年金终值达到既定金额每年年末应支付的年金数额。偿债基金的计算是普通年金终值计算的逆运算,即已知终值 FV,求年金 A。由普通年金终值的计算公式可推导出偿债基金的计算公式为

$$A = FV \frac{i}{(1+i)^n - 1}$$

式中,$\frac{i}{(1+i)^n - 1}$ 是普通年金终值系数的倒数,称偿债基金系数,记作 $(A/F, i, n)$。偿债基金系数可以制成表格备查,亦可根据普通年金终值系数求倒数确定。

【**同步案例 2-7**】晨星公司拟在 5 年后还清 10 000 元债务,从现在起每年年末等额存入银行一笔款项。假设银行存款利率为 10%,每年需要存入多少元?

【**解析**】由于有利息存在,公司不必每年存入 2 000 元(10 000÷5),只要存入较少的

金额,5年后本利和即可达到10 000元,可用以清偿债务。

$$A = 10\,000 \times \frac{1}{(F/A, 10\%, 5)} = 10\,000 \times \frac{1}{6.105} \approx 1\,638(元)$$

因此,在银行利率为10%时,晨星公司每年存入1 638元,5年后便可得10 000元。

有一种折旧方法是偿债基金法,其理论依据是"折旧的目的是保持简单再生产"。这种方法认为,在若干年后购置设备,并不需要每年提存设备原值与使用年限的算术平均数。由于利息不断增加,每年只需提存较少的数额便可按偿债基金提取折旧,即可在使用期满时得到设备原值。偿债基金法的年折旧额,就是根据偿债基金系数乘以固定资产原值计算出来的。

(3)普通年金现值计算。普通年金现值是指一定时期内每期期末取得或付出相等金额的复利现值之和,如图2-5所示。

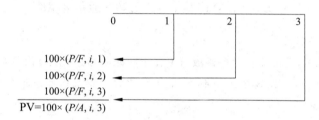

图2-5 普通年金现值的计算

普通年金现值的计算公式为

$$PV = A \times \frac{1-(1+i)^{-n}}{i}$$

式中,$\frac{1-(1+i)^{-n}}{i}$ 为年金现值系数,记作 $(P/A, i, n)$,可查年金现值系数表(附表4)获得相关数据。普通年金现值的计算公式也可以表示为

$$PV = A \times (P/A, i, n)$$

即

普通年金现值＝年金×普通年金现值系数

【**同步案例2-8**】晨星公司拟筹资800万元,用于投资一条生产线。该生产线投产以后预计在今后10年每年获得收益120万元,公司要求的最低投资报酬率为12%,计算这项投资是否合算。

【**解析**】生产线投产以后预计的每年收益均为120万元,表现为年金,可以用年金现值公式求每年收益的现值之和。

$$PV = A \times (P/A, i, n) = 120 \times (P/A, 12\%, 10) = 120 \times 5.650\,2 = 678(万元)$$

每年收益的现值之和为678万元,小于拟筹资额800万元,这项投资不合算。

【**同步案例2-9**】晨星公司拟筹资800万元,用于投资一条生产线。公司要求的最低投资报酬率是12%,计算该生产线投产以后预计今后10年每年的收益至少为多少,这项投资才合算。

【**解析**】生产线的投资额是年金现值,每年的收益是年金。

$$A = PV/(P/A, i, n) = \frac{800}{5.650\ 2} \approx 141.59(万元)$$

上述计算结果表明,该生产线投产以后预计今后10年每年的收益至少为141.59万元时,这项投资才合算。

普通年金现值也可用于资本回收额的计算。

【同步思考2-1】年金现值的逆运算是年金终值吗?

分析说明:年金现值的逆运算是计算资本回收额,而不是年金终值。年金现值系数与资本回收系数是互为倒数关系。

知识链接

用Excel计算普通年金终值和普通年金现值

1. 普通年金终值的计算

在Excel环境下,通过插入财务函数"FV",并根据Excel软件的操作提示正确输入已知参数折现率RATE、总期数NPER和年金PMT就可以直接求出普通年金终值FV。

"FV"函数格式为

FV(利率,支付总期数,定期支付额,[现值],[是否期初支付])

沿用同步案例2-6的数据,利用函数计算终值。

分析:由题意可知,这是要求计算普通年金终值,可以采用函数"FV"计算,此时参数RATE为8%,NPER为5,PMT为180,其余参数可省略,取系统默认值,如图2-6所示。

在B5单元格中输入"=FV(B4,B3,-B2)",即可得出5年后这笔基金的终值是1 055.99万元,能够支付购买大型调控设备的价款。

2. 普通年金现值的计算

在Excel环境下,通过插入财务函数"PV",并根据Excel软件的操作提示正确输入已知参数折现率RATE、总期数NPER和年金PMT就可以直接求出普通年金终值PV。

"PV"函数格式为

FV(利率,支付总期数,定期支付额,[终值],[是否期初支付])

沿用同步案例2-8的数据,利用函数计算现值。

分析:由题意可知,这是要求计算普通年金现值,可以采用函数"PV"计算,此时参数RATE为12%,NPER为10,PMT为120,其余参数可省略,取系统默认值,如图2-7所示。

	A	B
1	普通年金终值的计算	
2	年金/万元	180
3	期限/年	5
4	年利率	8%
5	年金终值/万元	1 055.99

图2-6 普通年金终值的计算

	A	B
1	普通年金现值的计算	
2	年金/万元	120
3	期限/年	10
4	年利率	12%
5	年金终值/万元	678.03

图2-7 普通年金现值的计算

在 B5 单元格中输入"=PV(B4,B3,-B2)",即可得出这项投资收益的现值为 678 万元,小于拟筹资额 800 万元,这项投资不合算。

3. 普通年金中年金的计算(偿债基金与资本回收额的计算)

在 Excel 环境下,通过插入财务函数"PMT",并根据 Excel 软件的操作提示正确输入已知参数折现率 RATE、总期数 NPER 和现值 PV、终值 FV 就可以直接求出年金 PMT。

"PMT"函数格式为

PMT(利率,支付总期数,现值,[终值],[是否期初支付])

沿用同步案例 2-7 和同步案例 2-9 的数据,利用函数计算年金。

分析:由题意可知,这是要求计算普通年金中的年金,即偿债基金和资本回收额,可以用函数"PMT"进行计算,如图 2-8 和图 2-9 所示。

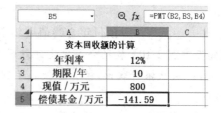

图 2-8 偿债基金的计算　　　　图 2-9 资本回收额的计算

2. 预付年金的终值与现值

预付年金是指从第一期起,在一定时期内每期期初等额收付的系列款项,也称先付年金。预付年金与普通年金的区别仅在于付款时点不同,普通年金发生在期末,而预付年金发生在期初。预付年金的收付形式如图 2-10 所示。

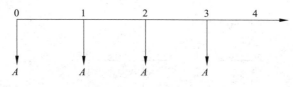

图 2-10 预付年金的收付形式

(1)预付年金终值计算。预付年金终值是指在各期等额收付的预付年金最后一期期末时的本利和,是各期收付款项的复利终值之和,等额收付 3 次的预付年金终值如图 2-11 所示。

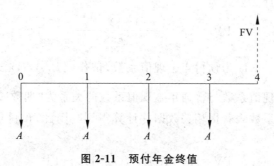

图 2-11 预付年金终值

预付年金终值比 n 期的普通年金终值要多计一期利息。因此,只要在普通年金终值公式的基础上乘上 $(1+i)$,便是预付年金的终值公式。

预付年金终值的计算公式为

$$FV = A \times \left[\frac{(1+i)^{n+1} - 1}{i} - 1\right]$$

式中,$\left[\frac{(1+i)^{n+1} - 1}{i} - 1\right]$ 为预付年金终值系数,记作 $[(F/A, i, n+1) - 1]$。由系数公式可以看出,预付年金终值系数与普通年金终值系数的关系为"期数加一,系数减一",其数值可通过查年金终值系数表获得相关数据并计算得到。因此,预付年金终值的计算公式也可以表示为

$$FV = A \times [(F/A, i, n+1) - 1]$$

即

$$\text{预付年金终值} = \text{年金} \times \text{预付年金终值系数}$$

【同步案例 2-10】 晨星公司决定连续 5 年于每年年初存入银行 100 万元作为住房基金,5 年后一次从银行取出,银行存款的年利率为 5%。该公司到期一次从银行取出的资金是多少?

【解析】 $FV = A \times [(F/A, i, n+1) - 1] = 100 \times [(F/A, 5\%, 6) - 1]$
$= 100 \times [6.8019 - 1] = 580.19 (万元)$

从以上的计算结果可知,大禹公司 5 年后可一次从银行取出 580.19 万元用于住房基金。

(2) 预付年金现值计算。预付年金现值是指一定时期内每期期初取得或付出相等金额的复利现值之和,如图 2-12 所示。

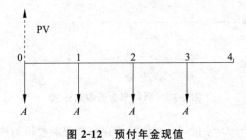

图 2-12 预付年金现值

预付年金现值的计算公式为

$$PV = A \times \left[\frac{1 - (1+i)^{-(n-1)}}{i} + 1\right]$$

式中,$\left[\frac{1 - (1+i)^{-(n-1)}}{i} + 1\right]$ 为预付年金现值系数,记作 $[(P/A, i, n-1) + 1]$。由系数公式可以看出预付年金现值系数与普通年金现值系数的关系为"期数减一,系数加一",其数值可通过查年金现值系数表获得相关数据并计算得到。因此,预付年金现值的计算公式也可以表示为

$$PV = A \times [P/A, i, (n-1) + 1]$$

即

$$预付年金现值 = 年金 \times 预付年金现值系数$$

【同步案例 2-11】 晨星公司欲购买一台设备，价值为 100 万元，若融资租赁，则每年年初需支付租金 25 万元，租赁期为 6 年，期满后设备归公司所有。银行存款的利率为 5%，晨星公司是购买设备还是租赁设备比较合算？

【解析】 融资租赁每年年初需支付租金，即为预付年金；求租金的现值，即为求预付年金的现值。

$$PV = A \times [P/A, i, (n-1) + 1] = 25 \times [P/A, 5\%, (6-1) + 1] = 25 \times (4.329\ 5 + 1)$$
$$\approx 133.24(万元)$$

上述计算结果表明，融资租赁每年年初需支付租金 25 万元，租金的现值之和为 133.24 万元，高于购买设备的价值 100 万元，应选择现在购买。

知识链接

用 Excel 计算预付年金的终值与现值

预付年金终值与现值的计算与普通年金终值与现值的计算所用的函数相同，不同的是参数 TYPE（是否期初支付）需要设为 1。

沿用同步案例 2-10 和同步案例 2-11 的数据，利用函数计算预付年金终值和现值。

分析：由题意可知，这是要求计算预付年金的终值和现值，可以用函数"FV"和"PV"进行计算，如图 2-13 和图 2-14 所示。

	A	B	C
1	预付年金终值的计算		
2	年利率	5%	
3	期限/年	5	
4	年金/万元	100	
5	预付年金终值/万元	580.19	

图 2-13 预付年金终值的计算

	A	B	C
1	预付年金现值的计算		
2	年利率	5%	
3	期限/年	6	
4	年金/万元	25	
5	预付年金现值/万元	133.24	

图 2-14 预付年金现值的计算

3. 递延年金终值与现值

递延年金是指第一次收付款项的发生时间与第一期无关，而是隔若干期（假设为 m 期，m 为大于 0 的整数）后才开始发生的系列等额收付款项。递延年金是普通年金的特殊形式，凡不是从第一期开始的年金都是递延年金。

递延年金的支付形式如图 2-15 所示。从图中可以看出，前三期没有发生支付。一般用 m 表示递延期数，本例中的 $m = 3$。第一次支付在第四期期末，连续支付 4 次，即 $n = 4$。

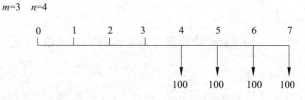

图 2-15 递延年金的支付形式

(1) 递延年金终值计算。递延年金终值的大小与递延期无关,其计算方法与普通年金终值的计算相同,这里不做赘述。根据图 2-15 的资料,在利率为 10% 时,可得出递延年金的终值为

$$FV = A(F/A, i, n) = 100 \times (F/A, 10\%, 4) = 100 \times 4.641\ 0 = 464.10(元)$$

(2) 递延年金现值计算。延期年金现值是指在一定时期内,从第 n 期开始每期期末收入或支出相等的金额的复利现值之和。

递延年金的现值计算方法有以下两种。

① 把递延年金视为 n 期普通年金,先求出递延期末的现值,再将此现值调整到第一期期初(即图 2-15 中 0 的位置)。

$$PV_3 = A(P/A, i, n) = 100 \times (P/A, 10\%, 4) = 100 \times 3.169\ 9 = 316.99(元)$$

$$PV_0 = PV_3(1+i)^{-m} = 317 \times (1+10\%)^{-3} = 316.99 \times 0.751\ 3 \approx 238.15(元)$$

② 假设递延期中也进行支付,先求出 $(m+n)$ 期的年金现值,再扣除实际并未支付的递延期 (m) 的年金现值,即可得出最终结果。

$$PV_{(m+n)} = 100 \times (P/A, i, m+n) = 100 \times (P/A, 10\%, 3+4) = 100 \times 4.868\ 4 = 486.84(元)$$

$$PV_m = 100 \times (P/A, i, m) = 100 \times (P/A, 10\%, 3) = 100 \times 2.486\ 9 = 248.69(元)$$

$$PV_n = P_{(m+n)} - P_m = 486.84 - 248.69 = 238.15(元)$$

递延年金现值的计算公式为

$$PV = A(P/A, i, n)(P/F, i, m)$$

或

$$PV = A[(P/A, i, m+n) - (P/A, i, m)]$$

【同步案例 2-12】晨星公司准备从现在开始存入银行一笔款项作为职工张某的退休养老金。张某今年 25 岁,准备 30 年后每年年末从银行提取 2 000 元,连续提取 20 年,银行复利计息,年利率为 5%。计算公司现在应存入银行多少钱?

【解析】此题为递延年金现值计算。先将 20 年内每年年末支取的 2 000 元换算到第 30 年时点的现在值(用年金现值计算,期限为 20 年),再折算到现在时点的现值(用复利现值计算,期限为 30 年)。

$$PV = A(P/A, i, n)(P/F, i, m) = 2\ 000 \times (P/A, 5\%, 20)(P/F, 5\%, 30)$$
$$= 2\ 000 \times 12.462\ 2 \times 0.231\ 4 \approx 5\ 767.51(元)$$

上述计算结果表明,公司现在只要存入银行 5 767.51 元,就能保证张某在退休时,可连续 20 年每年从银行支取 2 000 元。

【同步思考 2-2】随着贴现率的增加,现值是以不变、递增还是递减的速度减少?为什么?终值会如何变化?

分析说明:这个问题应先思考现值、终值的计算公式,然后找出规律,进行总结。

知识链接

用 Excel 计算递延年金的终值与现值

1. 递延年金终值的计算

递延年金终值只与连续收支期 n 有关,与递延期 m 无关,所以 $(m+n)$ 期末的递延年

金终值完全可以按照 n 期的普通年金终值公式计算。

2. 递延年金与现值的计算

沿用同步案例 2-12 的有关数据，利用函数法确定其现值，解答如下。

分析：由题意可知，这是计算递延年金的现值，其中递延期(m)为 30 期，连续收支期(n)为 20 期，年金为 2 000 元，利率为 5%，可以按以下两种方法计算。

(1) 分段法，把递延年金视为 n 期普通年金，求出递延期末的现值，再将此现值调整到第一期期初，如图 2-16 所示。

先在 B6 单元格中输入公式"=PV(B2,B3,B5,,0)"计算出第 30 年年初的普通年金现值为 24 924.42 元，再以此结果作为终值，在 B7 单元格中输入公式"=PV(B2,B4,,-B6)"计算出它的现值是 5 766.95 元(因保留位数不同，与上文计算结果存在差异)。

(2) 补缺法，假设递延期中也进行支付，先求出($m+n$)期的年金现值，然后，扣除实际并未支付的递延期(m)的年金现值，即可得出最终结果，如图 2-17 所示。

B7　=PV(B2,B4,,-B6)

	A	B	C
1	递延年金现值的计算		
2	年利率	5%	
3	年金期限(n)/年	20	
4	递延期数(m)/年	30	
5	年金 / 元	2 000	
6	年金N期的现值 / 元	-24 924.42	
7	递延年金现值 / 元	-5 766.95	

图 2-16　递延年金现值的计算(分段法)

B8　=B6-B7

	A	B	C
1	递延年金现值的计算		
2	年利率	5%	
3	年金期限(n)/年	20	
4	递延期数(m)/年	30	
5	年金 / 元	2 000	
6	(m+n)期年金的现值 / 元	-36 511.85	
7	m期的提金现值 / 元	-30 744.90	
8	递延年金现值 / 元	-5 766.95	

图 2-17　递延年金现值的计算(补缺法)

先在 B6 单元格中输入公式"=PV(B2,B3+B4,B5)"计算出($m+n$)期的普通年金现值是 36 511.85 元。在 B 单元格中输入公式"=PV(B2,B4,B5)"计算出递延期(m)期的年金现值是 30 744.90 元，最后在 B 单元格中输入公式"=B6-B7"，即可计算出现值是 5 766.95元。

4. 永续年金终值与现值

永续年金是指无限期等额收付的特种年金，可视为普通年金的特殊形式，是期限趋于无穷的普通年金，如银行中设置的存本取息类存款就是永续年金。

(1) 永续年金终值。永续年金没有终止的时间，也就没有终值。

(2) 永续年金现值计算。永续年金现值是指未来每期期末都收入或支出相等的金额的复利现值之和。其计算公式为

$$PV=A\times\left[\frac{1-(1+i)^{-n}}{i}\right]$$

当 $n\to\infty$，$(1+i)^{-n}\to 0$ 时，　　$PV=\dfrac{A}{i}$

即

$$永续年金现值=\frac{年金}{利率}$$

【同步案例 2-13】晨星公司现在准备存入银行一笔资金，作为一种永久性奖励基金，

奖励每年对公司有突出贡献的职工。公司初步计算每年需要拿出10万元,若银行复利计息,年利率为5％,则现在公司应存入银行多少钱?

【解析】永久性奖励基金每年需支付10万元,表现为永续年金,现在存入银行多少元钱,是求永续年金现值。

$$PV = \frac{10}{5\%} = 200(万元)$$

上述计算结果表明,只要现在存入银行200万元,就能建立一项每年支付10万元的永久性奖励基金。

资金时间价值的计算有三个基本公式:复利终值、年金终值、年金现值。预付年金、递延年金、永续年金的计算公式都是这三个公式推演的结果。

以上我们讨论了一次性收付款项及系列收付款项复利终值和现值的计算,为便于记忆和应用,将其中六个常用的公式进行汇总,如表2-2所示。

表2-2 资金时间价值计算基本公式汇总表

项目	已知项	未知项	公式	复利系数	系数代号	表示方式
一次性收付款项复利公式	复利终值	PV	FV	$FV = PV \times (1+i)^n$	$(1+i)^n$	$(F/P, i, n)$
	复利现值	FV	PV	$PV = FV \times (1+i)^{-n}$	$(1+i)^{-n}$	$(P/F, i, n)$
等额系列收付款项复利公式	年金终值	A	FV	$FV = A \times \frac{(1+i)^n - 1}{i}$	$\frac{(1+i)^n - 1}{i}$	$(F/A, i, n)$
	偿债基金	FV	A	$A = FV \frac{i}{(1+i)^n - 1}$	$\frac{i}{(1+i)^n - 1}$	$(A/F, i, n)$
	年金现值	A	PV	$PV = A \times \frac{1-(1+i)^{-n}}{i}$	$\frac{1-(1+i)^{-n}}{i}$	$(P/A, i, n)$
	资本回收额	PV	A	$A = PV \times \frac{i}{1-(1+i)^{-n}}$	$\frac{i}{1-(1+i)^{-n}}$	$(A/P, i, n)$

2.1.4 资金时间价值的应用

1. 名义利率与实际利率的换算

复利的计息期不一定总是以年为单位,有可能是季度、月或日。当利息在1年内要复利几次时,给出的年利率叫作名义利率。当1年内复利几次时,实际得到的利息要比按名义利率计算的利息高。实际得到的利率也高于名义利率。

【同步案例2-14】晨星公司用本金10 000元投资一项目,期限为5年,利率为8％,每年复利一次,计算其终值和复利息。

【解析】 $FV = 10\,000 \times (1+6\%)^5 = 10\,000 \times 1.469\,3 = 14\,693(元)$
$I = 14\,693 - 10\,000 = 4\,693(元)$

【同步案例2-15】如果同步案例2-14中,其他条件不变,只是每季度复利一次,计算其终值与复利息。

【解析】每季度利率＝8%/4＝2%，复利次数＝5×4＝20(次)

$$FV = 10\,000 \times (1+2\%)^{20} = 10\,000 \times 1.485\,9 = 14\,859(元)$$

$$I = 14\,859 - 10\,000 = 4\,859(元)$$

同步案例2-15中实际得到的利息4 859元比按名义利率计算的利息4 693元多166元，实际得到的利率也比名义利率高。

实际利率与名义利率的关系是

$$1 + i = \left(1 + \frac{r}{M}\right)^M$$

$$i = \left(1 + \frac{r}{M}\right)^M - 1$$

式中，r表示名义利率；M表示每年复利的次数；i表示实际利率。

2. 折现率（利息率）的推算

在上述货币时间价值的计算中，都假定贴现率是给定的，而在实际经济工作中，有时仅知道计息期、终值和现值，要根据已知条件去求得贴现率。

对于一次性收付款项，根据其复利终值（或现值）的计算公式可得折现率的计算公式为

$$i = \left(\frac{FV}{PV}\right)^{-n} - 1$$

因此，若已知FV、PV、n，不用查表便可直接计算出一次性收付款项的折现率（利率）i。

3. 货币时间价值的实际应用

下面以三个例子说明货币时间价值在生产经营决策和投资决策中的应用。

【同步案例2-16】晨星公司拟购置一处房产，房主提出两种付款方案：第一种方案是从现在起，每年年初支付20万元，连续支付10次，共200万元；第二种方案是从第5年开始，每年年初支付25万元，连续支付10次，共250万元。假设该公司的资金成本率（即最低报酬率）为10%，你认为该公司应选择哪个方案？

【解析】应将两种方案的现值进行比较，选择最低者。第一种方案是预付年金，需要求出预付年金的现值；第二种方案可以看作递延年金，需要求出递延年金的现值。将两者结果进行比较便可知哪个方案更佳。

每年年初支付20万元，连续支付10次的现值为

$$PV = 20 \times [(P/A,10\%,(10-1)) + 1] = 20 \times [(P/A,10\%,9) + 1]$$

$$= 20 \times 5.759\,0 = 115.18(万元)$$

从第5年开始，每年年初支付25万元，连续支付10次的现值为

$$PV = 25 \times (P/A,10\%,10)(P/F,10\%,4)$$

$$= 25 \times 6.144\,6 \times 0.683\,0 \approx 104.92(万元)$$

通过计算得知，第二种方案的现值小于第一种方案的现值，应选择第二种方案。

【同步案例2-17】晨星公司拟加盟一连锁店，加盟的付款条件有两种方式可以选择：一种方式是现在一次性付款50万元；另一种方式是分期付款，每年年末付10万元，6年付清。假如晨星公司可以获得年利率为8%的贷款，那么晨星公司的这项加盟投资，应该一次性支付还是分次支付。

【解析】先按年金现值公式求出分期付款的现值,再与一次性付款比较,现值小的为最优方案。

分期付款的现值＝10×(P/A,8％,6)＝10×4.622 9≈46.23(万元)

通过计算得知,分期付款的现值为46.23万元,比一次性付款50万元少,应选择分期付款。

【同步案例2-18】晨星公司销售某产品500台,单位售价450元。由于是积压的产品,无法按正常价格销售,否则会影响货币回笼(银行贷款利率12％)。如果现在按五折处理,当年即可销售完毕;若按六五折,预计4年能全部售出,平均每年销售125台。请为晨星公司做出决策。

【解析】先计算出两种打折方案的现值,再做比较,选择现值大的方案为最优方案。

五折出售的现值＝500×450×50％＝112 500(元)

六五折出售的现值＝125×450×65％×(P/A,12％,4)＝36 562.5×3.037 3

≈111 051.28(元)

通过计算得知,五折出售当年即可售完,资金回笼快且现值高,应选择五折出售为最优方案。

理财视角

放在桌上的现金

"放在桌上的现金(Cash on the Table)",是经济学家最常使用的隐喻,是指人们错过获利的机会。

用中国人的话,"放在桌上的现金"就是"压在床板下的钱",因为货币具有时间价值,所以这部分钱错过了获利机会。

货币的时间价值是指当前所持有的一定量货币比未来获得的等量货币具有更高的价值。也就是说,今天的10万元比10年后的10万元值钱。

到底值多少呢？如果这笔钱压在床板下,10年中,平均每年的通货膨胀率为3％,相对于目前的购买力水平,10年后的10万元只能购买相对于目前价值74 409元的物品,相当于平白损失了25 591元。

如果这笔钱放在银行,每年的利息为1.98％,则10年后价值121 660元;如果存5年定期,年利率为2.79％,5年后本利再存5年,利息不变,则值131 676元。

如果用这笔钱投资某类基金,年平均回报率为8％,则10年后的10万元价值215 892元。

所以,货币具有时间价值,至少有以下三个方面的原因。

(1) 货币可用于投资,获得红利、利息,从而在将来拥有更多的货币量。

(2) 货币的购买力会受通货膨胀的影响而随时间改变。

(3) 一般来说,预期收入具有不确定性。

不可忽略的是,人们在日常生活中不得不错过一些获利的机会,放弃获得更高收益的投资,而放一笔钱在桌子上。这是因为上述的第三条原因,即预期收入的不确定性。不确定性会使得人们丧失抵御生活中风险的能力,因此,必须准备一些应急现金,以比较小的机会成本,来防止因中断投资或无法收回现金而带来的损失。

例如,一位股票大户可能在某个周末突然生病,却因缺乏现金而延误抢救,失去生命。那个时刻,股票账户里未持股部分的钱与现金的差别,就是阴阳之间的差别。因此,中外理财专家普遍认为,一个人或家庭应保留的"放在桌上的现金",约相当于36个月的收入。拿在手里的钱、存在活期账户上可以支取的钱,还有信用卡中储备的钱,或者授信可以随时支取的钱,都可以作为应急现金而存在,这些钱的特点就是可以随时支取,以备不时之需。至于定期存款,则与债券、股票、基金等一样,属于理财规划中的投资,它们需要获得时间价值,以满足长期的财务需求。

2.2 风险价值

2.2.1 风险的构成与类别

在市场经济条件下,风险广泛存在于企业的财务活动中,并对企业实现财务管理目标具有重要影响。投资者愿意承担风险,是为了得到额外的收益,但风险可能给投资者带来超出预期的收益,也可能带来超出预期的损失。因此,企业理财时必须研究风险,计量风险并设法规避风险,以求承担较小的风险、获得最大的收益。

1. 风险的概念

风险是指在一定条件下和一定时期内可能发生的各种结果的变动程度。风险是事件本身的不确定性,具有客观性。例如,一个人选择在什么时间买哪几种股票,各买多少,风险是不一样的,但一旦做出决定,风险大小就无法改变了。也就是说,特定投资的风险大小是客观的,但是否去冒风险及冒多大风险,是可以选择的,是由主观决定的。风险的大小随时间的延续而变化,风险只是一定时期内的风险。从财务管理的角度看,风险就是企业在各项财务管理活动过程中,受各种难以预料或无法控制的因素影响,使企业的实际收益与预计收益发生背离,从而蒙受经济损失的可能性。

2. 风险的类别

风险可以按以下不同的分类标准进行分类。

(1) 从单个投资主体的角度来看,风险可分为市场风险和特有风险。市场风险是指影响市场所有资产的风险,如政策变动、战争、经济周期性波动、利率变动等带来的风险,是整个经济系统中影响企业经营的普遍因素,是无法通过分散投资或组合投资规避的风险,也称系统风险、不可分散风险。特有风险是指由于企业自身经营等原因带来的风险,如新产品开发失败、工人罢工、运输失败、失去重要合同等带来的风险,它是个别公司的特有事件造成的风险,是可以通过多元化投资规避的风险,也称非系统风险、可分散风险。

【同步思考 2-3】自新型冠状病毒肺炎疫情暴发以来,全球经济受挫金融市场发生巨

大变化,国内外股票市场受到了不同程度的影响,晨星公司也深受其害,2019年下半年晨星公司的股票曾经达到18元/股,而在2020年的4月,公司的股票最高值仅为8.5元。分析2019年下半年暴发的新冠肺炎疫情属于系统风险还是非系统风险?

分析说明:这个问题主要考虑新冠肺炎疫情的影响范围,进而确定该风险的归属。

(2)从企业本身来看,风险可分为经营风险和财务风险。经营风险是指企业固有的、由于生产经营上的原因而导致的未来经营收益的不确定性,也称营业风险。经营风险是任何商业活动都有的,供、产、销的诸多环节中任一环节出现问题都会带来经营风险,而且往往是企业所不能控制的。

影响经营风险的主要因素有:①原材料投入价格变动、新材料新设备的出现等因素带来的供应方面的风险;②产品质量、新产品开发成败、生产组织合理与否等因素带来的生产方面的风险;③销售的稳定性;④外部环境的变化,即劳动力市场的供求关系变化、通货膨胀、自然气候恶劣、税收政策以及其他宏观政策的调整。

财务风险是指由于举债而给企业财务成果带来的不确定性,又称筹资风险。若企业不借钱,全部使用自有资本,那么就没有财务风险,只有经营风险。只要企业借钱经营,就可能引发财务风险。

影响企业财务风险的主要因素有:①资金供求的变化;②利率水平的变动;③获利能力的变化;④资金结构的变化(资金结构的变化对筹资风险的影响最为直接,企业负债比例越高,筹资风险越高;反之,负债比例越低,筹资风险越小。关于这一问题,我们将在以后的任务中学习)。

3. 风险报酬

风险报酬又称风险价值,是指投资者因冒风险进行投资而要求的超过货币时间价值的那部分额外报酬。投资者所冒的风险越大,所要求的风险报酬就越高。

风险报酬与资金的时间价值一样,也有两种表现形式:一种是绝对数,即风险报酬额,是指投资者冒风险进行投资而取得的额外报酬;另一种是相对数,即风险报酬率,是指风险报酬额与原始投资额的百分比。在实际工作中,风险报酬通常以相对数——风险报酬率进行计量。

2.2.2 风险的衡量

投资报酬率由无风险报酬率和风险报酬率两部分组成,而风险投资报酬率受风险报酬斜率和风险程度两个因素的影响。风险程度的大小一般用能反映概率分布离散程度的标准差来确定。所以,风险衡量需要使用概率和统计的方法。

1. 概率及概率分布

在经济活动中,某一事件在相同条件下可能发生也可能不发生,这类事件称为随机事件。概率是指用来表示随机事件发生可能性大小的数值,即该事件发生的可能性机会。通常把必然发生事件的概率定为1,把必然不发生事件的概率定为0,而一般随机事件的概率是介于0与1之间的一个数。如果用 X 表示随机事件,X_i 表示随机事件的第 i 种结果,P_i 为出现该种结果的相应概率。那么,概率必须符合下列两个条件。

(1) $0 \leqslant P_i \leqslant 1$。

(2) $\sum_{i=1}^{n} P_i = 1$。

概率分布是指某一事件各种结果发生的可能性分布。在实际应用中,概率分布分为两种类型:一种是不连续的概率分布,其特点是概率分布在各个特定的点上,即离散型分布;另一种是连续的概率分布,其特点是概率分布在连续的图像上,即连续型分布。

【同步案例 2-19】 晨星公司拟投资一条生产线,生产甲、乙两种产品。根据市场调查,预计在三种不同的市场情况下,可能获得的年净收益及概率如表 2-3 所示。

表 2-3 预计年净收益及概率

市场情况	概率(P_i)	预计年净收益(X_i)/万元	
		生产甲产品	生产乙产品
繁荣	30%	600	700
一般	50%	500	400
衰败	20%	100	200

【解析】 表 2-3 中数据表明,在市场繁荣的情况下,生产甲产品和乙产品的预计年净收益分别为 600 万元和 700 万元,其可能性为 30%;在市场一般的情况下,生产甲产品和乙产品的预计年净收益分别为 500 万元和 400 万元,其可能性为 50%;在市场衰败的情况下,生产甲产品和乙产品的预计年净收益分别为 100 万元和 200 万元,其可能性为 20%。

2. 期望值

期望值是指一个概率分布中的所有可能结果,以各自相应的概率为权数计算的加权平均值,代表投资者合理的预期收益,通常用符号 E 表示。其计算公式为

$$E = \sum_{i=1}^{n} X_i P_i$$

【同步案例 2-20】 根据同步案例 2-19 中的数据,计算晨星公司生产甲产品和乙产品的预计年净收益的期望值。

【解析】 $E_{甲产品} = 600 \times 0.3 + 500 \times 0.5 + 100 \times 0.2 = 450$(万元)

$E_{乙产品} = 700 \times 0.3 + 400 \times 0.5 + 200 \times 0.2 = 450$(万元)

计算结果表明,两个方案预计年净收益的期望值相同,均为 450 万元,说明利用期望值判断两个方案的风险是相同的。但是否可以就此认为两个项目的风险是等同的呢?我们还须了解概率分布的离散程度,进一步判断风险的大小。

3. 离散程度

离散程度是用来衡量风险大小的统计指标。一般说来,离散程度越大,风险越大;离散程度越小,风险越小。表示随机变量离散程度的指标有平均差、方差、标准离差、标准离差率和全距等。本书仅介绍标准离差和标准离差率。

(1) 标准离差。标准离差是反映概率分布中各种可能结果对期望值的偏离程度,通常用符号 CV 表示。其计算公式为

$$CV = \sqrt{\sum_{i=1}^{n}(X_i - E)^2 P_i}$$

【同步案例 2-21】根据同步案例 2-19 和同步案例 2-20 的资料及计算结果,计算晨星公司生产甲产品和乙产品的预计年净收益的标准离差。

【解析】

$$CV_{甲产品}=\sqrt{(600-450)^2\times 0.3+(500-450)^2\times 0.5+(100-450)^2\times 0.2}$$
$$\approx 180.28(万元)$$

$$CV_{乙产品}=\sqrt{(700-450)^2\times 0.3+(400-450)^2\times 0.5+(200-450)^2\times 0.2}$$
$$\approx 180.28(万元)$$

计算结果表明,乙产品预计年净收益的标准离差与甲产品的预计年净收益标准离差相同,由此判断生产甲、乙产品的风险相同。在期望值相同的条件下,标准离差越大,风险越大;反之,标准离差越小,则风险越小。

(2)标准离差率。标准离差率是标准离差与期望值的比值,通常用 ρ 表示,其计算公式为

$$\rho=\frac{CV}{E}$$

【同步案例 2-22】根据同步案例 2-19~同步案例 2-21 的资料及计算结果,计算晨星公司生产甲产品和乙产品的预计年净收益的标准离差。

【解析】

$$\rho_{甲产品}=\frac{180.28}{450}\times 100\%=40.06\%$$

$$\rho_{乙产品}=\frac{180.28}{450}\times 100\%=40.06\%$$

标准离差作为绝对数,只适用期望值相同的决策方案风险程度的比较。对于期望值不同的决策方案,评价和比较其各自的风险程度只能借助于标准离差率这一相对数值。在期望值不相同的条件下,标准离差率越大,风险越大;反之,标准离差率越小,则风险越小。

2.2.3 投资风险价值计算

企业在进行财务方案的选择时,感兴趣的是未来的收益,但这是不确定的。因此,企业一般用预期收益率来测算一项资产收益的高低。

在不考虑通货膨胀的情况下,风险投资所要求的投资报酬率(即期望投资报酬率)是由两部分构成的:一部分是资金的时间价值,即无风险报酬率;另一部分是风险价值,即风险报酬率。两者之间的关系为

投资报酬率=无风险报酬率+风险报酬率

如图 2-18 所示,纵坐标表示投资报酬率,横坐标表示风险程度。

1. 风险报酬率

风险报酬率受风险报酬斜率和风险程度两个因素的影响,如果用标准离差率 CV 表示风险报酬斜率,用风险价值系数 b 表示风险程度,则风险报酬率 R 的计算公式为

$$R=CV\times b(0<b<1)$$

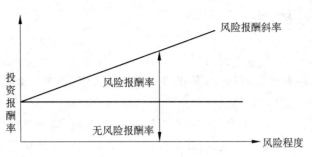

图 2-18 投资报酬率

即

$$风险报酬率 = 标准离差率 \times 风险价值系数$$

式中，b 的高低反映了风险程度变化对风险最低报酬率的影响，一般是一个经验数据。

2. 风险报酬额的计算

风险报酬额可以根据投资额与风险报酬率的关系直接计算，其公式为

$$风险报酬额 = 投资额 \times 风险报酬率$$

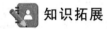 知识拓展

风险控制的策略

投资者面对风险时，可以对风险进行定量或定性分析，然后对风险进行排序，并据此制定相应的策略。投资者应对风险的策略有以下几种。

1. 规避风险策略

规避风险策略是指当资产风险所造成的损失不能由该资产可能获得的收益予以抵销时，可以通过变更项目计划来消除风险或消除风险产生的条件，或者保护项目目标免受风险的影响。例如，拒绝与不守信用的厂商业务往来；放弃可能导致较大亏损的投资项目。

2. 减少风险策略

减少风险就是化解风险，主要体现在两方面：一是控制风险因素，减少风险发生；二是控制风险发生的频率和降低风险损害程度。减少风险的常用方法：进行准确的预测；对决策进行多方案优选和替代；及时与政府部门沟通获取政策信息；采用多领域、多地域、多项目、多品种的经营或投资以分散风险；在研发新产品前，进行充分的市场调研。

3. 转移风险策略

对可能给企业带来灾难性损失的资产，企业应以一定的代价，采取某种方式转移风险。例如，向保险公司投保；采取合资、联营、联合开发等措施实现风险共担；通过技术转让、租赁经营、业务外包等方式实现风险转移。

4. 接受风险策略

接受风险包括风险自担和风险自保两种。风险自担是指风险损失发生时，直接将风险摊入成本或费用或冲减利润；风险自保是指企业预留一笔风险金或随着生产经营的进行，有计划地计提资产减值准备等。

项目小结

1. 货币时间价值是指货币经历一定时间的投资和再投资所增加的价值。

2. 终值也称将来值或本利和,是指现在一定量的资金在未来某一时点所对应的价值。

3. 现值也称本金,是指未来某一时点上的一定量资金折算到现在时点的价值。

4. 单利是指只按本金计算利息,而利息部分不再计息的一种利息计算方式。

$$单利终值\ FV=PV\times(1+in)$$
$$单利现值\ PV=FV\times(1+in)$$

5. 复利是指每经过一个计息期,就要将所生利息加入本金计算利息,逐期滚算,俗称"利滚利"。

6. 复利终值是指一定量的本金按复利计算若干期后的本利和。

$$复利终值\ FV=PV\times(1+i)^n$$

7. 复利现值是复利终值的逆运算,是指今后某一特定时间收到或付出的一笔款项,按折现率所计算的货币的现在价值。

$$复利现值\ PV=FV\times(1+i)^{-n}$$

8. 年金是指等额、定期的系列收支。

9. 普通年金是指从第一期起,在一定时期内每期期末等额发生的系列收付款项,也称后付年金。

10. 普通年金终值是指一定时期内每期期末等额收入或支出款项的复利终值之和。

11. 偿债基金是指为使年金终值达到既定金额每年年末应支付的年金数额。

12. 普通年金现值是指一定时期内每期期末取得或付出相等金额的复利现值之和。

13. 预付年金是指从第一期起,在一定时期内每期期初等额收付的系列款项,也称先付年金。

14. 预付年金终值是指在各期等额收付的预付年金最后一期期末时的本利和,是各期收付款项的复利终值之和。

15. 预付年金现值是指一定时期内每期期初取得或付出相等金额的复利现值之和。

16. 递延年金是指第一次收付款项的发生时间与第一期无关,而是隔若干期后才开始发生的系列等额收付款项。递延年金是普通年金的特殊形式,凡不是从第一期开始的年金都是递延年金。

17. 递延年金终值的大小与递延期无关,其计算方法与普通年金终值的计算相同。

18. 递延年金现值是指在一定时期内,从第 n 期开始每期期末收入或支出相等的金额的复利现值之和。

19. 永续年金是指无限期等额收付的特种年金,可视为普通年金的特殊形式,是期限趋于无穷的普通年金。

20. 永续年金没有终止的时间,也就没有终值。

21. 永续年金现值是指未来每期期末都收入或支出相等的金额的复利现值之和。

22. 风险是指在一定条件下和一定时期内可能发生的各种结果的变动程度。

23. 风险的衡量方法有概率、期望值、标准离差、标准离差率等。
24. 风险报酬又称风险价值,是指投资者因冒风险进行投资而要求的超过货币时间价值的那部分额外报酬。
25. 投资报酬率＝无风险报酬率＋风险报酬率。
26. 风险报酬率=标准离差率×风险价值系数。
27. 风险控制的策略主要有规避风险策略、减少风险策略、转移风险策略、接受风险策略。

 **思政园地**

树立正确消费观,远离不良"校园贷"

校园贷是近年来互联网金融中发展最迅猛的产品之一。在校学生只要在网上提交资料、通过审核、支付一定手续费,就能轻松申请信用贷款。

正常的校园信贷是一种金融工具,是"互联网＋"时代创新发展的金融理财衍生服务,它的确为大学生打开了一扇解决经济困难的窗户,用得好,就能发挥校园贷的正向功能。

但是不良信贷,即人们经常提到的校园不良网络信贷,一般披着具有诱惑力的迷人外衣,打着申请便利、手续简单、放款迅速的旗号,喊着"花明天的钱,圆今天的梦,总有一款满足你"的口号,像金融毒品一样能够让大学生欲罢不能。

学生遭遇高利贷等骇人听闻的事件频频发生,网络贷款会给大学生自身心理造成极大的压力,让生活陷入网贷的泥潭中不可自拔,甚至导致辍学、自杀等情况的发生。例如,湖北某大学的一名学生,为了购买手机及其他消费品,申请网上贷款。随后,经过拆东墙补西墙,不断找其他小型贷款公司贷款还债,其最终欠下多家公司共计70余万元的债务,而原始金额仅为3万元。大学生消费分期一度被视为"肥肉",利益的引诱化作一只黑手,把本应宁静的校园推向悬崖。

在一定程度上,"校园贷"帮助了部分大学生资金周转,满足了一定量的资金需求,但在不良信贷的交易过程中,无论是出借方,还是借入方,都欠缺对自身责任的审视,使平台的价值产生了扭曲。大学生群体往往存在着无节制消费的潜在现实,"校园贷"平台的逐利性也在有意或无意地放任着这种无节制性累积壮大。避免不良信贷不仅需要平台、监管部门和用户共同治理,还要积极提高大学生的危机意识,不轻易相信天上掉馅饼,保持本心才是最好的选择。

大学生应该树立正确的消费观,不虚荣,不攀比,良性消费,防止冲动消费。要充分认识网络不良借贷存在的隐患和风险,增强金融风险防范意识;养成艰苦朴素、勤俭节约的优秀品质;要积极学习金融和网络安全知识,远离不良信贷。

项目训练

一、单项选择题

1. 某企业拟在5年后从银行取出20 000元,银行复利率为6%,现在应存入银行

（　　）元。

  A. 26 000   B. 14 000   C. 15 385   D. 14 946

2. 某企业每年年末存入银行 1 000 元，年利率为 7%，则第四年年末可以得到的本利和为（　　）元。

  A. 4 280   B. 4 750   C. 3 750   D. 4 440

3. 甲方案在 3 年中每年年初付款 500 元，乙方案在 3 年中每年年末付款 500 元，若利率为 10%，则两个方案第 3 年年末时的终值相差（　　）元。

  A. 105   B. 165.5   C. 665.5   D. 505

4. 表示资金时间价值的利息率是（　　）。

  A. 银行同期贷款利率

  B. 银行同期存款利率

  C. 没有风险和没有通货膨胀条件下社会资金平均利润率

  D. 加权资本成本率

5. 某企业拟建立一项基金，每年初投入 100 000 元，若利率为 10%，5 年后该项资本本利和将为（　　）元。

  A. 671 600   B. 564 100   C. 871 600   D. 610 500

6. 有甲、乙两台设备可供选用，甲设备的年使用费比乙设备低 2 000 元，但价格高于乙设备 8 000 元。若资本成本为 10%，甲设备的使用期应长于（　　）年，选用甲设备才是有利的。

  A. 4   B. 5   C. 4.6   D. 5.4

7. 以 10% 的利率借得 50 000 元，投资于寿命期为 5 年的项目，为使该投资项目成为有利的项目，每年至少应收回的现金数额为（　　）元。

  A. 10 000   B. 12 000   C. 13 189   D. 8 190

8. 投资者由于冒风险进行投资而获得的超过资金价值的额外收益是投资的（　　）。

  A. 时间价值率 B. 期望报酬率 C. 风险报酬率 D. 必要报酬率

9. 从第一期起，在一定时期内每期期初等额收付的系列款项是（　　）。

  A. 先付年金 B. 后付年金 C. 递延年金 D. 普通年金

10. 普通年金现值系数的倒数称为（　　）。

  A. 复利现值系数   B. 普通年金终值系数

  C. 偿债基金系数   D. 资本回收系数

11. 某企业年初存入银行 1 000 元，假设银行按每年 10% 的复利计息，每年年末取出 200 元，则最后一次能够足额提款 200 元的时间是第（　　）年年末。

  A. 5   B. 8   C. 7   D. 9

12. 在复利条件下，已知现值、年金和贴现率，求计算期数，应先计算（　　）。

  A. 年金终值系数   B. 年金现值系数

  C. 复利终值系数   D. 复利现值系数

13. 企业发行债券，在名义利率相同的情况下，对其最不利的复利计息期是（　　）。

  A. 1 年   B. 半年   C. 1 季度   D. 1 个月

14. 在多方案中择优时,决策者的行动准则应是( )。
    A. 选择高收益项目
    B. 选择高风险、高收益项目
    C. 选择低风险、低收益项目
    D. 权衡期望收益与风险,考虑决策者对风险的态度
15. 下列各项年金中,只有现值没有终值的是( )。
     A. 普通年金   B. 即付年金   C. 永续年金   D. 先付年金

二、多项选择题

1. 下列系数中互为倒数的有( )。
    A. 复利终值系数和复利现值系数
    B. 普通年金现值系数和资本回收系数
    C. 普通年金终值系数和偿债基金系数
    D. 普通年金终值系数和普通年金现值系数
2. 年金的特征有( )。
    A. 收入或支付款项的金额相等
    B. 收入或支付款项的间隔期相等
    C. 收入或支付款项的间隔期一定为一年
    D. 收入或支付款项的时间是在每一期的期初
3. 下列项目中,以年金形式出现的有( )。
     A. 折旧   B. 租金   C. 奖金   D. 保险费
4. 投资报酬率的构成要素包括( )。
    A. 利率   B. 资金时间价值
    C. 投资成本率   D. 风险报酬率
5. 在财务管理中,可用来衡量风险大小的指标有( )。
     A. 标准离差   B. 边际成本   C. 风险报酬率   D. 标准离差率
6. 投资的风险价值有两种表现形式,即( )。
     A. 标准离差   B. 标准离差率   C. 绝对数形式   D. 相对数形式
7. 概率必须符合以下条件( )。
    A. 每个随机变量的概率均大于1
    B. 每个随机变量的概率均小于或等于1但大于0
    C. 随机变量的全部概率之和等于1
    D. 随机变量的全部概率之和等于0
8. 一般来说,下列各项中可以视为年金形式的有( )。
    A. 资等额分期付款   B. 折旧
    C. 养老金   D. 零存整取的等额零存数
9. 下列各项中,属于必要投资报酬构成内容的有( )。
     A. 风险报酬   B. 通货膨胀补贴   C. 资本成本   D. 风险报酬

10. 计算普通年金现值所必需的资料有( )。
    A. 年金   B. 终值   C. 期数   D. 利率
11. 风险与报酬的关系可表述为( )。
    A. 风险越大,期望投资报酬越高   B. 风险越大,期望投资报酬越少
    C. 风险越大,要求的收益越高   D. 风险越大,获得的投资收益越高
12. 下列关于年金的表述中,正确的有( )。
    A. 年金既有终值又有现值
    B. 递延年金是第一次收付款项发生的时间在第二期或第二期以后的年金
    C. 永续年金是特殊形式的普通年金
    D. 永续年金是特殊形式的即付年金
13. 若甲的期望值高于乙的期望值,且甲的标准离差小于乙的标准离差,下列表述不正确的有( )。
    A. 甲的风险小,应选择甲方案
    B. 乙的风险小,应选择乙方案
    C. 甲的风险与乙的风险相同
    D. 两者的风险难以衡量,因期望值不同,需要进一步计算标准离差率
14. 某公司向银行借入12 000元,借款期限为3年,每年的还本付息额为4 600元,则借款利率为( )。
    A. 小于6%   B. 大于8%   C. 大于7%   D. 小于8%
15. 按风险形成的原因,企业风险可划分为( )。
    A. 经营风险   B. 市场风险   C. 可分散风险   D. 财务风险

三、判断题

1. 即付年金和普通年金的区别在于计息时间与付款方式不同。( )
2. 当年利率为12%时,每月复利一次,即12%为名义利率,1%为实际利率。( )
3. 一项借款的利率为10%,期限为7年,则资本回收系数为0.21。( )
4. 从财务角度来说,风险主要是指达到预期报酬的可能性。( )
5. 在终值和计息期一定的情况下,贴现率越低,复利现值越小。( )
6. 6年分期付款购物,每年年初付款500元,设银行存款利率为10%,该项分期付款相当于现在一次性现金支付的购买价是2 395.42元。( )
7. 两个方案比较时,标准离差越大,风险越大。( )
8. 当利率大于0,计息期一定的情况下,年金现值系数一定大于1。( )
9. 在利率和计息期相同的条件下,复利现值系数与复利终值系数互为倒数。( )
10. 风险与收益是对等的,风险越大,收益的机会越多,期望的收益率就越高。( )

四、实务题

1. 某企业6年后准备一次性付款180万元购买一处厂房,现已积累了70万元,若折现率为10%,为了顺利实现购房计划,每年还应积累多少钱?

2. 某企业向保险公司借款,预计10年后还本付息200 000元,为归还这笔借款,拟在各年年末提取相等数额的基金,假定银行的借款利率为12%,请计算年偿债基金额。

3. 某企业于第一年年初借款10万元,每年年末还本付息2万元,连续8年还清。请计算借款利率。

4. 某企业拟购买设备一台用于更新旧设备,新设备价格比旧设备价格高12 000元,但每年可节约动力费用4 000元,若利率为10%,请计算新设备应至少使用多少年,对企业而言才有利。

5. 某公司有甲、乙两个投资方案,投资期均为1年,两种方案在不同经济状况下的估计报酬率如表2-4所示。

表2-4 甲、乙方案在不同经济状况下的估计报酬率

经济状态	概率	甲方案报酬率	乙方案报酬率
衰退	0.2	6%	22%
一般	0.6	11%	14%
繁荣	0.2	31%	−4%

请计算:
(1) 甲、乙方案的收益期望值分别是多少?
(2) 甲、乙方案的标准离差分别是多少?
(3) 甲、乙方案的标准离差率分别是多少?
(4) 甲、乙投资方案的风险程度分别是多少?

6. 某企业为员工投入保险,每年投保金额为2 400元,投保年限为20年,在投保收益率为8%的条件下计算:
(1) 如果每年年末支付保险金,20年后可得到多少现金?
(2) 如果每年年初支付保险金,20年后可得到多少现金?

五、案例题

2021年年初,黄河公司计划从银行获取2 000万元贷款,贷款的年利率为8%,贷款期限为10年。银行提出以下三种还款方式让公司自行选定,以便签订借款合同。
(1) 每年只付利息,债务期期末一次性付清本金。
(2) 全部本息到债务期期末一次性付清。
(3) 在债务期间每年均匀偿还本利和。

假如你是公司的总经理,你将选用哪种还款方式来偿还贷款,为什么?假定折现率为10%,在何种情况下企业负债经营才是有利的?

分析提示:第一个问题要先计算出各种还款方式的现值,再进行比较,选择最小值的方案。第二个问题要从投资收益与付出成本之间的大小对比来回答。

六、实训题

(1) 实训项目:房贷的月还款额计算。

(2) 实训目的:熟悉年金计算的特点。

(3) 实训组织:将同学们分成若干小组,每组 3~5 人,从网络上或实际生活中寻找有关房贷还款的资料,包括房贷总额、银行贷款利率、还款方式等。

(4) 实训成果:对调查的资料进行整理、计算,编制房贷月还款额计算表。

筹资管理

项目3
Xiangmu 3

项目目标

知识目标

(1) 了解各种筹资渠道和筹资方式,理解企业筹资的基本原则;
(2) 掌握权益资金和债务资金的筹集方式及其优缺点;
(3) 了解资金成本的含义及作用;
(4) 了解杠杆原理与计算方法、杠杆与风险的关系;
(5) 理解资本结构的含义和影响资本结构的因素。

能力目标

(1) 能够针对企业的实际情况灵活选择合适的筹资方式;
(2) 掌握个别资本成本和综合资金成本的计算;
(3) 掌握经营杠杆、财务杠杆以及复合杠杆的应用;
(4) 掌握最佳资本结构的决策方法。

思政目标

(1) 培养诚实守信、遵纪守法的职业素养;
(2) 养成开源节流、勤俭节约、精打细算的职业态度。

项目任务

任务情景

  晨星公司现在拟投产一种新产品,该项目需要投资4 000万元,预期投产后每年可增加利润(息税前利润)400万元。公司目前的资本来源包括每股面值1元、发行价每股18元的普通股55.5万股和利率为10%的债券3 000万元。晨星公司的财务管理人员现有以下三种筹资方案。

A方案：按10%的利率发行债券。
B方案：按面值发行股利40%的优先股。
C方案：按每股20元的价格增发普通股200万股。

晨星公司目前的息税前利润为1 600万元，公司适用的所得税税率为25%。

晨星公司选择哪个方案最好？

任务提出

任何一个以营利为目的的企业在其初创阶段以及企业扩展过程中，均需要筹集资金。企业在生产经营过程中一直非常关注一个重要的问题：企业的资金从哪里来？所谓"巧妇难为无米之炊"，企业即使有非常好的投资项目和非常专业的人才，但若没有资本，一切也无从谈起。因此，对企业而言，融资决策非常重要，融资决策的优劣直接影响公司的成败。

企业筹集资金是根据企业的财务战略、财务计划和投资方案决定的。筹集资金的过程实际上是进行一系列决策、制定一系列政策的过程。企业要筹集多少资金？从哪些渠道通过哪些方式筹集？什么时间筹集？筹集资金的成本是多少？风险有多大？通过解决这些问题，选择各种筹资方式，并在各种筹资方式之间做出合理的选择。筹资决策需要完成以下工作任务。

工作任务1：了解筹资的含义及原则。

工作任务2：了解各种筹集方式和渠道。

工作任务3：学会计算所筹集资金的成本。

工作任务4：了解如何在保持现有资本结构的基础上筹集所需资金。

工作任务5：了解进行筹资决策中有哪些风险，并学会计算。

任务分析

筹资决策是企业财务管理的一项重要内容，筹资决策的正确与否将影响到公司的成败。企业的生存、发展、获利都需要资金。资金如同人们身体中的血液，关乎生命的存亡。企业的长期稳定发展，需要依靠一种来自企业经营活动的良性"造血"功能机制，也需要一种"输血"功能机制，这就是外来资金，它可以解决企业一时的资金难题。企业造血机制的形成只能依靠企业资产的合理有效利用。企业的输血机制也应合理使用，如果债务规模过大，会加剧财务风险，形成还本付息的压力，使企业的资产负债结构恶化，损失应得到的部分营业利润。

为了更好地完成筹资决策岗位的主要任务，财务管理人员应该掌握一定的资金筹集方法及技术，如筹集资金的渠道及方式有哪些？各种筹资方式的优缺点有哪些？主要短期筹资方式中的银行借款、商业信用怎样使用？融资租赁的租金怎样计算？资金成本的实质、种类有哪些？每一种资金成本怎样计算？如何选择最优的资本结构？怎样利用杠杆原理衡量风险和收益？诸如此类问题，都是我们进行筹资决策需要考虑和解决的问题。

3.1 筹资管理基础

企业筹资是企业根据生产经营活动对资金的需求情况，通过金融机构、金融市场和其他渠道，采取适当的方式，获取所需资金的一种财务活动。筹资工作做得好，不仅能降低资金成本，给企业经营或投资创造较大的可行空间，而且能降低企业财务风险，提高经济效益。

3.1.1 企业筹资渠道与筹资方式

1. 筹资渠道

筹资渠道是指企业取得资金的来源或途径。企业筹资必须按照国家有关法规，通过一定的渠道，采用一定的方式进行。企业的筹资渠道主要有以下七种。

（1）国家财政资金。国家财政资金是指代表国家的机构向企业注入的资金，是国有企业最主要的资金来源。

（2）银行信贷资金。银行信贷资金是指银行对企业的各种贷款，是企业最重要的资金来源。我国的银行分为商业性银行和政策性银行，商业银行主要为企业提供各种商业贷款，政策性银行主要为特定企业提供政策性贷款。银行贷款方式灵活多样，可以适应各类企业多样化的筹资需要。

（3）其他金融机构资金。其他金融机构资金是指非银行金融机构向企业投入资金或借贷款项。其他金融机构主要有信托投资公司、租赁公司、保险公司、证券公司、企业集团的财务公司。它们可以为一些企业直接提供部分资金或为企业筹资提供服务。

（4）其他企业资金。企业在生产经营过程中，往往会形成部分闲置资金，为了一定的目的，也需要相互投资、融资，可以为筹资企业提供资金来源。

（5）企业职工资金和居民个人资金。企业职工和城乡居民的结余资金可以对企业进行投资，形成民间资金渠道，为企业所利用。

（6）企业自留资金。企业自留资金是企业内部形成的资金，主要有计提折旧、提取盈余公积金、资本公积、未分配利润等。这一渠道的资金多由企业内部生成或转移，一般不增加企业的资金总量，但能增加可供周转的营运资金。企业自留资金无须通过任何筹资活动，取得最为主动。

（7）境外资金。境外资金是指我国境外投资者以及我国香港、澳门和台湾地区投资者投入的资金，是企业的重要资金来源。

2. 筹资方式

筹资方式是指企业筹集资金的手段或具体形式，体现资金的路线和流向。目前企业的筹资方式主要有以下七种：①吸收直接投资；②发行股票；③留存收益；④银行借款；⑤融资租赁；⑥发行债券；⑦商业信用。其中①～③方式筹措的资金为权益资金，④～

⑦方式筹措的资金为债务资金。

3. 筹资渠道与筹资方式的关系

筹资渠道与筹资方式既有联系,又有区别。同一渠道的资金可以用不同的筹资方式取得,同一筹资方式也可以筹措到不同渠道的资金。企业在筹资时应注意筹资渠道与筹资方式的合理配合,两者的关系如表3-1所示。

表3-1 筹资渠道与筹资方式的关系

项 目	吸收直接投资	发行股票	留存收益	银行借款	融资租赁	发行债券	商业信用
国家财政资金	✓	✓					
银行信贷资金				✓			
其他金融机构资金	✓	✓		✓	✓	✓	
其他企业资金	✓	✓			✓		✓
企业职工资金和居民个人资金		✓				✓	
企业自留资金	✓	✓	✓				
境外资金	✓	✓		✓	✓	✓	✓

3.1.2 企业筹资的基本原则

为了合理有效地筹集企业所需资金,企业在融资过程中必须遵循一定的筹资原则,以便提高筹资效率,降低筹资成本。

1. 筹资数量合理性原则

企业筹资无论通过什么渠道,采取什么筹资方式,都必须预先合理确定资金的需要量,以需定筹,既要防止筹资不足,影响生产经营的正常进行,又要防止筹资过多,造成资金浪费、闲置。企业筹资应遵循筹资数量合理性原则,保证筹资量和需要量相互平衡。

2. 筹资时间及时性原则

依据资金时间价值的原理,同等数量的资金在不同时点上具有不同的价值。企业筹集资金应根据资金投放使用时间来合理安排,使筹资和用资在时间上相互衔接,既要避免过早筹资使资金过早到位形成资金投放前的闲置,又要避免资金到位滞后错过资金投放的最佳时机。

3. 筹资成本效益性原则

采用不同筹资渠道和筹资方式筹集资金,资金成本各不相同,取得资金的难易程度也有差异。筹集资金应从资金需要的实际情况出发,认真选择有利的筹资渠道,采用合理、恰当的筹资方式,以求降低筹资成本,谋求最大的筹资效益。

4. 资金结构优化性原则

企业在筹资过程中,必须注意使企业的权益资金与借入资金保持合理的比例关系,长期资金和短期资金保持合理的比例关系,使负债的多少与权益资本及企业的偿债能力相适应,通过优化资金结构,使企业减少财务风险。

3.2 权益资金筹集

3.2.1 吸收直接投资

1. 吸收直接投资的种类

吸收直接投资是指非股份制企业按照"共同投资、共同经营、共担风险、共享利润"的原则,直接吸收国家、法人、个人和外商投入资金的一种筹资方式。吸收直接投资中的出资者是企业的所有者,他们对企业拥有经营管理权,并按出资比例分享利润、承担损失。企业通过吸收投资方式筹集的资金可分为四类:吸收国家投资资金、吸收法人投资资金、吸收个人投资资金和吸收外商投资资金。

2. 吸收直接投资的程序

(1) 确定吸收投资所需的资金数量。

(2) 联系投资者,商定投资数额和出资方式。

(3) 签署投资协议。

3. 吸收直接投资的出资方式

(1) 现金投资。现金投资是吸收直接投资中最重要的出资方式。现金投资具有很大的灵活性,企业要尽可能争取投资者采用现金方式出资。

(2) 实物投资。实物投资是指以房屋、建筑物、设备等固定资产和原材料、商品等流动资产作价进行的投资。

(3) 工业产权投资。工业产权投资是指以商标权、专利权、非专利权技术等无形资产进行的投资。企业在吸收工业产权投资时应注意避免短期内可能贬值的无形资产,且无形资产的出资额不得超过注册资本的20%。

(4) 土地使用权投资。土地使用权投资是指土地使用权人依法用土地使用权进行的投资。土地使用权是指土地使用权人依法拥有对有关土地在一定期限内进行建筑、生产或其他活动的权利。

4. 吸收直接投资的优缺点

(1) 吸收直接投资的优点:①吸收直接投资所筹集的资金属于自有资金,与借入资金相比,能提高企业的信誉和借款能力,有利于增强企业信心;②吸收直接投资可直接获得现金、先进设备和先进技术,与通过有价证券间接筹资相比,能尽快形成生产能力,尽快开拓市场;③吸收直接投资可以根据企业的经营状况向投资者支付报酬,没有固定的财务负担,比较灵活,有利于降低财务风险。

(2) 吸收直接投资的缺点:①企业向投资者支付的报酬是根据企业实际的利润和投资者的出资额计算的,当企业盈利丰厚时,企业向投资者支付的报酬很高,资金成本较高;②吸收投资的新投资者享有企业经营管理权,这会使原有投资者控制权分散并被削弱,企业控制权分散。

3.2.2 发行股票

股份制企业的资本是通过发行股票的方式筹集的。股份制企业的资本被称为股本，将股本划分成若干等份，即股份。股份是抽象的，要通过具体的物化形式来表现，这就是股票。股票是股份公司为筹集权益资金而发行的，表示其持有人按其持有的股份享有权益和承担义务的可转让的书面证明。购买股票的所有者被称为股东，股东具有按其投入公司的资本额享有资产收益、参与公司重大决策和选择管理者等权利，并以其所持有股份为限对公司承担责任。

1. 股票的种类

（1）按股东权利和义务的不同，股票可以分为普通股股票和优先股股票。

普通股股票是公司发行的代表股东享有平等权利、义务，不加特别限制且股利不固定的股票，是公司最基本的股票。持有普通股股份者为普通股股东。依我国《公司法》的规定，普通股股东主要有如下权利：出席或委托代理人出席股东大会，并依公司章程规定行使表决权；股份转让权及新股发行的优先认股权；股利分配请求权；对公司账目和股东大会决议的审查权和对公司事务的质询权；分配公司剩余财产的权利；公司章程规定的其他权利。

优先股股票是股份有限公司发行的具有一定优先权的股票。优先股股票既具有普通股的某些特征，又与债券有相似之处。在法律上，企业对优先股不承担还本义务，因此它是企业自有资金的一部分。优先股较普通股有某些优先权利同时也有一定限制，其"优先"表现在，优先分配股利；优先股股利的分配在普通股之前，其股利率是固定的；优先分配剩余财产权；当企业清算时，优先股的剩余财产请求权位于债权人之后，但位于普通股之前。

普通股股东对公司负有义务。我国《公司法》中规定了股东具有遵守公司章程、缴纳股款、对公司负有有限责任、不得退股等义务。

（2）按票面是否记名，股票可以分为记名股票和无记名股票。记名股票一律用股东本名，其转让、继承须办理过户手续。无记名股票的转让、继承，无须办理过户手续。

（3）按照票面是否标有金额，股票可以分为有面额股票和无面额股票两种。为了规范股票的发行，我国《公司法》规定，股票必须标明面额。

（4）按照投资主体不同，股票可分为国家股、法人股、个人股和外商股。

（5）按发行对象和上市地区的不同，股票可分为A股、B股、H股和N股。A股是供我国大陆地区个人或法人买卖的，以人民币表明票面金额并以人民币认购和交易的股票。B股是供我国境内外投资者买卖的，以人民币表明票面金额但以外币认购和交易的股票，在上海、深圳上市。H股是注册地在内地，在我国香港地区上市的股票。N股是在美国纽约上市的股票。

2. 股票的发行

股份有限公司在设立时须发行股票，经营过程中为了扩大经营、改善资本结构，也会增资发行新股。股票的发行实行公开、公平、公正的原则,必须同股同权、同股同利,同次发行的股票每股的发行条件和价格应当相同。发行股票还应接受国务院证券监督管理机构的管理和监督。

(1) 股票上市的条件。股票上市应当满足以下条件:股票经国务院授权的证券管理部门批准已向社会公开发行;公司股本总额不少于人民币 5 000 万元;开业 3 年以上,最近 3 年连续盈利;持有股票面值达人民币 1 000 元以上的股东人数不少于 1 000 人,向社会公开发行的股份达公司股份总数的 25% 以上;公司股本总额超过人民币 4 亿元的,其向社会公开发行的比例为 15% 以上;公司在最近 3 年内无重大违法行为,财务报告无虚假记载;国务院规定的其他条件。

具备上述条件的股份有限公司经申请,其股票方可上市。股票上市公司必须公告其上市报告,并将其申请文件存放在指定的地点供公众查阅。股票上市公司还必须定期公布其财务状况和经营情况,每一会计年度内半年公布一次财务会计报告。

(2) 股票上市的暂停与终止。股票上市公司有下列情形之一的,由国务院证券管理部门决定暂停其股票上市:公司股本总额、股权分配等发生变化,不再具备上市条件(限期内未能消除的,终止其股票上市);公司不按规定公开其财务状况,或者对财务报告作虚假记载(后果严重的,终止其股票上市);公司有重大违法行为(后果严重的,终止其股票上市);公司最近三年连续亏损(限期内未能消除的,终止其股票上市)。

另外,公司决定解散、被行政主管部门依法责令关闭或者宣告破产的,由国务院证券管理部门决定终止其股票上市。

(3) 股票的发行价格。股票的发行价格是股票发行时的价格,通常由发行公司根据股票面额、股市行情和其他有关因素决定。

股票的发行价格一般有三种:第一种是等价发行,即以股票的票面额为发行价格,也称平价发行;第二种是时价发行,即以本公司股票在流通市场上买卖的实际价格为基准确定的股票发行价格;第三种是中间价发行,即以时价和等价的中间值确定的股票发行价格。

我国《公司法》规定,股票发行价格可以等于票面金额(等价),也可以超过票面金额(溢价),但不得低于票面金额(折价)。

3. 普通股筹资的优缺点

(1) 普通股筹资的优点:①没有固定的股利负担,若公司有盈利,可适量向股东分配股利,若公司盈利较低或没有盈利,或虽有盈余但资金短缺或有更好的投资机会,就可以少付或不付股利,没有固定的股利负担;②普通股没有固定到期日,资金不存在到期归还问题,除非公司被清算,资金可永久使用;③普通股既无到期日,又没有固定的股利负担,因此不存在不能偿付的风险,筹资风险小;④普通股能增加主权资金比重,较多的主权资金为债权人提供了较大的偿债保障,这有助于提高公司信誉,有助于增强公司举债能力;⑤普通股筹资比优先股或债券筹资限制少,使公司经营较灵活,能增强公司经营灵活性。

(2) 普通股筹资的缺点:①发行普通股的成本一般高于债务资金,因为股利要从税后净利润中支付,且发行费用也高于其他证券,资金成本较高;②新股东人数的增加会分散和削弱公司控股权;③有可能降低原股东的收益水平。

> **知识拓展**

优先股筹资

优先股股票是股份公司依法发行的,在分配公司收益和剩余财产方面比普通股具有一定优先权的股票。发行优先股筹集资金属于公司权益资本,这一特征与普通股相同,不同的是优先股具有面值和固定股利率,这一特征又类似于债券的特征,因此优先股通常被视为混合性证券。

优先股筹资的优点:①优先股没有固定的到期日,一般不用偿还本金,资本具有永久性;②股利支付既具有稳定性,又有一定的灵活性,当公司盈余逐年增长时,支付给优先股股东的股息是不变的,当公司经营状况不佳时,暂缓支付优先股股息;③发行优先股,不会改变普通股股东对公司的控制权;④从法律上讲,优先股属于自有资本,因而优先股扩大了权益基础,可适当提高公司的信誉,增强公司的举债能力。

优先股筹资的缺点:①优先股筹资的成本较高,对优先股股东的股息要从税后利润中支付,不同于债务利息可在税前列支;②发行优先股有时会影响普通股的利益,这主要表现在股利分配和剩余财产的分配顺序上;③优先股需支付固定的股息,又不能在税前列支,其股息可能会成为一项较重的账务负担,有时不得不延期支付。

3.2.3 留存收益筹资

留存收益主要是指企业实现净利后,提留的盈余公积和未分配利润形成的留存盈利,是权益资金的一种。与其他权益资金的筹集方式相比,这种筹资方式更为主动、简便,无须支出筹资费用。留存收益筹资是企业经营自然形成的,它既扩大了企业的资产、增加了企业的资金,又增强了企业的信誉、提高了企业的偿债能力、增强了企业抗风险的能力,是企业提高盈利能力的具体表现。但这种筹资方式受制于企业保留盈余的多少及公司的股利政策。

3.3 债务资金筹集

3.3.1 银行借款

银行借款是指企业根据借款合同,向银行或非银行的金融机构借入的,并需要还本付息的款项。

1. 银行借款的种类

银行借款的种类很多,按借款期限长短可分为短期借款和长期借款;按借款担保条件可分为信用借款、担保借款和票据贴现;按借款用途可分为基本建设借款、专项借款和流动资金借款;按提供贷款的机构,可分为政策性银行贷款和商业性银行贷款。

2. 银行借款筹资的程序

(1) 企业提出借款申请。企业要从银行借入资金,必须向银行提出申请,填写包括借款金额、借款用途、还款能力、还款方式等内容的借款申请书,并提供有关资料。

(2) 银行进行审查。银行对企业的借款申请要从企业的信用等级、基本财务情况、投资项目的经济效益、偿还能力等多方面进行必要的审查,以决定是否提供借款。

(3) 签订借款合同。借款合同是规定借款单位和银行双方的权利、义务和经济责任的法律文件。借款合同包括基本条款、保证条款、违约条款及其他附属条款。

(4) 企业取得借款。双方签订借款合同后,银行应如期向企业发放贷款。

3. 银行借款的信用条件

(1) 补偿性余额。补偿性余额是指银行要求借款企业在银行中保留一定数额的存款余额,为借款额的10%~20%,其目的是降低银行贷款风险,保证贷款的安全。但对借款企业来说,补偿性余额加重了利息负担,借款人的实际负债成本要比名义成本高。例如,某公司拟借入8万元的银行借款用以清偿债务,银行要求保留贷款额的20%作为补偿性余额,为此,公司必须借入10万元才能满足资金需要。如果名义利率为8%,那么对公司来说,实际负担的利率就是10%,即

$$实际利率 = \frac{10 \times 8\%}{10 \times (1-20\%)} \times 100\% = 10\%$$

可见在补偿性余额的条件下,借款的实际利率计算公式为

$$实际借款利率 = \frac{名义年利率}{1-补偿性余额比率}$$

【同步案例3-1】 晨星公司按名义年利率5%向银行借款500万元,补偿性余额比率为20%。计算晨星公司的实际借款利率。

【解析】
$$实际借款利率 = \frac{5\%}{1-20\%} \times 100\% = 6.25\%$$

(2) 信贷额度。信贷额度是指借款企业与银行在借款协议中规定的借款最高限额。在信贷额度内,企业可以随时按需要支用借款,但若协议是非正式的,则银行并无必须按最高借款限额保证贷款的法律义务。

(3) 周转信贷协议。周转信贷协议是指银行在一定时期内,在法律上承诺提供给企业不超过某一最高限额的贷款协议,也称限额循环周转证。在协定的有效期内,只要企业借款总额未超过最高限额,银行必须满足企业任何时候提出的借款要求。企业要对贷款限额中的未使用部分付给银行一笔承诺费。这样做的目的是保证银行不致因借款人不履约而形成资金闲置、利息损失的结果。例如,某公司与银行商定的周转信贷额为3 000万元,承诺费率为0.5%,公司年度内使用了2 400万元,那么公司应向银行支付的承诺费为3万元。

(4) 借款抵押。银行向财务风险大、信誉不好的企业发放贷款,往往需要有抵押品担保,以减少资金蒙受损失的风险。借款的抵押品通常是借款企业的应收账款、存货、股票、债券、房屋等。银行一般按借款企业抵押品账面价值的30%~50%决定贷款金额。

4. 银行借款的优缺点

(1) 银行借款的优点：①筹资速度快，银行借款与发行证券相比，具有无须印刷证券、报请证券委批准等环节，一般所需时间较短，可以以较快的速度满足企业对资金的需要；②筹资成本低，银行借款与发行债券相比，借款利率相对较低，且不需支付发行费用；③借款灵活性大，企业与银行直接接触，洽谈借款事宜，借入款项后若情况发生变化，可再次协商，到期还款若有困难，可以争取银行的谅解，也可以延期归还。

(2) 银行借款的缺点：①筹资数额有限，银行借款金额有限，往往不能满足企业对资金需求的需要；②限制条款多，银行为了降低自身的经营风险，及时收回款项，可能对企业提出许多不利的限制条款。

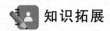

长期借款的保护性条款

由于长期借款的期限长、风险大，按照国际惯例，银行通常对借款企业提出一些有助于保证按时足额偿还借款的条件。这些条件写进借款合同中，形成了合同的保护性条款。常见的保护性条款有以下三类。

1. 例行性保护条款

例行性保护条款作为例行常规，在大多数借款合同中都会出现，主要包括：①要求定期向提供贷款的金融机构提交财务报表，以使债权人随时掌握公司的财务状况和经营成果；②不准在正常情况下出售较多的非产成品存货，以保持企业正常生产经营能力；③如期清偿应缴纳税金和其他到期债务，以防被罚款，造成不必要的现金流失；④不准以资产作其他承诺的担保或抵押；⑤不准贴现应收票据或出售应收账款，以避免或有负债等。

2. 一般性保护条款

一般性保护条款是对企业资产的流动性及偿债能力等方面的要求条款，这类条款应用于大多数借款合同，主要包括：①对借款企业流动资金保持量的规定，其目的在于保持借款企业资金的流动性和偿还能力；②对借款企业支付现金股利和再购入股票的限制，目的在于限制借款企业在借款期间的现金外流；③对借款企业资本支出规模的限制，目的在于防止借款企业资本支出规模失控给银行带来过大风险；④对借款企业其他长期债务的限制，目的在于防止其他贷款人取得对企业资产的优先求偿权。

3. 特殊性保护条款

特殊性保护条款是针对某些特殊情况而出现在部分借款合同中的条款，只有在特殊情况下才能生效，主要包括：①贷款实行专款专用；②限制企业高级职员的薪金和资金总额；③要求企业主要领导人在合同有效期内不得调离领导职务；④要求企业主要领导人购买人身保险。

3.3.2 发行债券

债券是经济主体为筹集资金依照法定程序发行的、用以记载和反映债权债务关系，并承诺按一定利率定期支付利息,到期偿还本金的有价证券,是债券持有人拥有公司债权的凭证。由企业发行的债券称为企业债券或公司债券,其发行目的通常是为建设大型项目筹集大笔长期资金。

1. 债券的种类

债券按不同的标准有不同的分类方法。

(1) 按债券发行方式划分,可分为记名债券和无记名债券。在公司债券上记载持券人姓名或者名称及住所、债券持有人取得债券的日期及债券的编号等信息的为记名债券,反之为无记名债券。

(2) 按有无特定的财产担保划分,可分为抵押债券和信用债券。抵押债券是指以抵押方式担保发行人按期还本付息的债券。信用债券是仅凭公司自身的信用发行的、没有抵押品作为抵押担保的债券。

(3) 按利率的不同划分,可分为固定利率债券和浮动利率债券。固定利率债券在发行时确定利率,浮动利率债券利率随市场利率定期浮动。

(4) 按债券能否转换为公司股票划分,可分为可转换债券和不可转换债券。若公司债券能转换为公司股票,为可转换债券,反之为不可转换债券。一般来讲,前者的利率要低于后者的利率。

(5) 按照偿还方式的不同划分,可分为到期一次偿还债券和分期偿还债券。发行公司于债券到期日一次集中清偿本金的,为到期一次偿还债券。一次发行而分期、分批偿还的债券为分期债券。

2. 债券的发行条件

在我国,根据《公司法》的规定,股份有限公司、国有独资公司和两个以上的国有公司或两个以上的国有投资主体投资设立的有限责任公司,具有发行债券的资格。

根据《公司法》规定,公开发行公司债券,应当符合下列条件。

(1) 股份有限公司的净资产额不低于人民币 3 000 万元,有限责任公司的净资产额不低于人民币 6 000 万元。

(2) 累计债券总额不超过公司净资产额的 40%。

(3) 最近 3 年平均可分配利润足以支付公司债券 1 年的利息。

(4) 筹集的资金投向符合国家产业政策。

(5) 债券的利率不得超过国务院限定的利率水平。

(6) 国务院规定的其他条件。

公开发行公司债券筹集的资金,必须用于审批机关批准的用途,不得用于弥补亏损和非生产性支出。根据《中华人民共和国证券法》(简称《证券法》)规定,公司申请公司债券上市交易,应当符合下列条件。

(1) 公司债券的期限为 1 年以上。

(2) 公司债券实际发生额不少于人民币 5 000 万元。

(3) 公司申请债券上市时仍符合法定的公司债券发行条件。

3. 债券的发行价格

债券的发行价格有三种:一是按债券面值等价发行,又称面值发行;二是按低于债券面值折价发行;三是按高于债券面值溢价发行。

债券之所以会偏离面值发行,是因为债券票面利率与金融市场平均利率不一致。如果债券利率大于市场利率,则未来利息多计,债券内在价值大,应采用溢价发行。如果债券利率小于市场利率,则未来利息少计,债券内在价值小,应采用折价发行。债券的发行价格应该贴近债券的内在价值,即债券未来收益的现值。下面分两种情况介绍债券发行价格的确定方法。

(1) 债券每年年末支付利息,到期一次还本,则债券发行价格的计算公式为

$$债券发行价格 = I(P/A,i,n) + M(P/F,i,n)$$

式中,I 为年利息;M 为到期还本金额(债券面值);i 为市场平均利率;n 为债券偿还期限。

(2) 债券到期一次还本付息(利息按单利计算),则债券发行价格的计算公式为

$$债券发行价格 = M(1+rn) \times (P/F,i,n)$$

式中,M 为到期还本金额(债券面值);i 为市场平均利率;n 为债券偿还期限;r 为票面利率。

【**同步案例 3-2**】晨星公司发行债券筹资,面值 1 000 元,期限 5 年,发行时市场利率为 10%,每年年末付息,到期还本。分别按票面利率为 8%、10%、12% 计算债券的发行价格。

【**解析**】当票面利率为 8% 时:

$$债券发行价格 = 80 \times (P/A,10\%,5) + 1\,000 \times (P/F,10\%,5)$$
$$= 80 \times 3.790\,8 + 1\,000 \times 0.620\,9$$
$$\approx 924.16(元)$$

当票面利率为 10% 时:

$$债券发行价格 = 100 \times (P/A,10\%,5) + 1\,000 \times (P/F,10\%,5)$$
$$= 100 \times 3.790\,8 + 1\,000 \times 0.620\,9$$
$$= 999.98(元)$$

当票面利率为 12% 时:

$$债券发行价格 = 120 \times (P/A,10\%,5) + 1\,000 \times (P/F,10\%,5)$$
$$= 120 \times 3.790\,8 + 1\,000 \times 0.620\,9$$
$$\approx 1\,075.80(元)$$

从同步案例 3-2 的计算结果可以看出,当市场利率低于票面利率时,宜溢价发行;当市场利率等于票面利率时,宜等价发行;当市场利率高于票面利率时,宜折价发行。但须注意,我国法律规定债券不得折价发行。

4. 债券筹资的优缺点

(1) 债券筹资的优点:①资金成本低,债券利息作为财务费用在税前列支,具有抵税效益,而股票的股利需税后发放,会使债券筹资成本低于股票筹资成本;②不分散股东控制权,由于债券持有人只有债权而无经营权,无权干涉企业的经营管理,使股东能够保持对企业原有的控制权;③利率固定,通货膨胀时期可减轻企业负担;④当企业利润率高于债券利息率时加大负债比例,财务杠杆效益会使原有投资者获得更大的利益。

(2) 债券筹资的缺点:①筹资风险高,债券筹资期间只有资金的使用权,没有资金的

所有权,须到期偿还,并有按期支付利息的义务,当企业经营不善时,由于财务杠杆效益,会给企业和股东带来更大的损失,甚至会使企业因不能偿还债务而破产;②限制条件多,债券持有人为了保障其债权的安全,往往要在债券合同上签订一些保护性条款,给企业造成许多约束,影响企业财务的灵活性;③筹资数量有限,债券筹资数量虽然比银行借款多,但毕竟属于负债筹资,企业负债比例过高,不仅增加企业财务风险,同时也会影响企业信誉,并且会导致企业资金结构不合理,增加企业总体资金成本。

3.3.3 融资租赁

1. 租赁的种类

租赁的种类繁多,按租赁的性质可分为经营租赁和融资租赁。

(1) 经营租赁。经营租赁又称服务租赁,是指由承租人向出租人交付租金,获得出租人提供的资产使用权及相关的服务,并在租赁期满后,将租赁资产偿还给出租人的一种租赁形式。经营租赁的租赁时间较短,承租人的目的是获取资产的使用权,而不是为了融资。

(2) 融资租赁。融资租赁又称财务租赁、资本租赁,是指承租人为融通资金而向出租人租用由出租人出资按承租人要求购买的租赁物的租赁。融资租赁以融物为形式,融资为实质的经济行为,是出租人为承租人提供信贷的信用业务,通常为长期租赁。

2. 融资租赁租金的计算方法

从财务角度来看,融资租赁管理的核心问题是租赁租金的确定及其规划。融资租赁的租金是承租企业支付给租赁公司让渡租赁设备的使用权或价值的代价。租金的数额大小、支付方式对承租企业的财务状况有直接影响,是租赁决策的重要依据。

租金是由租赁资产的价款、利息和租赁手续费三项构成的,其中租赁资产的价款包括租赁设备的买价、运杂费、途中保险费等;利息是指租赁公司所垫付资金的应计利息;租赁手续费包括租赁公司承办租赁业务的营业费用、应得到的利润。租赁手续费的高低由租赁公司与承租企业协商确定,一般以租赁资产价款的一定比例收取。

(1) 平均分摊法。平均分摊法是指先以商定的利息率和手续费率计算出租赁期间的利息和手续费,然后连同租赁设备的购置成本按租金支付次数平均计算出每次应付租金的数额的方法。平均分摊法下,每次应付租金数额的计算公式为

$$R = \frac{(C-S)+I+F}{N}$$

式中,R 为每次应付租金数额;C 为租赁设备的购置成本;S 为期满时由租入方留购,支付给出租方的转让价;I 为租赁期间利息;F 为租赁期间手续费;N 为租赁期间租金支付次数。

【同步案例 3-3】晨星公司于 2019 年 1 月 1 日从租赁公司租入一套设备,价值 100 000 元,租期为 5 年,预计租赁期满时的残值为 6 000 元,归租赁公司,年利率按 9% 计算,租赁手续费率为设备价值的 2%,租金每年年末支付一次。计算该公司每年应付租金。

【解析】

$$R = \frac{(100\,000 - 6\,000) + [100\,000 \times (1+9\%)^5 - 100\,000] + 100\,000 \times 2\%}{5}$$

$$\approx 29\,972.48(元)$$

(2) 等额年金法。等额年金法是运用年金现值的计算原理计算每次应付租金的方法。等额年金法要将利息率和手续费率综合在一起确定一个租赁费率作为贴现率,以此计算等额年金的一种方法。这种方法与平均分摊法相比,计算相对复杂,但考虑了资金的时间价值,结论更具客观性。等额年金法下,租金有先付租金和后付租金两种支付方式,相应每次应付租金数额的计算方法也有两种。

① 后付年金的计算。承租企业与租赁公司商定的租金支付方式,多为后付等额租金,即普通年金。这种方式下,每年年末支付租金数额的计算公式为

$$A = PV/(P/A, i, n)$$

【同步案例3-4】晨星公司采用融资租赁方式于2019年1月1日从某租赁公司租入设备一台,设备价款为81 552元,租期为8年,到期后设备归企业所有。为了保证租赁公司完全弥补有关的成本、费用并有一定的盈利,双方商定采用18%的折现率。计算该公司每年年末应支付的等额年金。

【解析】 $A = 81\,552/(P/A, 18\%, 8) = 81\,552/4.077\,6 = 20\,000(元)$

② 先付年金的计算。承租企业也可以与租赁公司商定,采用先付等额年金的方式支付租金。先付等额年金的计算公式为

$$A = PV/[(P/A, i, n-1) + 1]$$

【同步案例3-5】如果同步案例3-4中晨星公司采用先付等额租金的支付方式,那么该公司每年年初应支付的等额年金是多少?

【解析】$A = 81\,552/[(P/A, 18\%, 7) + 1] = 81\,552/(3.811\,5 + 1) \approx 16\,949.39(元)$

3. 融资租赁的优缺点

(1) 融资租赁的优点:①融资租赁的实质是融资,当企业资金不足、举债购买设备困难时,可以通过融资租赁的方式解决资金问题;②设备使用有保障,融资租赁的资金使用期限与设备寿命周期接近,比一般借款期限长,承租企业承担的偿债压力较小;③在租赁期内,租赁公司一般不得收回出租设备,使用有保障;④融资与融物的结合减少了承租企业直接购买设备的中间环节和费用,有助于迅速形成生产能力;⑤具有避税效益,由于租金可以在税前扣除,因此可以少交所得税。

(2) 融资租赁的缺点:①资本成本高,融资租赁的租金包含的内容较多,使租金比举债利息高,增加了企业的财务负担;②租赁期满后,租赁设备的处理有多种形式,企业不一定能享受设备的残值。

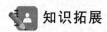

知识拓展

衍生工具筹资

1. 可转换债券

可转换债券是指债券持有人可以按照发行时约定的价格转换为债券发行公司股票的债券,通常具有较低的票面利率。从本质上讲,可转换债券是在发行公司债券的基础上,附加了一份期权,并允许购买人在规定的时间范围内将其购买的债券转换成指定公司的股票。可转换债券是一种混合型证券,是公司普通债券与证券期权的组合体。可转换债

券具有证券期权性、资本双重性、赎回与回售的性质,其筹资特点包括筹资灵活、资本成本较低、筹资效率高,存在不转换的财务压力,存在回售的财务压力,面临股价大幅度上扬的风险。

2. 认股权证

认股权证是一种由上市公司发行的证明文件,持有人有权在一定期限内以约定价格认购该公司发行的一定数量的股票。认股权证具有证券期权性,是一种融资促进工具,有助于改善上市公司的治理结构,有利于推进上市公司的股权激励机制。

3.3.4 商业信用

商业信用是指在商品交易中由于延期付款或预收货款而形成的企业之间的借贷关系,是由商品交易中货与钱在时间与空间上的分离而形成的企业间的直接信用行为。

1. 商业信用的形式

商业信用的运用广泛,在短期负债筹资中占有相当大的比例。商业信用的主要形式有应付账款、应付票据、预收账款等。

(1) 应付账款。应付账款是最典型、最常见的商业信用形式,是由商品赊购形成的。在这种形式下,销货企业在将商品转移给购货方时,不需要买方立即支付现款,而是由卖方根据交易条件向买方开出发票或账单,买方在取得商品后的一定时期再付清货款。这样,买方就以应付账款的形式获得了卖方提供的一笔短期贷款,从而形成短期资金来源。账款的支付主要依赖于买方的信用。卖方为促使买方及时付款,一般会给对方一定的现金折扣。

(2) 应付票据。应付票据是在应付账款的基础上发展起来的一种商业信用,应付票据是企业进行延期付款商品交易时开具的反映债权债务关系的票据。根据承兑人的不同,应付票据分为商业承兑汇票和银行承兑汇票两种,支付期最长均不超过6个月。应付票据可以带息,也可以不带息。应付票据的利率一般比银行的借款利率低,且不用保持相应的补偿余额和支付协议费,所以应付票据的筹资成本低于银行借款成本。但是应付票据到期必须归还,如果延期便要交付罚金,风险较大。

(3) 预收账款。预收账款是卖方企业在交付货物之前向买方预先收取部分或全部货款的信用形式。对于卖方来讲,预收账款相当于向买方借用资金后用货物抵偿。预收账款一般用于生产周期长、资金需要量大的货物销售。

此外,企业往往还存在一些在非商品交易中产生、自发性筹资的应付费用,如应付职工薪酬、应交税费、其他应付款等。应付费用使企业受益在前、费用支付在后,支付期晚于发生期,相当于享用了收款方的借款,一定程度上满足了企业的资金需要。应付费用的期限具有强制性,不能由企业自由斟酌使用,但通常不需花费代价。

2. 商业信用的成本

在规范的商业信用行为中,债权人为了控制应收账款的期限和额度,通常会向债务人提出信用政策。信用政策包括信用期限,如"net 30",表示商业信用期限为30天;给买方的购货折扣与折扣期限,如"2/10,$n/30$",表示客户如在10天内付款,可享受2%的购货折扣,若10天以后付款,则不享受购货折扣优惠。

在商品的信用政策中提供现金折扣的目的是促使客户尽早付款。如果销货单位提供了现金折扣,而企业没有利用它,该企业便要承担因放弃折扣而造成的隐性利息成本,商业信用就有了机会成本。商业信用的融资成本与企业是否享受现金折扣有关,企业需要在销货单位提供了附有现金折扣的信用条件下,对各种情况下的融资成本进行评估,选择有利的融资策略。

(1)免费信用。免费信用是买方企业在规定的折扣期内享受折扣而获得的信用,这部分信用的融资是免费的,即在卖方的商品价格中已经包含了这一融资成本。此时,买方无须在折扣期内提前付款,否则得不偿失。

【同步案例3-6】晨星公司按 $1/10,n/30$ 的信用条件购入货物20万元。如果公司在10天内付款,享受10天的免费信用期限,计算公司获得的免费信用额。

【解析】 获得折扣额 $=20\times 1\% =0.2$(万元)

免费信用额 $=20-0.2=19.8$(万元)

(2)有代价信用。有代价信用是买方企业放弃折扣付出代价而获得的信用,这种代价是企业未对现金折扣加以利用而形成的机会成本。此时的机会成本就是公司因放弃折扣而造成的隐含利息成本。放弃现金折扣成本的计算公式为

$$放弃现金折扣成本=\frac{折扣百分比}{1-折扣百分比}\times \frac{360}{信用期-折扣期}$$

【同步案例3-7】晨星公司按 $1/10,n/30$ 的信用条件购入货物20万元。如果晨星公司放弃折扣,在第30天付款,则该公司放弃现金折扣的成本是多少?

【解析】 $放弃现金折扣成本=\frac{1\%}{1-1\%}\times \frac{360}{30-10}\approx 18.18\%$

在该种情况下,实际上企业获得了一笔与货款金额98%相当的短期资金来源,期限为20天,利息为货款金额的2%。

一般来说,企业向银行取得信用额度借款的年利率比企业放弃现金折扣的成本要低得多,因此,放弃折扣而进行的商业信用融资是一种非常昂贵的融资手段。

(3)展期信用。展期信用是买方企业超过规定的信用期推迟付款而强制获得的信用。这种条件下的筹资量最大,但它对企业信用的副作用也最大,成本也最高。应付账款展期时的融资成本可能是显性的,也可能是隐性的。显性成本主要是卖方企业对应付账款展期所规定的惩罚性条款,如超过信用期每拖延一天加收0.1%的利息。隐性成本主要包括信誉上的损失、与供应商的关系受到损害、面临法律诉讼等。因此,企业一般不宜以拖欠货款来筹资。

在附有信用条件的情况下,获得不同的信用要承担不同的代价,买方企业要在不同的信用之间做出决策。一般来说,如果能以放弃现金折扣的隐含利息成本的利率借入资金,便应在现金折扣期内用借入的资金付款,享受现金折扣;反之,企业应放弃折扣。

3. 商业信用筹资的优缺点

(1)商业信用筹资的优点:①筹资方便,商业信用的使用权无须做特殊的安排,可随时按购销行为的产生得到该笔资金;②限制性条件少,商业信用无须担保或抵押,选择余

地大;③融资成本相对较低,如果不存在现金折扣,或者即使存在但企业放弃了现金折扣,则在信贷期限里,企业不存在实际的融资成本。

(2) 商业信用筹资的缺点:①期限短,属于短期筹资方式,不能用于长期资产的占用;②风险大,由于各种应付款项经常发生,因此需要企业随时调度安排现金。

【同步思考3-1】你认为企业负债经营有哪些好处?

分析说明: 企业负债经营的好处主要有:资金成本低、可以优化资本结构,可以用其他人的钱赚钱。为更好保障所有者的权益,在实际工作中应适度负债。当总资产利润率大于负债利息率,负债的代价低,可以增加负债的筹资额度;当总资产利润率小于负债利息率,负债的代价高,应减少负债筹资额。资产负债率的警戒区域如表3-2所示。

表 3-2 资产负债率的警戒区域

百分比	小于10%	10%~30%	30%~50%	50%~70%	大于70%
警戒度	无警	轻警	中警	重警	巨警

3.4 确定最优资本结构

3.4.1 资本成本

企业从事生产经营活动必须使用资金,在市场经济条件下又不可能无偿使用资金,因此,企业除了节约使用资金外,还要把握各种来源资金的使用代价,即资金成本。

1. 资金成本的含义及作用

(1) 资金成本又称资本成本,是指企业为筹集资金和使用资金而付出的代价。资金成本包括资金筹集费和资金占用费两部分。

资金筹集费是指企业为筹集资金而付出的代价,如向银行支付的借款手续费,向证券承销商支付的发行股票、债券的发行费等。筹资费用通常是在筹措资金时一次支付的,在用资过程中不再发生,因此在计算资金成本时可作为筹资总额的一项扣除。

资金占用费是指企业在生产经营过程中,因占用资金而支付的费用,如向银行借款所支付的利息、向股东支付的股利、向债券持有人支付的利息等。与资金筹集费相比,资金占用费是企业经常发生的,它的大小与筹资金额的多少、资金占用时间的长短有直接联系。

资金成本是在商品经济条件下,资金所有权与资金使用权分离的产物。资金成本是资金使用者对资金所有者转让资金使用权的价值补偿,即投资者的期望报酬就是受资者的资金成本。

资金成本可以用绝对数表示,也可以用相对数表示。资金成本用绝对数表示为资金总成本,是资金筹集费和资金占用费之和,但因其不能反映用资多少,所以较少使用。资

金成本用相对数表示为资金成本率,它是资金占用费与筹资净额的比率。资金成本多用资金成本率表示,其计算公式为

$$资金成本率 = \frac{资金占用费}{筹资总额 - 资金筹集费}$$

由于资金筹集费一般以筹资总额的某一百分比计算,因此,上述计算公式也可表示为

$$资金成本率 = \frac{资金占用费}{筹资总额 \times (1 - 筹资费用率)}$$

(2) 资金成本的作用。资金成本是财务管理中非常重要的概念,运用广泛,集中应用于融资决策和投资决策,其作用主要表现在以下两个方面。

资金成本是企业选择筹资渠道和筹资方式,拟定筹资方案的主要依据。企业筹资有不同的资金来源,不同来源的资金成本各不相同,不同来源资金的比例也影响企业综合资金成本的大小。企业要以最小的成本取得所需的资金,就必须分析和比较各种筹资渠道和方式的成本,进行合理配置。

资金成本是评价投资项目、比较投资方案和追加投资决策的主要经济指标。一般来说,项目的投资收益率只有大于其资金成本率,才是经济和合算的,否则投资项目不可行。所以,资金成本是项目投资的"最低收益率",或者是判断项目可行性的"取舍率"。同样道理,资金成本是衡量企业经营结果的最低标准,是企业投资收益的底线,任何一项投资的收益率都必须大于其相应的资金成本,才能补偿企业占用资金支付的成本,企业才能满足投资者的收益需要。

【同步思考3-2】 资金成本从不同的角度理解有什么区别?资金成本与时间价值之间有什么关系?

分析说明: 理解资金成本应分别从投资者角度和筹资角度来思考。资金成本与时间价值之间既有联系又有区别。

2. 个别资金成本

企业以不同方式筹集资金所付出的代价通常是不同的,企业总的资金成本是由各项个别资金成本决定的。个别资金成本是指各种筹资方式所筹资金的成本,主要包括银行借款资金成本、债券资金成本、普通股资金成本和留存收益资金成本。

(1) 银行借款资金成本。银行借款资金成本包括借款利息和筹资费用。由于债务的利息均在税前支付,因此,企业实际负担的利息为利息×(1-税率)。

银行借款资金成本的计算公式为

$$K_1 = \frac{I_1(1-t)}{P_1(1-f_1)} = \frac{i_1(1-t)}{1-f_1}$$

式中,K_1 为银行借款资金成本;I_1 为银行借款年利息;P_1 为银行借款筹资总额;t 为所得税税率;f_1 为银行借款筹资费用率;i_1 为银行借款年利息率。

【同步案例3-8】 晨星公司向银行取得1 000万元的长期借款,借款年利息率为12%,期限为5年,每年年末付息一次,到期一次还本,同时需要支付借款额1%的手续费。企业所得税税率为25%。计算该公司长期借款的资金成本。

【解析】
$$K_1 = \frac{1\,000 \times 12\% \times (1-25\%)}{1000 \times (1-1\%)} \approx 9.09\%$$

这种方法计算简单,但没有考虑货币的时间价值。

(2) 债券资金成本。债券资金成本的计算原理与银行借款相同,基本要素包括债券的利息、筹资费用等。筹资费用的发生使企业实际取得的资金少于债券的发行额,企业实得资金为债券的发行总额×(1－筹资费用率),因此债券资金成本的计算公式为

$$K_2 = \frac{I_2(1-t)}{P_2(1-f_2)} = \frac{Bi_2(1-t)}{P_2(1-f_2)}$$

式中,K_2 为债券资金成本;I_2 为债券年利息;P_2 为债券筹资总额;t 为所得税税率;f_2 为债券筹资费用率;B 为债券面值总额;i_2 为债券年利息率。

【同步案例3-9】 晨星公司发行债券500万张,每张面额1 000元,按面值发行,筹资费用率为3%,债券利息率为9%,所得税税率为25%。计算该公司债券资金成本。

【解析】
$$K_2 = \frac{1\,000 \times 9\% \times (1-25\%)}{1\,000 \times (1-3\%)} \approx 6.96\%$$

【同步案例3-10】 如果同步案例3-9中,晨星公司按溢价1 200元发行债券,其他条件相同,则该公司债券资金成本是多少?

【解析】
$$K_2 = \frac{1\,000 \times 9\% \times (1-25\%)}{1\,200 \times (1-3\%)} \approx 5.80\%$$

(3) 普通股资金成本。普通股资金成本是股东投资所期望的报酬率,相当于将未来的期望股利收益折为现值。从投资者的角度看,股票投资价值等于各年股利收益的递增率序列的折现值,因为只有股票的收益现值大于现在购买时的股票成本,才有利可图。普通股资金成本的计算公式为

$$K_4 = \frac{D_1}{P_4(1-f_4)} + G$$

式中,K_4 为普通股资金成本;D_1 为预期第1年普通股股利;P_4 为普通股筹资总额;f_4 为普通股筹资费用率;G 为普通股年股利增长率。

【同步案例3-11】 晨星公司发行普通股,每股面值10元,按溢价15元发行,筹资费用率为4%,第1年年末预计股利率为6%,以后每年增长3%。计算该公司普通股资金成本。

【解析】
$$K_4 = \frac{10 \times 6\%}{15 \times (1-4\%)} + 3\% \approx 7.17\%$$

此外,普通股资金成本的计算还可以用资本资产定价模型和无风险利率加风险溢价法。这里不做赘述。

普通股股利支付不固定,且企业破产后,股东的求偿权位于最后。与其他投资者相比,普通股股东承担的风险最大,普通股的报酬也最高。因此,在各种资金来源中,普通股的成本最高。

知识拓展

无风险利率加风险溢价法计算普通股资金成本

持有普通股股票的风险大于持有债券的风险,股票持有人必然要求获得一定的风险补偿,即期望的收益率超出无风险利率的部分,也就是风险溢价率,用 R_p 表示。无风险

利率 R_f 一般用同期国库券收益率表示。因此,用无风险利率加风险溢价率计算普通股股票的资金成本为

$$K_C = R_f + R_p$$

(4) 留存收益资金成本。一般企业都不会把盈利以股利形式全部分给股东,并且在宏观政策上也不允许这样做,因此,企业只要有盈利,就会有留存收益。留存收益是企业的可用资金,它属于普通股股东所有,其实质是普通股股东对企业追加的投资。留存收益资金成本可以参照市场利率,也可以参照机会成本,更多的是参照普通股股东的期望收益,即普通股资金成本,但它不会发生筹资费用。留存收益资金成本的计算公式为

$$K_5 = \frac{D_1}{P_4} + G$$

式中,K_5 为留存收益资金成本,其余符号的含义与普通股资金成本的符号含义一致。

【同步案例3-12】晨星公司2020年留存收益1 000万元,第1年年末预计股利率为6%,以后每年增长3%。计算该公司留存收益的资金成本。

【解析】
$$K_5 = \frac{1\,000 \times 6\%}{1\,000} + 3\% = 9\%$$

通过以上各类资金成本的计算可以发现,它们都遵循风险收益对等原则。普通股股东由于所承担的风险最大,因而要求的收益率最高,其资本成本也最高。一般情况下,各筹资方式的资金成本由小到大依次为国库券、银行借款、抵押债券、信用债券、普通股。

知识拓展

优序融资理论

不同资金来源的资金成本率的高低各不相同且不固定,但总体存在这样一种基本规律:普通股成本最高,优先股成本次之,长期负债的成本相对较低。在资本市场充分发展的情况下,不同类别资金的成本又呈现出一种相对稳定的状态。债券融资具有抵税利益,只有当债务融资超过特定临界点时,增加的破产成本和代理成本才会抵消企业节税利益,因此,企业保持合理的债务比例有助于提升企业价值。债务融资对管理者具有激励作用,可在一定程度上降低由于所有权和控制权分离而产生的代理成本。一般来说,债务融资向市场传递的是积极信号,有助于提高企业的市场价值。

总之,在各类资金成本既定的前提下,优化融资结构将有助于降低企业总资金成本水平。在西方企业实践过程中,大部分的企业在融资时首选内部融资,若需外部融资,则首选发行债券,然后才会选择发行股票,这就是现代资本结构理论中的"优序融资理论"。

3. 综合资金成本

在实际工作中,企业筹措资金常同时采用几种不同的方式。企业的资本结构是由多种资本组成的,融资决策必须从企业各种方式筹集的资本中,计算出企业的综合资金成本,寻求综合资金成本最低的资本组合。综合资金成本是指一个企业各种不同筹资方式

总的平均资金成本,它是以各种资金所占的比重为权数,对各种资金成本进行加权平均计算出来的,又称加权平均资金成本。其计算公式为

$$k_w = \sum_{j=1}^{n} K_j W_j$$

式中,k_w 为综合资金成本(加权平均资金成本);K_j 为第 j 种资金的资金成本;W_j 为第 j 种资金占全部资金的比重。

【同步案例3-13】 晨星公司共有资金1 000万元,其中,银行借款占100万元,长期债券占200万元,优先股100万元,普通股占400万元,留存收益占200万元,各种来源资金的资金成本分别为6%、6.5%、12%、15%、14.5%。计算该公司的综合资金成本。

【解析】 综合资金成本=100/1 000×6%+200/1 000×6.5%+100/1 000×12%+400/1 000×15%+200/1 000×14.5%=12%

在计算各资本的权数时,可采用账面价值确定,资料容易取得,但当资本的账面价值与市场价值差别较大时,计算结果可能会影响融资决策。为此,计算综合资金成本也可选择采用市场价值权数和目标价值权数。市场价值权数是指债券、股票等以当前市场价格来确定的权数,能够相对准确地反映当前实际情况,但由于市场价格变化不定,常常难以确定。目标价值权数是指债券、股票等以未来预计的目标市场价值确定的权数,这在筹措新资金时比较合适,但未来市场价值只是估计的,可能发生变化。概括地说,以上三种权数分别有利于了解过去、反映现在、预知未来。在计算综合资金成本时,若无特殊说明,通常要求采用账面价值权数。

知识拓展

边际资本成本

边际资本成本属于增量资金成本的范畴,是指企业每增加单位资金而相应增加的资金成本。在企业筹资数量不断增加的情况下,资金提供者所承担的风险也在不断提高,当筹资额达到一定数量时,资金提供者将提高要求的投资报酬率,最终将导致边际资金成本的提高。

企业的个别资金成本和加权平均资金成本是企业过去筹集的单项资金的成本或目前使用全部资金的成本。然而,企业在追加筹资时,不能仅仅考虑目前所使用资金的成本,还要考虑新筹集资金的成本,即边际资金成本。边际资金成本是企业追加筹资的决策依据。在进行筹资方案组合时,边际资金成本应采用目标价值权数。

3.4.2 资本结构

1. 资本结构的含义

资本结构是指企业各种来源资金的构成及其比例关系。广义的资本结构是指企业全部资本的构成及比例,即企业全部债务资本与股权资本之间的构成及比例。狭义的资本结构是指长期负债与股东权益资本构成的比率。资本结构是否合理会影响企业资金成本

的高低、财务风险的大小以及投资者的利益,它是企业筹资决策的核心问题。企业资金来源多种多样,总体可分成权益资金和债务资金两类,资金结构问题主要是负债比例问题,适度增加债务可以降低企业资金成本,获取财务杠杆利益,同时也会给企业带来财务风险。

企业在实际工作中应确定最优资金结构,积极寻求能使企业综合资金成本最低、企业风险最小、企业价值最大的资本结构。

2. 影响资本结构的因素

(1) 企业的盈利能力。企业的获利能力越强、财务状况越好、变现能力越强,就越有能力负担财务上的风险。

(2) 企业投资者和管理者的态度。企业的投资者不愿分散对企业的控制权,希望经营者举债经营。而从管理者的角度看,一旦企业发生财务危机,其利益将受到重大影响,所以管理者希望较少使用财务杠杆,尽量降低债务资本的比例。

(3) 企业的资产结构。企业资产结构会以多种方式影响企业的资本结构,拥有大量固定资产的企业主要通过长期负债和发行股票筹集资金;拥有较多流动资产的企业,更多依赖流动负债来筹集资金;资产适用于抵押贷款的企业举债额较多;以技术研究开发为主的企业则负债较少。

(4) 企业信用等级与债权人的态度。企业能否以负债的方式筹资和能够筹集到多少资本,不仅取决于投资者和管理者的态度,而且取决于企业的信用等级和债权人的态度。如果企业的信用等级不高,而且负债率已经较高,债权人将不愿意向企业提供信用,从而使企业无法达到它所希望达到的负债水平。

(5) 企业产品销售情况。企业产品销售情况是否稳定对企业资金结构具有重要的影响。如果企业的产品销售比较稳定,其获利能力也相对稳定,则企业负担固定财务费用的能力相对较强。

(6) 所得税税率的高低。企业利用负债可以获得减税利益。所得税税率越高,负债的好处越多;反之,所得税税率越低,采用举债方式获得的减税利益便越不明显。

除此之外,行业差异、利率水平的变动趋势等都是影响资本结构的因素,企业在进行筹资决策时应予以综合考虑。

3. 确定最优资本结构

债务资金是把双刃剑,适当利用负债,可以降低企业的资金成本,但当企业的负债比率过高时,会带来较大的财务风险。企业必须权衡财务风险和资本结构的关系,确定最优资本结构。最优资本结构是指在一定条件下使企业平均资本成本最低、公司价值最大的资本结构。确定最优资本结构的方法有比较综合资金成本法、比较普通股每股收益法、每股收益无差别点法。

(1) 比较综合资金成本法。比较综合资金成本法是通过计算和比较企业的各种可能的筹资组合方案的综合资金成本,选择综合资金成本最低的方案,该方案下的资本结构则是最优资本结构。从资本投入的角度确定最优资本结构可以采用此方法。

【同步案例3-14】晨星公司2021年的资金结构及资金成本如表3-3所示,企业适用的所得税税率为25%。

表 3-3　晨星公司 2021 年的资金结构及资金成本

筹资方式	金额/万元	资金成本
普通股	1 640	20%
长期债券	1 600	13%
长期借款	40	12%

晨星公司本年度需要增加资金 1 200 万元,提出以下两个备选方案。

甲方案:发行长期债券 1 200 万元,年利率为 14%,筹资费用率为 2%,企业的股票价格变为每股 38 元,预计每股每年末发放股利 5.2 元,股利增长率 3%。

乙方案:发行长期债券 500 万元,年利率为 14%,筹资费用率为 2%,另发行普通股票 700 万元,每股面值 44 元,预计每股年末发放股利 5 元,股利增长率 3%,每股发行费 1 元,股票发行价格为 46 元。

请采用比较综合资金成本法进行判断,晨星公司应选择哪个筹资方案?

【解析】甲方案的综合资金成本 $= \dfrac{1\ 640}{3\ 280+1\ 200} \times \left(\dfrac{5.2}{38}+3\%\right) + \dfrac{1\ 600}{3\ 280+1\ 200} \times 13\% + \dfrac{1\ 200}{3\ 280+1\ 200} \times \dfrac{14\%\times(1-25\%)}{1-2\%} + \dfrac{40}{3\ 280+1\ 200}\times 12\%$

$\approx 13.73\%$

乙方案的综合资金成本 $= \dfrac{1\ 640+700}{3\ 280+1\ 200} \times \left(\dfrac{5}{46-1}+3\%\right) + \dfrac{1\ 600}{3\ 280+1\ 200}\times 13\% + \dfrac{500}{3\ 280+1\ 200} \times \dfrac{14\%\times(1-25\%)}{1-2\%} + \dfrac{40}{3\ 280+1\ 200}\times 12\%$

$\approx 13.32\%$

从计算结果来看,采用乙方案筹资的综合资金成本低于甲方案,因此,企业应选择乙方案,采用乙方案的企业资金结构如下:权益资金 2 340 万元(1 640+700),债务资金 2 140 万元(1 600+40+500),资产总额 4 480 万元,资产负债率为 47.77%(2 140÷4 480)。

比较综合资金成本法通俗易懂,计算过程简单,是确定资金结构的一种常用方法,但因所拟的方案数量有限,有将最优方案漏掉的可能性。

(2)比较普通股每股收益法。比较普通股每股收益法是一种从普通股股东的角度确定最优资金结构的方法。这种方法是用每股收益的变化来判断资本结构是否合理,即能够提高普通股收益的资本结构就是合理的资本结构。普通股每股收益用 EPS 表示,其计算公式为

$$普通股每股收益(EPS) = \dfrac{净利}{普通股股数}$$

【同步案例 3-15】晨星公司现有权益资金 1 000 万元(普通股 100 万股,每股面值 10 元)。企业拟再筹资 500 万元,现有三个方案可供选择。

A 方案:发行年利率为 10% 的长期债券。

B 方案:发行年股息率为 10% 的优先股。

C 方案:增发普通股 50 万股。

预计晨星公司当年可实现息税前盈利 200 万元,所得税税率为 25%。计算该公司三个筹资方案下的普通股每股收益,并选择最佳筹资方案。

【解析】 $\text{EPS}_A = \dfrac{(200 - 500 \times 10\%) \times (1 - 25\%)}{100} \approx 1.13$(元/股)

$\text{EPS}_B = \dfrac{200 \times (1 - 25\%) - 500 \times 10\%}{100} = 1$(元/股)

$\text{EPS}_C = \dfrac{200 \times (1 - 25\%)}{100 + 50} = 1$(元/股)

通过上述计算可知,A 方案的每股收益最大,应采用 A 方案进行筹资。

(3)每股收益无差别点法。资本结构优化的目标是企业价值最大化,企业价值主要取决于企业未来的盈利能力。因此,确定资本结构不能脱离企业的盈利能力,企业的盈利能力一般用息税前利润(EBIT)表示。同时,确定资本结构不能不考虑其对股东财富的影响,股东财富用每股收益表示。

每股收益的大小除了取决于息税前利润外,还受到其他两个因素的影响:一是负债的利息;二是流通在外的股数。一般而言,当企业实现的息税前利润足够大时,企业多负债有助于提高每股收益;反之,会导致每股收益下降。那么,息税前利润为多大时负债有利,息税前利润为多大时发行股票有利呢?为此,需要确定无差别的息税前利润,在该息税前利润点上,负债融资与股票融资能够产生同样大小的每股收益。

每股收益无差别点法是对不同资本结构的获利能力进行分析。每股收益无差别点是指使不同资本结构的每股收益相等的息税前利润点,是两种资本结构优劣的分界点。每股收益无差别点分析又称 EBIT-EPS 分析。

息税前利润无差别点的计算公式为

$$\dfrac{(\overline{\text{EBIT}} - I_1)(1 - T)}{N_1} = \dfrac{(\overline{\text{EBIT}} - I_2)(1 - T)}{N_2}$$

式中,$\overline{\text{EBIT}}$ 表示息税前利润的分界点(无差别点);I_1、I_2 表示两种筹资方式下的年利息;N_1、N_2 表示两种筹资方式下流通在外的普通股股数;T 表示所得税税率。

【同步案例 3-16】晨星公司现有资本总额 20 000 万元,其中债务资本 8 000 万元,年利率为 10%;普通股 12 000 万元(发行普通股 2 400 万股)。为投资一新项目,该公司准备追加筹资 2 000 万元,现有甲、乙两种筹资方案。

甲方案:增发普通股 400 万股,每股发行价格 5 元。

乙方案:增发公司债券 2 000 万元,年利率为 12%。

根据公司财务部门预测,追加筹资后企业的息税前利润可达到 3 000 万元,该公司适用的所得税税率为 25%,不考虑筹资费用因素。晨星公司追加筹资前后资本结构如表 3-4 所示。

表 3-4 晨星公司追加筹资前后资本结构 单位:万元

筹资方式	当前资本结构	甲增资方案资本结构	乙增资方案资本结构
发行普通股	12 000	14 000	12 000
发行债券	8 000	8 000	10 000
资本总额	20 000	22 000	22 000

要求:用每股收益无差别点法做出最优资本结构决策。

【解析】(1) 列出甲、乙两种方案的每股收益计算式。

甲方案：$\text{EPS}_甲 = \dfrac{(\overline{\text{EBIT}} - 8\,000 \times 10\%) \times (1 - 25\%)}{2\,400 + 400}$

乙方案：$\text{EPS}_乙 = \dfrac{(\overline{\text{EBIT}} - 8\,000 \times 10\% - 2\,000 \times 12\%) \times (1 - 25\%)}{2\,400}$

(2) 令 $\text{EPS}_甲 = \text{EPS}_乙$，进行计算。

$$\dfrac{(\overline{\text{EBIT}} - 8\,000 \times 10\%) \times (1 - 25\%)}{2\,400 + 400} = \dfrac{(\overline{\text{EBIT}} - 8\,000 \times 10\% - 2\,000 \times 12\%) \times (1 - 25\%)}{2\,400}$$

解得，$\overline{\text{EBIT}} = 2\,480$（万元）。

(3) 选择筹资方案。

$\overline{\text{EBIT}}$ 为 2 480 万元是两个筹资方案的每股收益无差别点，在该点上，两个方案的每股收益相等均为 0.45 元。当预期的 EBIT 为 3 000 万元，大于每股收益无差别点的息税前利润 2 480 万元，该公司应采用乙方案筹资，增发公司债券。

在 EBIT 为 3 000 万元时：

甲方案：$\text{EPS}_甲 = \dfrac{(3\,000 - 8\,000 \times 10\%) \times (1 - 25\%)}{2\,400 + 400} \approx 0.59$（元）

乙方案：$\text{EPS}_乙 = \dfrac{(3\,000 - 8\,000 \times 10\% - 2\,000 \times 12\%) \times (1 - 25\%)}{2\,400} \approx 0.61$（元）

由于发行债券筹资的每股收益大于发行股票筹资的每股收益，因此，该公司应当采用乙方案筹资，增发公司债券。

由于每股收益无差别点法只考虑了资本结构对每股收益的影响，并假定每股收益最大，股票价格也最高，但没考虑资本结构对风险的影响，所以也是不全面的。

EBIT-EPS 分析除上述代数法计算外，还可以用图解法计算，如图 3-1 所示。

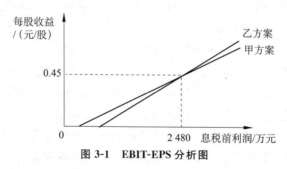

图 3-1　EBIT-EPS 分析图

上述三种优化资本结构的方法适用于不同的情况：比较综合资金成本法适用于个别资金成本已知或可计算的情况；比较普通股每股收益法适用于息税前利润可明确预见的情况；每股收益无差别点法适用于息税前利润不能明确预见，但可估测大致范围的情况。

知识链接

用 Excel 软件计算每股收益无差别点

以同步案例 3-16 为例，可在 Excel 软件中制作每股收益无差别点法分析决策模型，如图 3-2 所示。

1	筹资方案资料					
2	现有资本结构			追加筹资方案		
3	现有资本/万元	20 000		方案甲		
4	股东权益/万元	12 000	普通股股数/万股	2 400	股票筹资额/万元	2 000	新增股股数/万股	400
5	债务/万元	8 000	债务年利率	10%	方案乙		
6	所得税税率	25%			债务筹资额/万元	2 000	债务年利率	12%
7	普通股每股收益无差别点的计算					
8	方案甲每股收益-方案乙每股收益			0		
9	可变单元格（息税前利润）			2 480		
10	无差别点的每股收益/元			0.45		

图 3-2　每股收益无差别点分析决策模型

具体操作步骤如下：

（1）在单元格 D8 中输入公式"=(D9-B5*D5)*(1-B6)/(D4+H4)-(D9-B5*D5-F6*H6)*(1-B6)/D4"计算两个方案的每股收益之差，并将其作为目标函数。

（2）在"数据"菜单中选择"模拟分析"里的"单变量求解"，系统会自动弹出单变量求解对话框，在目标单元格中输入"D8"，在目标值中输入"0"，在可变单元格中输入"D9"，最后单击"确定"按钮，即可求出两个方案无差别点的息税前利润。

（3）在单元格 D10 中输入公式"=(D9-B5*D5)*(1-B6)/(D4+H4)"计算两个方案无差别点的每股收益。

4. 资本结构与公司价值

公司价值可以用公司资产求偿权的价值表示。也就是说，公司价值可以用它的全部负债和股东权益的市场价值来表示，其计算公式为

$$公司价值 = 所有者权益 + 负债$$

即公司价值应该等于公司债务的市场价值与公司股本市场价值之和，如果用 V 表示公司市场价值（公司价值）；B 表示公司债务的市场价值；S 表示股权的市场价值，则上式可简化为：$V=B+S$，因此，公司的价值与公司的资本结构是紧密联系的。公司的资本结构与公司价值之间的关系十分复杂，不是负债越多则公司的价值越高，或自有资本越多则公司价值越高的简单关系，需要考虑一系列影响因素。公司财务管理人员的一项重要工作，就是适当调整资本结构，使公司价值最大，以吸引更多的投资者。关于资本结构与公司价值关系的讨论，是企业财务管理中十分深奥、复杂的部分。

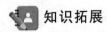

知识拓展

资本结构的调整

最佳资本结构不是固定不变的，而是因时而异的。对最佳资本结构的追求，不是一蹴而就的，而是一个长期的、不断优化的过程。影响资本结构的诸多因素者是变量，即使资

本总量不变,企业也不能以不变的资本结构应万变。

资本结构调整的原因主要可归纳为以下方面:成本过高;风险过大;财务弹性不足;约束过严。当企业现有资本结构与目标资本结构存在较大差异时,企业需要进行资本结构的调整。资本结构调整的方法有存量调整、增量调整和减量调整。

存量调整是在不改变现有资产规模的基础上,根据目标资本结构要求,对现有资本结构进行必要的调整。主要方法有债转股、股转债,增发新股偿还债务,调整现有负债结构,调整权益资本结构。

增量调整是通过追加筹资量,以增加总资产的方式来调整资本结构。其主要途径是从外部取得增量资本,如发行新债、举借贷款、进行融资租赁、发行新股票等。

减量调整是通过减少资产总额的方式来调整资本结构,如收回发行在外的可提前收回债券,回购股票、减少公司股东,进行企业分立等。

3.4.3 杠杆原理与风险

1. 杠杆原理概述

(1) 杠杆效应的含义。"给我一个支点,我可以撬动地球",这是对杠杆效应最生动的描述,说明人们通过利用杠杆,可以用较小的力量移动较重的物体。财务管理中也存在着类似的杠杆效应,表现为由于特定费用(如固定成本或固定财务费用)的存在,当某一财务变量以较小幅度变动时,另一相关财务变量会以较大幅度变动。财务管理中的杠杆包括经营杠杆、财务杠杆和复合杠杆。杠杆效应具有双面性,既可能产生杠杆利益,又可能带来杠杆风险。合理利用杠杆原理,有助于企业规避风险,提高资金营运效率。

在财务管理中,要了解这些杠杆原理,首先需要了解成本习性、边际贡献和息税前利润等相关术语。

(2) 成本习性的分类。成本习性是指成本总额与业务量在数量上的依存关系。按照成本习性对成本进行分类,对于正确进行财务决策有十分重要的意义。按成本习性可将全部成本划分为固定成本、变动成本和混合成本三类:①固定成本是指其总额在一定时期和一定业务量范围内不随业务量发生任何变动的那部分成本,如按直线法计提的折旧费、保险费、管理人员工资、办公费等。单位固定成本将随产量的增加而逐渐变小。应当指出的是,固定成本总额只是在一定时期和一定业务量范围内保持不变,超过了一定范围,固定成本也会发生变动。因此,固定成本必须和一定时期、一定业务量联系起来进行分析。从较长的时间来看,所有的成本都在变化,没有绝对不变的固定成本。②变动成本是指其总额随着业务量成正比例变动的那部分成本,如直接材料、直接人工等,但产品单位成本中的直接材料、直接人工保持不变。与固定成本相同,变动成本也存在相关范围,只有在一定范围内,产量和成本才能完全成正比例变化,形成完全线性关系,超过了一定范围,这种关系就不存在了。③混合成本是指有些成本虽然也随业务量的变动而变动,但不完全成正比例变动。混合成本按其与业务量的关系又可分为半变动成本和半固定成本。半变动成本通常有一个初始量,类似于固定成本,在这个初始量的基础上随产量的增长而增长,又类似于变动成本;半固定成本随产量的变化而成阶梯形增长,产量在一定限度内,这种成本不变,当产量增长到一定限度后,这种成本就跳跃到一个新水平。④总成本习性模型。从以上分析我们知道,成本按习性可分为变动成本、固定成本和混合成本三类,但混合成本又可以按一定方法分解为变动部分和固定部分。因此,总成本习性模型可用公式表示为

$$y=a+bx$$

式中,y 为总成本;a 为固定成本;b 为单位变动成本;x 为业务量。

从成本习性来认识和分析成本并将成本重新进行分类,有助于进一步加强成本管理,挖掘内部潜力,并能促使企业做好经营预测和决策,争取实现最大的经济效益。

(3) 边际贡献及其计算。边际贡献是指销售收入减去变动成本后的余额,边际贡献又称边际利润、贡献毛益等。

边际贡献一般可分为单位产品的边际贡献和全部产品的边际贡献,其计算公式为

单位产品边际贡献＝销售单价－单位变动成本

全部产品边际贡献＝全部产品的销售收入－全部产品的变动成本

在产品销售过程中,一定量的产品边际贡献首先是用于弥补企业生产经营活动所发生的固定成本总额,在弥补了企业所发生的所有固定成本后,如有多余,才能构成企业的利润。

(4) 息税前利润及其计算。息税前利润是指企业支付利息和缴纳所得税之前的利润。成本按习性分类后,息税前利润的计算公式可表示为

息税前利润＝边际贡献－固定成本

息税前利润＝利润总额＋利息费用

2. 利用经营杠杆评价经营风险

(1) 经营杠杆效应。企业在生产经营中,在单价和成本水平不变的情况下,产销量的增加虽然一般不会改变固定成本总额,但会降低单位固定成本,从而提高单位利润,使息税前利润的增长率大于产销量的增长率;反之,产销量的减少会提高单位固定成本,降低单位利润,使息税前利润减少率大于产销量减少率。这种销售量的变动会引起息税前利润以更大幅度变动的现象,就是经营杠杆效应。

(2) 经营杠杆利益与经营风险。经营杠杆利益是指在扩大营业额的条件下,经营成本中固定成本这个杠杆所带来的增长幅度更大的经营利润(一般用息前税前利润来表示经营利润)。在一定的产销规模范围内,销售量增加,变动成本同比增加,销售收入也同比增加,但固定成本总额不变,单位固定成本以反比例降低,这就导致单位产品成本降低,每单位产品利润增加,企业产生额外的收益,从而利润增长的幅度会始终大于销售量的增长幅度。

【同步案例3-17】晨星公司目前固定成本为3 000万元,最大产销能力为年产8亿元,变动成本率为30%。计算年产销额为1亿元时的息税前利润。

【解析】　息税前利润＝10 000－10 000×30%－3 000＝4 000(万元)

年产销额为2亿元时的息税前利润为

息税前利润＝20 000－20 000×30%－3 000＝11 000(万元)

从以上的计算可以看出,该公司的产销量增长100%,息税前利润增长175%,后者大于前者。

经营杠杆既可能带来收益,也可能带来风险。经营风险就是经营杠杆带来的负面效应,它是由于固定成本的存在,使得企业经营利润的下降幅度大于产销量的下降幅度。企业要想获得经营杠杆利益,就需要承担由此引起的经营风险,需要在两者之间进行衡量。

（3）经营杠杆系数。企业只要存在固定成本,就存在经营杠杆的作用,但对不同企业来说,经营杠杆作用的程度不同。为了反映经营杠杆作用的程度,估计经营杠杆利益的大小,评价经营风险的高低,需要对经营杠杆进行衡量。对经营杠杆进行衡量的指标是经营杠杆系数(DOL),也称经营杠杆率,是指息税前利润的变动率相对于销售量变动率的倍数。其计算公式为

$$经营杠杆系数 = \frac{息税前利润变动率}{销售量变动率}$$

$$DOL = \frac{\Delta EBIT/EBIT}{\Delta S/S} = \frac{\Delta EBIT/EBIT}{\Delta Q/Q}$$

式中,EBIT 为变动前的息前税前利润;ΔEBIT 为息前税前利润的变动额;S 为变动前的销售额;ΔS 为销售变动额;Q 变动前的销售量;ΔQ 销售量变动额。

【同步案例 3-18】晨星公司盈利情况资料如表 3-5 所示,计算其经营杠杆系数。

表 3-5 晨星公司盈利情况　　　　　　　　　单位:元

项　　目	第 1 年	第 2 年
单价	200	200
单位变动成本	120	120
单位边际贡献	80	80
销售量	1 000	2 000
边际贡献	80 000	160 000
固定成本	40 000	40 000
息税前利润	40 000	120 000

【解析】 经营杠杆系数(第 2 年) $= \frac{(120\,000 - 40\,000)/40\,000}{(2\,000 - 1\,000)/1\,000} = 2$

经营杠杆系数还可以用简化公式表示为

$$经营杠杆系数 = \frac{基期边际贡献}{基期息税前利润}$$

经营杠杆系数(第 2 年) $= \frac{80\,000}{40\,000} = 2$

从以上计算结果可知,从第 1 年到第 2 年,销售量增加了原来的 100%,息税前利润增加了原来的 200%。利用经营杠杆效应,企业在可能的情况下适当增加产销量会取得更多的盈利,即经营杠杆利益。但也必须看到当企业销售量下降时,息税前利润会以更大的幅度下降,即经营杠杆效应也会带来经营风险。

3. 利用财务杠杆评价财务风险

（1）财务杠杆效应。在企业资本结构一定的条件下,企业从息税前利润中支付的债务利息是相对固定的。当息税前利润增长时,每 1 元息税前利润所负担的债务利息会相

应减少,扣除所得税后可分配给企业所有者的利益会相应增加;当息税前利润减少时,每1元息税前利润所负担的债务利息会相应增加,导致所有者资本的收益率以更快的速度下降。同理,对于股份有限公司来讲,债务利息和优先股股息都是相对固定的,当息税前利润变动时,普通股的每股收益会以更快的速度变动,从而给普通股股东带来杠杆收益。这种在资本结构不变的情况下,息税前利润的变动会引起普通股每股收益以更大幅度变动的现象,就是财务杠杆效应。

(2) 财务杠杆利益与财务风险。运用财务杠杆可获得财务杠杆利益,同时也要承担相应的财务风险。财务风险是企业为了取得财务杠杆利益而利用负债资本时,增加了普通股利润大幅度变动的机会所带来的风险。企业为了取得财务杠杆利益,就要增加负债,一旦企业息税前利润下降,不足以补偿固定利息支出,企业的每股收益就会下降得更快。

(3) 财务杠杆系数。在企业的筹资方式中,只要有固定财务费用支出的债务和优先股,就会存在财务杠杆效应。为衡量财务杠杆的作用程度,需要对财务杠杆进行计量。对财务杠杆进行衡量的指标是财务杠杆系数(DFL),是指普通股每股收益变动率与息税前利润变动率的比值,其计算公式为

$$财务杠杆系数 = \frac{普通股每股收益变动率}{息税前利润变动率}$$

$$DFL = \frac{\Delta EPS/EPS}{\Delta EBIT/EBIT}$$

式中,EPS 为基期普通股每股利润;ΔEPS 为普通股每股利润变动额;EBIT 为基期息税前利润;ΔEBIT 为息税前利润变动额。

【同步案例 3-19】假如晨星公司年债务利息为 200 000 元,所得税税率为 40%,普通股 100 000 股,连续 2 年的普通股每股收益如表 3-6 所示,计算其财务杠杆系数。

表 3-6 晨星公司普通股每股收益   单位:元

项　目	第 1 年	第 2 年
息税前利润	400 000	1 200 000
债务利息	200 000	200 000
税前利润	200 000	1 000 000
所得税	80 000	400 000
税后利润	120 000	600 000
普通股每股利润	1.2	6

【解析】

$$财务杠杆系数(第2年) = \frac{(6-1.2)/1.2}{(1\ 200\ 000 - 400\ 000)/400\ 000} = \frac{4.8/1.2}{800\ 000/400\ 000} = 2$$

财务杠杆系数还可以用简化公式表示为

$$财务杠杆系数 = \frac{基期息税前利润}{基期息税前利润 - 债务利息}$$

$$财务杠杆系数(第2年) = \frac{400\ 000}{400\ 000 - 200\ 000} = 2$$

由表 3-5 可以看出,从第 1 年到第 2 年,息税前利润增加了 200%,普通股每股收益增加了 400%。利用财务杠杆效应,企业适度负债经营,在盈利条件下可能给普通股股东带来更多的收益,即财务杠杆利益。但也应看到,当企业盈利下降时,普通股股东的收益会以更大幅度减少,即财务杠杆效应也会带来财务风险。

4. 利用复合杠杆评价复合风险

(1) 复合杠杆效应。由于存在固定的生产经营成本,会产生经营杠杆效应,即销售量的增长会引起息税前利润以更大的幅度增长。由于存在固定的财务成本(债务利息和优先股股利),会产生财务杠杆效应,即息税前利润的增长会引起普通股每股利润以更大的幅度增长。一个企业会同时存在固定的生产经营成本和固定的财务成本,两种杠杆效应会共同发生,产生复合作用,销售量的变动会使普通股每股收益以更大幅度变动。复合杠杆效应就是经营杠杆和财务杠杆的综合效应。

(2) 复合杠杆系数。对经营杠杆和财务杠杆的综合利用程度,可用复合杠杆系数(DTL)来衡量。复合杠杆系数又称综合杠杆系数或总杠杆系数,是指普通股每股收益的变动率相对于销售量变动率的倍数,其计算公式为

$$复合杠杆系数(DTL)=\frac{普通股每股收益变动率}{销售量变动率}$$

或

$$复合杠杆系数(DTL)=经营杠杆系数×财务杠杆系数$$

【同步案例 3-20】承同步案例 3-18、同步案例 3-19,计算晨星公司的销售量变动率带来的普通股每股收益的变动率即复合杠杆系数。

【解析】 复合杠杆系数(第 2 年)= 2×2 = 4

在复合杠杆的作用下,当企业经济效益好时,每股收益会大幅度上升;当企业经济效益差时,每股收益会大幅度下降。复合杠杆系数越大,每股收益的波动幅度就越大。复合杠杆的作用大于经营杠杆和财务杠杆的单独作用。两种杠杆可以有多种组合。一般情况下,企业会将复合杠杆系数即总风险控制在一定范围内,使经营杠杆系数较高(低)的企业只能在较低(高)的程度上使用财务杠杆。

【同步思考 3-3】实际工作中,有没有企业没有任何银行借款。如果有,这样的企业存在哪些经营风险?

项目小结

1. 筹资渠道是指企业取得资金的来源或途径。
2. 筹资方式是指企业筹集资金的手段或具体形式。
3. 权益资金筹集主要包括吸收直接投资、发行股票、留存收益筹资。
4. 债务资金筹集主要包括银行借款、发行债券、融资租赁、商业信用。
5. 资本成本是指企业为筹集和使用资金而付出的代价,通常包括资金筹集费和资金占用费。

资本成本的计算公式为

$$\text{资本成本率} = \frac{\text{资金占用费}}{\text{筹资总额} - \text{资金筹集费}} \times 100\%$$

$$= \frac{\text{资金占用费}}{\text{筹资总额} \times (1 - \text{筹资费用率})} \times 100\%$$

6. 个别资金成本是指各种筹资方式所筹资金的成本，主要包括银行借款资金成本、债券资金成本、普通股资金成本和留存收益资金成本。

7. 综合资金成本是指一个企业各种不同筹资方式总的平均资金成本，它是以各种资金所占的比重为权数，对各种资金成本进行加权平均计算出来的，又称加权平均资金成本。

8. 资本结构是指企业各种来源资金的构成及其比例关系。

9. 最优资本结构是指在一定条件下使企业平均资本成本最低、公司价值最大的资本结构。

10. 经营杠杆是指由于固定性经营成本的存在，企业的资产报酬（息税前利润）变动率大于业务量变动率现象。

11. 经营杠杆系数

$$DOL = \frac{\Delta EBIT/EBIT}{\Delta s/s} = \frac{\Delta EBIT/EBIT}{\Delta Q/Q}$$

12. 财务杠杆是指由于固定性资本成本的存在，企业的普通股收益（或每股收益）变动率大于息税前利润变动率的现象。

13. 财务杠杆系数

$$DFL = \frac{\Delta EPS/EPS}{\Delta EBIT/EBIT}$$

14. 复合杠杆是指由于固定性经营成本和固定性资本成本的存在，普通股每股收益变动率大于产销业务量的变动率的现象。

15. 复合杠杆系数

$$DCL = DOL \times DFL = \frac{\Delta EPS/EPS}{\Delta x/x}$$

16. 每股收益无差别点是指使不同资本结构的每股收益相等的息税前利润点，是两种资本结构优劣的分界点。

思政园地

药业公司财务造假案

2001年年初，某药业公司通过网上定价的方式成功在我国境内发行A股，于沪市交易。自2001年上市以来，该公司发展迅猛，利润成几何倍数增长，其股价也一路飙升，吸引了不少投资者。然而，事实却并没有表面那么简单。

2018年年底，证监会对该公司进行日常检查后发现，该公司披露的2016年到2018年的财务报表涉嫌财务造假，随即立案调查。2019年5月17日，证监会通报该公司案调查进展，确定该公司披露的2016年至2018年财务报告存在重大虚假。

2019年8月,证监会向该公司下发了行政处罚告知书。告知书中的调查结果显示,2016年至2018年上半年,该公司分别虚增营收89.99亿元、100.32亿元、84.84亿元,2018年年报虚增营收16.13亿元;两年半时间虚增营业利润39.36亿元,占同期公告营业利润的1/3。同时,该公司在2018年年报中存在虚假记载,虚增固定资产、在建工程、投资性房地产,共计36亿元。该公司还通过财务不记账、虚假记账,伪造、变造大额定期存单或银行对账单,配合营业收入造假伪造销售回款等方式,虚增货币资金分别达225.49亿元、299.44亿元、361.88亿元,合计总额为886.81亿元。证监会已将该公司涉嫌犯罪行为的相关人员移送司法机关,他们将面临司法的审判。

这些弄虚作假行为,严重坑害了社会公众的利益,扰乱了整个市场经济秩序,最终导致企业破产,责任人被审判。市场中的各类主体,不管是上市公司还是中介机构,都必须谨记和坚持"四个敬畏",即敬畏市场、敬畏法治、敬畏专业和敬畏投资者。任何与市场规律和法律法规对抗、不敬畏风险、伤害投资者的行为,必然会受到市场和法律的惩罚。

无论是个人还是企业经营,诚信都是立足之本,随着市场经济的深入发展和法律法规体系的不断完善,失信成本和由此带来的损失将越来越高。企业和个人要想稳健发展、走得长远,信誉是保证,这也是社会主义核心价值观的重要内容。

(资料来源:300亿元财务造假案终落定,证监会顶格处罚60万元,服价蒸发近9成. https://finance.sina.com.cn/stock/relnews/cn/2020-05-18/doc-iircuyvi3766876.shtml.)

项目训练

一、单项选择题

1. 筹集投入资本是企业筹集( )的一种方式。
   A. 债权资金　　B. 长期资本　　C. 短期资本　　D. 以上都不对
2. 筹集投入资本时,要对( )出资形式规定最高比例。
   A. 流动资产　　B. 无形资产　　C. 固定资产　　D. 现金资产
3. 狭义的资本结构是指( )。
   A. 长期资金与短期资金之间的比例关系
   B. 负债资金与权益资金之间的比例关系
   C. 长期资金内部的结构
   D. 长期负债与流动负债之间的比例关系
4. 某公司发行普通股股票600万元,筹资费用率为5%,第1年股利率为14%,预计股利每年增长5%,所得税税率为25%,则该普通股的资金成本率为( )。
   A. 14.74%　　B. 9.87%　　C. 19.74%　　D. 14.87%
5. 普通股筹资的优点不包括( )。
   A. 没有固定的股利负担　　　　B. 没有固定的到期日
   C. 筹资风险小　　　　　　　　D. 资金成本低

6. 某公司发行面值为1 000元,利率为12%,期限为2年的债券,当市场利率为10%时,其发行价格为( )元。
　　A. 1 150　　　　B. 1 000　　　　C. 1 030　　　　D. 985

7. 某公司发行5年期,年利率为12%的债券2 500万元,发行费率为3.75%,所得税税率为25%,则该债券的资金成本为( )。
　　A. 9.35%　　　B. 12.47%　　　C. 9%　　　　D. 7.79%

8. 某企业按年利率12%从银行取得贷款100万元,银行要求企业按贷款额的15%保持补偿性余额,该贷款的实际利率为( )。
　　A. 12%　　　　B. 14.12%　　　C. 10.43%　　　D. 13.80%

9. 某公司发行总面额为500万元的10年期债券,票面利率为12%发行费用率为5%,公司所得税税率为25%,该债券采用溢价发行,发行价格为600万元,该债券的资金成本为( )。
　　A. 9.47%　　　B. 7.89%　　　C. 10.53%　　　D. 9.12%

10. 当资产息税前利润率大于债务资金成本率时,有利于企业获得财务杠杆利益的是( )。
　　A. 筹集资本金　　　　　　　B. 筹集股票资金
　　C. 筹集留存收益资金　　　　D. 筹集负债资金

11. 负债对企业不利,将导致权益资金收益率降低的情况是( )。
　　A. 负债利息较高时
　　B. 负债期限较短时
　　C. 负债资金成本率高于企业资产收益率时
　　D. 负债期限较长时

12. 只要企业的经营利润为正数,则企业的经营杠杆系数( )。
　　A. 恒大于1　　　　　　　　B. 与固定成本成正比
　　C. 与销售量成正比　　　　　D. 与企业的风险成反比

13. 某债券面值为1 000元,票面利率为10%,期限5年,每半年支付一次利息,到期还本。若市场利率为8%,则其发行时的价格将( )。
　　A. 高于1 000元　B. 等于1 000元　C. 低于1 000元　D. 无法确定

14. 出租人既出租某项资产,又以该项资产为担保借入资金的租赁方式是( )。
　　A. 经营租赁　　　B. 售后回租　　　C. 直接租赁　　　D. 杠杆租赁

15. 某企业的经营杠杆系数为2,预计息税前利润将增长10%,在其他条件不变的情况下,销售量将增长( )。
　　A. 5%　　　　　B. 10%　　　　　C. 15%　　　　　D. 20%

16. 某周转信贷协议额度为100万元,承诺费率为0.3%,借款企业年度内使用了70万元,因此必须向银行支付承诺费( )元。
　　A. 3 000　　　　B. 900　　　　　C. 2 100　　　　D. 9 000

17. 商业信用筹资方式筹集的资金只能是( )。
　　A. 其他企业资金　B. 企业自留资金　C. 居民个人资金　D. 银行信贷资金

18. 放弃现金折扣成本的大小与( )。
    A. 折扣百分比的大小成反比 B. 信用期的长短成同向变化
    C. 与折扣期的长短同向变化 D. 信用期和折扣期的长短成反向变化
19. 最优资本结构是指企业在一定时期和一定条件下( )。
    A. 企业价值最大的资本结构
    B. 企业目标资本结构
    C. 加权平均资本成本最低的目标资本结构
    D. 加权平均资本成本最低、企业价值最大的资本结构
20. 每股收益变动率相当于销售变动率的倍数,称为( )。
    A. 经营杠杆系数   B. 财务杠杆系数
    C. 复合杠杆系数   D. 边际资本成本

二、多项选择题

1. 筹集权益资本的方式有( )。
    A. 吸收直接筹资 B. 发行优先股 C. 发行普通股 D. 发行债券
2. 筹集负债资金的方式有( )。
    A. 发行债券   B. 长期借款   C. 商业信用   D. 融资租赁
3. 对企业而言,发行普通股股票进行筹资的优点有( )。
    A. 可获取永久性使用的资本   B. 没有固定的股利负担
    C. 筹资风险小   D. 筹资成本低
4. 相对发行股票筹资来说,发行债券筹资的优点有( )。
    A. 筹资成本低   B. 筹资对象广、市场大
    C. 可得到财务杠杆利益   D. 限制条件少
5. 融资租赁的租金包括( )。
    A. 资产买价   B. 租赁公司融资成本
    C. 租赁手续费   D. 设备管理费
6. 影响融资租赁每期租金的因素有( )。
    A. 设备原价   B. 租赁公司融资成本
    C. 租赁手续费   D. 租金支付方式
7. 可以筹措长期资金的筹资方式有( )。
    A. 商业信用   B. 吸收直接投资
    C. 发行债券   D. 融资租赁
8. 普通股与优先股的共同特征有( )。
    A. 需支付固定股息   B. 同属公司股本
    C. 股利从净利润中支付   D. 可参与公司重大经营决策
9. 下列资金中,不能采取融资租赁方式筹资的有( )。
    A. 银行信贷资金   B. 非银行金融机构资金
    C. 其他企业资金   D. 国家财政资金

10. 可作为短期借款抵押品的有（　　）。
    A. 存货　　　　B. 有价证券　　　C. 不动产　　　D. 应收账款

11. 企业在筹资过程中要遵循的原则有（　　）。
    A. 规模适度　　B. 筹措及时　　　C. 来源合理　　D. 方式经济

12. 可以采用吸收直接投资方式筹资的资金来源是（　　）。
    A. 国家财政资金　　　　　　　　B. 银行信贷资金
    C. 非银行金融机构资金　　　　　D. 居民个人资金

13. 下列项目中属于筹资费用的有（　　）。
    A. 借款利息　　　　　　　　　　B. 股票债券的印刷费
    C. 发行费　　　　　　　　　　　D. 发行广告费

14. 资金成本包括资金的（　　）。
    A. 印刷费用　　B. 发行费用　　　C. 筹集费用　　D. 使用费用

15. 计算企业财务杠杆系数要考虑的因素有（　　）。
    A. 所得税　　　　　　　　　　　B. 基期利润总额
    C. 净利润　　　　　　　　　　　D. 基期利息

16. 复合杠杆的作用包括（　　）。
    A. 估计销售变动对息税前利润的影响
    B. 估计销售变动对每股收益造成的影响
    C. 揭示经营杠杆与财务杠杆之间的相互关系
    D. 揭示企业面临的风险对企业投资的影响

三、判断题

1. 商业信用筹资属于自然融资，其优点是容易取得，并且无须支付利息，不必负担筹资成本。（　　）

2. 周转信贷协定、补偿性余额等条款，是银行短期借款的信用条件，只适用于短期借款，不适用于长期借款。（　　）

3. 企业采用借入资金方式筹资比采用自有资金方式筹资付出的资金成本低，但承担的风险大。（　　）

4. 我国《公司法》规定，有资格发行公司债券的公司，其累计债券总额不超过公司净资产的 50%。（　　）

5. 通过发行股票筹资可以不付利息，因此其成本比借款筹资的成本低。（　　）

6. 在现金折扣业务中，"2/10，n/30"是指若付款方在一天内付款，可以享受 20% 的优惠。（　　）

7. 在债券面值和票面利率一定的情况下，市场利率越高，债券的发行价格越低。（　　）

8. 周转信贷协定是银行在法律义务上承诺提供某一最高限额的贷款协定。（　　）

9. 放弃现金折扣的机会成本与折扣率成同方向变化。（　　）

10. 如果企业负债为零，则企业的财务杠杆系数为 1。（　　）

11. 最优资本结构包括资金筹集费和资金占用费两部分,其中资金筹集费是资金成本的主要内容。(   )

12. 财务杠杆系数是由企业资本结构决定的,财务杠杆系数越大,财务风险越大。(   )

13. 当经营杠杆系数和财务杠杆系数都为1.5时,总杠杆系数为3。(   )

14. 当收入大于筹资无差别点时,企业增加债务资本筹资比增加权益资本筹资更为有利。(   )

15. 经营杠杆效应产生的原因是经营成本中存在固定成本。(   )

四、实务题

1. 某公司由于经营需要,需借入资金80万元。银行要求维持限额20%的补偿性余额,借款年利率8%。
   (1) 计算公司需向银行申请的借款数额为多少?
   (2) 计算该笔借款的实际利率。

2. 某企业采用融资租赁方式租入一台设备,价款200 000元,租期为5年,年利率10%。
   (1) 计算每年年末支付租金方式的应付租金。
   (2) 计算每年年初支付租金方式的应付租金。

3. 某企业拟筹资2 500万元,其中发行债券1 000万元,筹资费率2%,债券年利率为10%,所得税税率为25%;优先股500万元,年股息率12%,筹资费率3%;普通股1 000万元,筹资费率4%,第一年预期股利率为10%,以后各年增长4%。
   (1) 计算债券的资金成本、优先股的资金成本、普通股的资金成本;
   (2) 计算综合资金成本。

4. 某企业资本总额为150万元,权益资本占55%,负债利率为12%,当前销售额100万元,息税前利润为20万元,该企业优先股股息为2万元,所得税税率为25%。计算该企业财务杠杆系数。

5. 某公司基期实现销售收入300万元,变动成本总额为150万元,固定成本为80万元,利息费用为10万元。计算该公司经营杠杆系数。

6. 某公司2019年销售产品10万件,单价65元,单位变动成本30元,固定成本总额100万元。公司负债600万元,年利息率为12%,并须每年支付优先股股息10万元,所得税税率25%。
   (1) 计算2019年边际贡献。
   (2) 计算2019年息税前利润总额。
   (3) 计算该公司2019年的财务杠杆系数。
   (4) 计算该公司2019年的经营杠杆系数。
   (5) 计算该公司2019年的复合杠杆系数。

7. 某企业拟采购一批零件,供应商规定的付款条件如下:"2/10,1/20,n/30",每年按360天计算。

(1)假设银行短期贷款利率为5%,计算放弃现金折扣的成本,并确定对该公司最有利的付款日期。

(2)假设目前有一项短期投资的报酬率为40%,确定对该公司最有利的付款日期。

五、案例题

1. 某公司现有普通股100万股,股本总额1 000万元,公司债券为600万元。公司拟扩大筹资规模,有两个备选方案:一是增发普通股50万股,每股价格为15元;二是平价发行公司债券750万元。若公司债券年利率为12%,所得税税率25%。

(1)计算两种筹资方式的每股收益无差别点。

(2)如果该公司预期息税前利润为400万元,对两个筹资方案做出择优决策。

分析提示:将预期的息税前利润与每股收益无差别点进行比较,如果前者大于后者,选择发行债券;如果前者小于后者,选择发行普通股。

2. 某公司拟采购一批零件,价值5 400元,供应商规定的付款条件如下:立即付款,付5 238元;第20天付款,付5 292元;第40天付款,付5 346元;第60天付款,付全额。每年按360天计算。

(1)假设银行短期贷款利率为15%,计算放弃现金折扣的成本。

(2)假设目前有一项短期投资的报酬率为40%,确定对该公司最有利的付款日期和价格。

分析提示:先计算不同付款期放弃现金折扣的成本,然后与短期投资报酬率进行比较,最后确定对企业最有利的付款日期和价格。

3. 某股份有限公司在长期生产经营中业务不断扩大,为满足不断增长的资金需求,公司通过多种方式进行融资,坚持融资扩张策略和业务集中策略相结合。公司的长期融资行为具有以下四个特点:第一,股权与债权融资基本成同趋势变动;第二,融资总额比较稳定,各年份变化不大;第三,除了股票分割和分红之外,股权数长期以来变化不大;第四,长期负债比率在同行业中一直较低,负债水平保持在30%左右。结合该公司的长期融资特点,回答以下问题:

(1)公司融资的质量标准是什么?

(2)从融资角度来看,公司应如何规避融资风险?

(3)思考形成该公司长期融资行为特点的原因。

六、实训题

(1)实训项目:筹资决策。

(2)实训目的:增强学生对企业筹资管理的感性认识,使学生熟练运用筹资渠道和筹资方法,培养学生确定筹资成本、筹资风险、资本结构的能力。

(3)实训组织:将全班同学分成若干小组,模拟公司筹资决策。

大禹公司原有资产1 000万元,其中长期债券400万元,筹资费用率2%,票面利率9%;长期借款100万元,利率10%;优先股100万元,年股息率11%;普通股400万元,目前每股股利为2.6元,股价20元,并且股利以2%的速度递增。企业适用所得税税率为

25%。该公司计划再筹资1 000万元,有甲、乙两个方案可供选择。

甲方案:发行1 000万元债券,票面利率10%,由于负债增加,股东要求股利增长速度为5%。乙方案:发行600万元债券,票面利率为10%,发行400万元普通股,目前每股股利为3.3元,股价为30元,年股利以4%的速度递增。

要求各组计算原方案、甲方案、乙方案的综合资金成本,并根据计算结果为大禹公司做出筹资决策。

(4)实训成果:各组汇报方案的设计、计算结果,教师点评。

项目投资管理

项目目标

知识目标

(1) 了解项目投资的含义、类型、特点及决策程序；
(2) 熟悉项目投资现金流量的含义和内容；
(3) 掌握项目投资评价指标的计算方法及决策规则。

能力目标

(1) 掌握项目投资计算期和投资金额的确定；
(2) 掌握项目投资现金流量的预测和应用；
(3) 能够运用项目评价指标和评价方法对项目投资方案进行正确评价与决策。

思政目标

(1) 培养协调沟通能力，培养团队合作的精神；
(2) 培养开拓进取、与时俱进的创业精神。

项目任务

任务情景

企业发展的一般规律证明，准确把握投资机遇能给企业带来丰厚的回报，使企业快速发展壮大；相反，盲目地投资则可能使企业面临亏损，甚至破产。

晨星公司目前企业设备运转正常，产品销售良好，市场前景广阔。几天前，车间张主任发现市场上有一种价格适中、技术先进的新型设备，经估算后认为，若能替换现有的设备，每台设备每年可净增加销售收入 50 000 元，节约生产成本 10 000 元，并且旧设备还可得变现收入 30 000 元，于是他萌发了更新企业现有设备的念头。回到公司，他撰写了一份"关于对企业生产设备进行更新的报告"提交给老板，不料却被否决了。老板认为,企业成立时间不长,设备的使用性能仍然很好,如果现在对其进行更新将是一种极大的浪费。张主任并没有放弃此事,找到了财务部的李部长进行探讨。几天后,李部长提交的一份"生产设备更新的效益分析报告"让老板眼前一亮,立即决定对企业的生产设备进行更新。

如何对投资项目进行经济效益分析和评价呢?

任务提出

无论是资产规模超过万亿元的大型企业,还是资产规模仅有几十万元的小型企业,要想在激烈的市场竞争中实现可持续增长,一个基本条件就是要不断寻找新的投资项目,源源不断地产生新的利润。寻找可能的盈利项目,并做出正确的投资决策,是关系到企业生死存亡的大事。如何对投资项目进行评估,并找出能增加企业价值的项目显得至关重要。项目投资管理需要完成以下工作任务。

工作任务1:分析项目的现金流量。
工作任务2:计算项目的净现值。
工作任务3:计算贴现指标、非贴现指标。
工作任务4:运用评价指标做出项目投资决策。

任务分析

项目投资具有相当大的风险,一旦投资决策失误,就会严重影响企业的财务状况和现金流量,甚至会使企业走向破产。因此,企业财务管理人员要利用有关决策方法,考虑风险的影响,科学地进行投资项目决策。任何一项投资都与企业的战略相关,财务管理人员要想利用决策方法对项目做出科学的评价,就必须知道衡量投资项目是否可行的标准是什么?有哪些评价指标?如何从多个备选方案中选取最优的方案?如何降低风险,实现投资收益最大化?项目投资决策不仅是影响企业盈利的战略性决策,而且是关系企业未来能否平稳发展的关键性决策。项目投资决策具有较大的风险性,会对企业产生长远影响,它直接涉及大额的现金支出,也直接考验管理人员的能力。

4.1 项目投资管理基础

4.1.1 项目投资的基本概念

1. 项目投资的含义

投资是指特定经济主体(包括国家、企业和个人)为了在未来可预见的时间内获得收益或使资金增值,在一定时期向一定领域的标的物投放足够数额的资金或实物等货币等

价物的经济行为。按照投资方向的不同,投资可分为对内投资和对外投资。从企业的角度来看,对内投资就是项目投资,对外投资则是指企业为购买国家及其他企业发行的有价证券或其他金融产品以货币资金、实物资产、无形资产向其他企业的投资。关于证券投资将在项目 5 介绍,本项目介绍项目投资的内容。

项目投资是一种以特定的建设项目为对象、直接与新建项目或更新改造项目有关的长期投资行为。

2. 项目投资的类型

项目投资一般是指企业建造或购置固定资产的投资,包括新建项目投资和对现有的固定资产进行更新改造的项目投资。

(1) 新建项目投资。新建项目投资以新增生产能力为目的,属于外延扩大再生产的投资。新建项目可以进一步细分为单纯固定资产投资项目和完整工业投资项目。单纯固定资产投资项目简称固定资产投资,仅包括为取得固定资产而发生的垫支资本投入,而不涉及周转资本的投入;完整工业投资项目则不仅包括固定资产投资,而且涉及流动资产投资,甚至包括诸如无形资产等其他长期资产项目的投资。

(2) 更新改造项目投资。更新改造项目投资以恢复或改善生产能力为目的,属于简单再生产或内涵扩大再生产的投资。更新改造项目主要是对公司原有资产进行替换、改造。

3. 项目投资的特点

(1) 投资数额大。资本性投资一般需要较多的资金,小到几千元的设备,大到几十万、几百万、几千万甚至数亿元的建设项目,对企业现金流量和财务状况有很大的影响。资本性项目投资发生的次数不频繁,特别是大规模的项目投资,一般要几年、几十年才发生一次。

(2) 回收时间长,变现能力差。资本性项目投资一般需要几年、十几年甚至几十年才能收回资金。项目投资一旦完成,在资金占有数量上保持相对稳定,不像流动资产那样经常变动,而且其实物营运能力也会被确定。

(3) 投资风险大。投资项目交付使用后的收益情况受企业内、外部各种因素的制约,这些因素之间的相互关系是错综复杂的。而且,项目投资周期长,影响企业盈亏的时间也长,难以在投资中对未来各因素的发展变化做出完全准确的预测,投资风险较大。

4. 项目计算期

项目计算期是指投资项目从投资建设开始到项目最终清理结束的整个过程,即该项目的有效持续期间,包括建设期和生产经营期。建设期是指投资额发生并最终形成生产经营能力的时间。生产经营期是指投资实现后生产、销售产品,获得收入和利润的时间。项目计算期、建设期和生产经营期三者之间的关系可用公式表示为

$$n = s + p$$

式中,建设期(记作 s,$s \geqslant 0$)的第一年年初(记作第 0 年)称为建设起点,建设期的最后一年末(第 s 年)称为投产日;项目计算期的最后一年末(记作第 n 年)称为终结点,从投产日到终结点之间的时间间隔称为生产经营期(记作 p),生产经营期包括试产期和达产期(完全达到设计生产能力)。

5. 项目投资的构成及资金投入方式

（1）项目投资的构成。项目投资的构成主要包括固定资产投资、建设投资及流动资产投资等，如图 4-1 所示。

从项目投资的角度看，原始总投资等于企业为使项目完全达到设计的生产能力、开展正常经营而投入的全部现实资金，包括建设投资和流动资金投资。

建设投资是指在建设期内按一定的生产经营规模和建设内容进行的投资，包括固定资产投资、无形资产投资和其他投资三项内容。固定资产投资是指项目用于购置或安装固定资产而应当发生的投资。固定资产原值与固定资产投资之间的关系为

图 4-1 项目投资的构成

固定资产原值＝固定资产投资＋建设期资本化利息

无形资产投资是指项目用于取得无形资产应当发生的投资。其他资产投资是指建设投资中除固定资产投资和无形资产投资以外的投资，包括生产准备和开办费投资。

流动资金投资是指项目投产前分次或一次投放于流动资产项目的投资增加额，又称流动垫支资金或营运资金投资。流动资金投资额的计算公式为

某年流动资金投资额＝该年流动资金需求额－截至上年累计流动资金投资额

某年流动资金需求额＝某年流动资金需求额－某年流动负债需求额

投资总额是反映项目投资总体规模的价值指标，它等于原始总投资与建设期资本化利息之和。其中，建设期资本化利息是指在建设期发生的与构建项目所需的固定资产、无形资产等长期资产有关的借款利息费用。

（2）资金投入方式。投资主体将原始总投资注入具体投资项目的方式包括一次投入和分次投入两种。一次投入是指投资行为集中一次发生在项目计算期第一个年度的年初或年末；分次投入是指投资行为涉及两个或两个以上年度，或者虽只涉及一个年度，但同时在该年的年初和年末发生。

【同步案例 4-1】晨星公司拟新建一条生产线，需要在建设起点一次投入固定资产投资 100 万元，无形资产投资 5 万元，开办费投资 2 万元。建设期为 1 年，建设期资本化利息为 10 万元，全部计入固定资产原值。

投产第一年预计流动资金需求额为 30 万元，流动负债需求额为 15 万元；投产第二年预计流动资金需求额为 40 万元，流动负债需求额为 20 万元。流动资金均于年初投入。固定资产的使用年限为 10 年，预计报废时净残值为 10 万元。无形资产的摊销年限为 5 年。

要求：

（1）指出该项目的项目投资类型。
（2）计算该项目的项目计算期。
（3）计算该项目的固定资产原值。
（4）计算该项目的建设投资。
（5）计算第一年、第二年流动资金投资和原始总投资。

(6) 计算该项目的投资总额。

【解析】(1) 该项目属于完整工业投资项目。

(2) $n=s+p=1+10=11$（年）

(3) 固定资产原值＝100+10＝110（万元）

(4) 建设投资＝100+5+2＝107（万元）

(5) 第一年流动资金需求额＝30－15＝15（万元）

第一年流动资金投资额＝15－0＝15（万元）

第二年流动资金需求额＝40－20＝20（万元）

第二年流动资金投资额＝20－15＝5（万元）

原始总投资＝建设投资＋流动资金投资＝107+(15+5)＝127（万元）

(6) 投资总额＝原始投资＋建设期资本化利息＝127+10＝137（万元）

4.1.2 项目投资的决策程序

1. 提出投资计划

提出投资计划是投资决策的第一步。企业应根据制订的发展计划，结合宏观环境情况，寻找最有利的投资机会。在选择投资机会时，必须正确处理好公司长期战略目标与短期利益之间的关系，在长期战略目标与短期利益发生冲突时，应以公司长期战略目标为主。

2. 预测投资变量

(1) 估算出投资方案的预期现金流量。

(2) 确定资金成本的一般水平，即贴现率。

(3) 预测项目周期。

(4) 计算投资方案现金流入量现值和现金流出量现值。

3. 项目财务评估

财务管理人员的工作职责是根据一定的财务评价标准进行项目财务评估，以确定是接受该项目还是放弃该项目，并预测选定投资方案分年度的用款额度和项目各年需要投入的资本总量，以便筹措相应的资金。

4. 实施与控制

投资项目一经批准成立，应立即实施。在投资项目的执行过程中，要对工程进度、工程质量、施工成本等进行跟踪与控制，将实际指标与预算指标进行对比，找出差异，分析原因，并将分析结果及时反馈给各有关部门或单位，以便调整，使投资按预算规定保质如期完成。

5. 投资方案再评价

在投资项目的执行过程中，应注意评价原来做的投资决策是否合理或是否正确。一旦出现新的情况，就要随时根据变化的情况做出新的评价。如果情况发生重大变化，原来投资决策变得不合理，那么，就要进行是否终止投资或怎样终止投资的决策，以避免更大的损失。

4.1.3 项目投资评价的基本原理

项目投资评价的基本原理是：项目投资的收益率大于资金成本时，企业的价值将增加；项目投资的收益率小于资金成本时，企业的价值将减少。这一原理涉及资金成本、项目收益与股价（股东财富）的关系。

例如，甲公司的资本 300 万元，它由债务资本和权益资本两部分组成，债务资本 100 万元，所有者权益 200 万元。

债权人为什么将钱借给企业？因为他们要赚取利息。假设债权人希望他们的债权能赚取 10% 的收益，他们的要求一般反映在借款契约中。

股东为什么将钱投入企业？因为他们也希望赚取收益。不过，股东要求的收益率是不明确的，他们的要求权是一种剩余权。但因为有资本市场，股东要求的收益率可以通过股价来计算。假设他们能赚取 20% 的收益。

甲公司要符合债权人的期望，应有 10 万元（100×10%）的收益，以便给债权人支付利息。由于企业可以在税前支付利息，有效的税后成本为 5 万元（假设所得税税率为 50%）。甲公司要符合股权投资人的期望，应有 40 万元（200×20%）的收益，以便给股东支付股利。两者加起来，企业至少要获得 45 万元净收益。

为了同时满足债权人和股东的期望，企业的资产收益率为 15%（45/300），即

$$投资人收益率 = \frac{100 \times 10\% \times (1-50\%) + 200 \times 20\%}{100+200} = 15\%$$

投资人要求的收益率也称资金成本。这里的成本是一种机会成本，是投资人的机会成本，是投资人将资金投资于其他同等风险资产可以赚取的收益。企业投资项目的收益率必须达到这一要求。

如果企业的资产获得的收益超过资金成本，债权人按 10% 的合同条款获得利息，超额收益应全部支付给股东。企业的收益大于股东的要求，必然会吸引新的投资者购买该公司股票，其结果是股价上升；如果相反，有些股东会对公司不满，出售该公司股票，其结果是股价下跌。因此，资金成本也可以说是企业在现有资产上必须赚取的能使股价维持不变的收益。股价代表股东的财富，反映了资本市场对公司价值的估计。企业投资取得高于资金成本的收益，就为股东创造了价值；企业投资取得低于资金成本的收益，就减少了股东的财富。因此，投资者要求的收益率，即资金成本，是评价项目能否为股东创造价值的标准。

理财视角

如何判断一个项目是否值得投资

一个项目是否值得投资，如果你是投资人，会采取怎样的决策程序与决策方法？决策中你会考虑哪些因素？其核心因素又是什么？在没学习具体内容之前，你所能给予的答案可能就是"有利可图"四个字。那么，又该如何理解"有利可图"呢？例如，当前某一投资

领域的平均利润率为10%,而你拟投资项目的预计利润率为5%,你会认为这个项目是"有利可图"的吗?虽然也有利润的存在,你会投资吗?你会犹豫,最后,你会拒绝。因为你觉得你也应该得到10%的利润,否则,你会认为不值得投资。你觉得10%的利润就是你对这个项目的预期,当你的这种预期不能满足时,你会拒绝投资。因此,对"有利可图"的正确理解是投资项目所带来的回报能满足投资者的预期。通常,在项目投资前,投资者会结合当前的实际情况与未来的发展趋势对某一投资应有的报酬作出合理预期,投资者既会考虑资金的时间价值,又会考虑因冒风险而应当获得的报酬。当其对拟投资的项目进行充分的资料收集与准备,并采用一定的技术方法进行分析后,若这种预期能够达到,投资者会认为该投资项目具备财务可行性,若分析的结果达不到原有的预期,则会认为该项目不具备财务可行性。因此,在项目投资决策中,如何考虑相关因素并运用相应的技术分析方法是项目投资决策的关键。

(资料来源:陈姗姗.财务管理实务[M].西安:西北工业大学出版社,2011.)

4.2 项目投资的现金流量

项目投资决策的关键是确定相应的现金流量,现金流量是计算项目投资决策评价指标的主要依据和关键信息之一。

4.2.1 现金流量的概念及预测原则

1. 现金流量的概念

现金流量是指投资项目在其计算期内因资本循环而可能或应该发生的各项现金流入与流出。这里的"现金"指的是广义的现金,它不仅包括货币资金,还包括企业拥有的非货币资源的变现价值。现金流量以收付实现制为基础,以反映广义现金运动为内容。例如,一个项目需要使用原有的厂房、设备、材料等,则相关的现金流量是指它们的变现价值,而不是其账面成本。

现金流量由现金流入量、现金流出量和现金净流量构成。现金流入量是指由于该项投资而增加的现金收入或现金支出节约额;现金流出量是指由于该项投资引起的现金支出;现金净流量是指一定时期的现金流入量减去现金流出量的差额。

2. 现金流量假设

为了便于理解和简化现金流量的计算,达到投资项目决策的可比性和可验证性,在实际工作中需要进行一些假设。

(1) 财务可行性假设。假设投资决策是从企业投资者的立场出发,仅对投资项目的财务可行性进行分析,而不考虑国民经济可行性和技术可行性(假定该项目已经具备国民经济可行性和技术可行性)。

(2) 全投资假设。为了明确反映投资项目自身的收益性,假设在确定项目的现金流量时,只考虑全部投资的运动情况,而不具体区分自有资金和借入资金等具体形式的现金流量,即使实际存在借入资金,也将其作为自有资金对待(但在计算固定资产原值和总投资时,还需要考虑借款利息因素)。

(3) 建设期投入全部资金假设。无论项目的原始总投资是一次投入还是分次投入,除个别情况外,假设它们都是在建设期内投入的。

(4) 经营期与折旧年限一致假设。假设项目主要固定资产的折旧年限或使用年限与经营期一致。

(5) 时点指标假设。从实施投资项目的实际情况来看,投资项目的现金流量会发生在项目计算期内的任何一个时点上,为了便于运用资金时间价值原理,均假设按照年初或年末的时点指标处理。其中假设建设投资发生在建设期内有关年度的年初或年末,垫支的流动资金发生在建设期的期末,收回垫支的流动资金发生在经营期的期末,经营期各个年度的收入、付现成本、非付现成本等均发生在该年的年末,投资项目最终报废或清理均发生在终结点(更新改造项目除外)。

(6) 确定性因素假设。由于影响投资项目的相关因素有可能发生变动,为了简化现金流量的计算,假设与投资项目的现金流量有关的价格、成本、产销量、所得税税率等相关因素均为已知常数。

3. 项目投资决策采用现金流量的原因

评价投资方案的优劣,应重点分析项目的效益性,即投资盈利能力。但为什么在这里没有把利润作为研究的重点,而要着重研究现金流量呢?其原因主要有以下几点。

(1) 采用现金流量体现了货币时间价值观念。会计利润是按权责发生制核算的,而现金流量的计算是按照收付实现制来计算的,它更能体现资金的时间价值。

(2) 采用现金流量能使投资决策更符合客观实际情况。利润在各年的分布受折旧方法等人为因素的影响,而现金流量的分布不受这些人为因素的影响,可以保证评价的客观性。

(3) 在投资评价中,现金流动状况比盈亏状况更重要。一个投资项目能否维持下去,不取决于一定期间是否盈利,而取决于有没有现金用于支付各种费用。现金一旦付出,不管是否消耗都不能用于其他目的,只有将现金收回后才能用来进行再投资。因此,在投资决策中要重视现金流量的分析。

(4) 整个投资计算期内,利润总计与现金净流量总计是相等的。因此,现金净流量可以代替利润作为评价净收益的指标。

4. 项目现金流量预测的原则

(1) 增量现金流量原则。增量现金流量是指接受或拒绝某个投资方案后,企业总现金流量因此发生的变动。只有那些因采纳某个项目而引起的现金流入增加额,才是该项目的现金流入;只有那些因采纳某个项目而引起的现金流出增加额,才是该项目的现金流出。因此,只有增量现金流量才是与项目相关的现金流量。

(2) 税后现金流量原则。企业需要向政府纳税,在评价投资项目时所使用的现金流量应当是税后现金流量,因为只有税后现金流量才与投资者的利益相关。

> **知识拓展**

预测现金流量要注意的几个问题

1. 不能考虑沉没成本

沉没成本是指已经发生、不能收回的成本,在项目决策中,沉没成本不属于相关成本,其数额大小不影响投资决策的结果。举例来说,如果公司在 2 年前请有关的市场分析人士和技术专家对某项目进行了论证,发生费用 12 000 元,但后来该项目被搁置。在 2 年后重新讨论该项目时,这 12 000 元就是沉没成本,不能作为项目的现金流量。

2. 充分关注机会成本

在经济活动中,很多情况下选择意味着放弃。机会成本是指由于选择某个方案而放弃其他方案所丧失的潜在收益。在公司的项目投资决策中,机会成本虽然不形成真正的现金流出,也无须作为会计账面成本,但必须作为所选项目的成本加以考虑,否则很难判断一个项目的优劣。

3. 考虑项目对企业其他部门的影响

当公司接受某个方案后,很可能对公司其他部门或产品产生不利或有利的影响。在进行投资决策时,应将这些影响视为项目的成本或收入,否则不能正确评价项目对公司的整体影响。例如,公司新开一个销售网点,则可能会减少原有销售网点的销售量;公司开发的新产品是原有产品的替代品,则可能会减少原有产品的销售量,新产品是原有产品的互补品,则可能会增加原有产品的销售量。在评价项目的可行性时,必须考虑这些不利或有利的影响。

4. 尽量利用现有会计利润资料

从预计利润表中,财务管理人员很容易得到利润指标,因此,现金流量的分析要尽量利用现有会计利润资料。但会计净利润的计算以权责发生制为基础,而项目的现金流量计算则是以收付实现制为基础。因此,要得到项目的现金流量,需要在净利润的基础上进行调整,使其转化为现金流量。

4.2.2 现金流量预测方法

1. 初始现金流量

初始现金流量是指开始投资时发生的现金流量,一般包括以下几个部分。

(1) 固定资产上的投资。固定资产上的投资包括固定资产的购入或建造成本、运输成本、安装成本等。

(2) 流动资产上的投资。流动资产上的投资包括对材料、在产品、产成品、现金等流动资产的投资。

(3) 其他投资费用。其他投资费用是指与长期投资有关的职工培训费、谈判费、注册费用等。

(4) 原有固定资产的变价收入。原有固定资产的变价收入主要是指固定资产更新时对原有固定资产的变卖所得的现金收入。

2. 营业现金流量

营业现金流量是指投资项目投入使用后,在其寿命周期内由于生产经营所带来的现金流入和现金流出的数量。营业现金流量一般以年为单位进行计算。营业现金流入一般是指营业现金收入,营业现金流出是指营业现金支出和缴纳的税金。如果一个投资项目的年销售收入等于营业现金收入,付现成本(指不包括折旧等非付现的成本)等于营业现金支出,那么,年营业现金净流量(NCF)可用公式表示为

营业现金流量(NCF)＝营业收入－付现成本－所得税
　　　　　　　　　＝净利润＋折旧等
　　　　　　　　　＝营业收入×(1－所得税税率)－营业成本×
　　　　　　　　　　(1－所得税税率)＋折旧等×所得税税率

3. 终结现金流量

终结现金流量是指投资项目完结时发生的现金流量,主要包括以下几种。

(1) 固定资产的残值收入或变价收入。

(2) 原有垫支在各种流动资产上的资金回收。

(3) 停止使用土地的变价收入。

4.2.3　项目投资的净现金流量分析

净现金流量是指一定时期的现金流入量减去现金流出量的差额。净现金流量又包括所得税前净现金流量和所得税后净现金流量两种形式。其中,所得税前净现金流量不受融资方案和所得税政策变化的影响,是全面反映投资项目方案本身财务盈利能力的基础数据;所得税后净现金流量则将所得税视为现金流出,可用于评价在考虑融资条件下项目投资对企业价值所做的贡献,可以在所得税前净现金流量的基础上直接扣除调整所得税求得。在本任务学习中,我们主要应用税后现金净流量。

1. 单纯固定资产投资项目净现金流量分析

单纯固定资产投资项目净现金流量的计算公式为

建设期某年的净现金流量＝－该年发生的固定资产投资额

经营期某年的净现金流量 ＝ 该年因使用该固定资产新增的净利润 ＋ 该年因使用该固定资产新增的折旧 ＋ 该年回收的固定资产净残值

【同步案例 4-2】晨星公司某项固定资产投资 120 万元,项目寿命期 10 年,期满有 10 万元净残值。预计项目投产后,前 5 年每年可获得 40 万元的营业收入,每年可发生营业成本 35 万元;后 5 年每年可获得 60 万元的营业收入,每年发生营业成本 42.5 万元。公司所得税税率为 25%。计算各年的现金净流量。

【解析】(1) 确定初始净现金流量(建设期为零)。

$$NCF_0 = -120 \text{ 万元}$$

(2) 计算经营期各年的营业净现金流量。

$$\text{固定资产的年折旧额} = \frac{120-10}{10} = 11（\text{万元}）$$

营业现金流量=(销售收入-营业成本)×(1-所得税税率)+折旧

$NCF_{1\sim5}=(40-35)\times(1-25\%)+11=14.75(万元)$

$NCF_{6\sim9}=(60-42.5)\times(1-25\%)+11=24.125(万元)$

(3) 经营期终结点净现金流量

$NCF_{10}=(60-42.5)\times(1-25\%)+11+10=34.125(万元)$

2. 完整工业投资项目净现金流量分析

在运营期内不追加流动资金投资的情况下,完整工业投资项目净现金流量的计算公式为

建设期某年净现金流量=-该年原始投资额

经营期某年净现金流量=该年净利润+该年折旧+该年摊销额+
该年回收额-该年维持营运投资

【同步案例4-3】晨星公司计划投资A项目,经可行性分析,有关资料如下。

(1) A项目共需固定资产投资450 000元,其中第1年年初和第2年年初分别投资250 000元和200 000元,建设期为2年。

(2) A项目投资时需要垫支相应流动资金120 000元,用于购买材料、支付工资等。

(3) A项目经营期预计为5年,固定资产按直线法计提折旧。项目终结时预计发生清理费用3 000元,固定资产残值变现收入123 000元。

(4) 根据市场预测,A项目投产后第1年营业收入为320 000元,以后4年每年收入均为450 000元。第1年的变现成本为150 000元,以后4年的变现成本均为210 000元。

(5) 晨星公司的所得税税率为25%。

计算该项目投资在项目计算期内各年的净现金流量。

【解析】(1) 计算A项目的年折旧额。

$$年折旧额=\frac{450\ 000-123\ 000+3\ 000}{5}=66\ 000(元)$$

(2) 计算经营期净现金流量,如表4-1所示。

表4-1 经营期净现金流量计算表 单位:元

项　　目	第1年	第2年	第3年	第4年	第5年
营业收入	320 000	450 000	450 000	450 000	450 000
减:付现成本	150 000	210 000	210 000	210 000	210 000
折旧	66 000	66 000	66 000	66 000	66 000
税前利润	104 000	174 000	174 000	174 000	174 000
减:所得税	26 000	43 500	43 500	43 500	43 500
税后净利润	78 000	130 500	130 500	130 500	130 500
加:折旧	66 000	66 000	66 000	66 000	66 000
经营期净现金流量	144 000	196 500	196 500	196 500	196 500

(3) 计算A项目全部现金流量,计算过程如表4-2所示。

表 4-2 计算期现金流量计算表　　　　　　　　　　　　　　单位：元

项　　目	第0年	第1年	第2年	第3年	第4年	第5年	第6年	第7年
固定资产投资	−250 000	−200 000						
流动资金投资			−120 000					
经营期净现金流量				144 000	196 500	196 500	196 500	196 500
固定资产净残值								120 000
流动资金回收								120 000
净现金流量合计	−250 000	−200 000	−120 000	144 000	196 500	196 500	196 500	436 500

各期净现金流量计算如下：

$NCF_0 = -250\,000$ 元

$NCF_1 = -200\,000$ 元

$NCF_2 = -120\,000$ 元

$NCF_3 = 320\,000 \times (1-25\%) - 150\,000 \times (1-25\%) + 66\,000 \times 25\%$
$\quad\quad = 144\,000$（元）

$NCF_{4\sim 6} = 450\,000 \times (1-25\%) - 210\,000 \times (1-25\%) + 66\,000 \times 25\%$
$\quad\quad = 196\,500$（元）

$NCF_7 = 196\,500 + 120\,000 + (123\,000 - 3\,000) = 436\,500$（元）

【同步案例 4-4】 晨星公司准备购置一台新设备以扩大现有的生产能力。新设备使用后，不会对现有业务发生关联性影响。晨星公司有甲和乙两个方案可以选择。

方案甲：新设备需要投资 40 万元，5 年后设备无残值。在 5 年中，每年由此增加销售收入 30 万元，同时每年增加付现成本 18 万元。

方案乙：新设备需要投资 45 万元，5 年后有残值收入 3 万元。在 5 年中，每年由此增加的销售收入也是 30 万元，而每年的付现成本随着设备陈旧而递增，分别为 12.6 万元、13.6 万元、14.6 万元、15.6 万元和 16.6 万元。此外，需垫支流动资金 10 万元。

假设该公司的所得税税率为 25%，两个方案设备均采用直线法计提折旧，设备的使用寿命均为 5 年。计算这两个方案的净现金流量。

【解析】 两个方案的净现金流量如表 4-3 所示。

表 4-3 两个方案的净现金流量表　　　　　　　　　　　　单位：元

项　　目	第0年	第1年	第2年	第3年	第4年	第5年
甲方案	−400 000					
销售收入		300 000	300 000	300 000	300 000	300 000
减：付现成本		180 000	180 000	180 000	180 000	180 000
折旧		80 000	80 000	80 000	80 000	80 000
税前利润		40 000	40 000	40 000	40 000	40 000
减：所得税		10 000	10 000	10 000	10 000	10 000
税后净利润		30 000	30 000	30 000	30 000	30 000

续表

项　　目	第0年	第1年	第2年	第3年	第4年	第5年
净现金流量	-400 000	110 000	110 000	110 000	110 000	110 000
乙方案	-450 000					
流动资金垫支	-100 000					
销售收入		300 000	300 000	300 000	300 000	300 000
减:付现成本		126 000	136 000	146 000	156 000	166 000
折旧		84 000	84 000	84 000	84 000	84 000
税前利润		90 000	80 000	70 000	60 000	50 000
减:所得税		22 500	20 000	17 500	15 000	12 500
税后净利润		67 500	60 000	52 500	45 000	37 500
加:固定资产残值						30 000
加:流动资金收回						100 000
净现金流量	-550 000	151 500	144 000	136 500	129 000	251 500

【同步思考4-1】 试说明项目投资中的现金流量表与会计实务中的现金流量表之间的差异。

分析说明:两者之间的差异表现在:①反映对象不同,项目投资决策中的现金流量表反映的是特定投资项目的现金流量,会计实务中的现金流量表反映的是特定企业的现金流量;②期间特征不同,项目投资决策中的现金流量表包括整个项目的计算期,连续多年,会计实务中的现金流量表仅包括一个会计年度;③表格结构不同,项目投资决策中的现金流量表包括表格和指标两部分,其中表格部分包括现金流入、现金流出和净现金流量三项内容,会计实务中的现金流量表则分为主表和辅表两部分,其中主表包括经营活动的现金流量、筹资活动的现金流量和投资活动的现金流量三类内容,每类又分为现金流入和现金流出;④勾稽关系不同,项目投资决策中的现金流量表表现为各年现金流量具体项目与现金流量合计之间的关系,会计实务中的现金流量表则通过主、辅表分别按直接法和间接法确定的净现金流量进行勾稽;⑤信息属性不同,项目投资决策中的现金流量表是面向未来的预计数,会计实务中的现金流量表则必须是真实的历史数据。

4.3　项目投资决策的评价指标

项目投资决策评价指标是指适用于衡量和比较投资项目可行性、可以据此进行方案决策的量化标准。计算评价指标是为了进行投资方案的对比与优选,为项目投资方案提供决策的定量依据。项目投资决策指标按其是否考虑货币时间价值,可分为非贴现指标和贴现指标。非贴现指标又称静态指标,是指不考虑货币时间价值的评价指标,包括投资回收期、投资报酬率等。贴现指标又称动态指标,是指考虑货币时间价值的评价指标,包括净现值、净现值率、现值指数、内含报酬率等。

4.3.1 静态指标

1. 投资回收期

（1）投资回收期的计算。投资回收期是指收回全部原始投资所需要的时间,一般以年为单位,包括建设期的投资回收期用PP来表示,不包括建设期的投资回收期用PP′来表示,两者的关系为

$$PP = PP' + 建设期(S)$$

投资回收期越短,说明收回投资所需要的时间越少,投资风险越小,投资效果越好。

① 当项目的建设期为零,全部投资在建设期开始一次性投入,经营期各期的净现金流量都相等时,我们可以用下面方法计算回收期:

$$PP = \frac{I_t}{NCF_t} = \frac{I_0}{NCF_t} \quad (NCF = NCF_1 = NCF_2 = \cdots = NCF_t)$$

式中,I 为原始投资额；t 为时间；NCF 为净现金流量。

【**同步案例 4-5**】仍使用同步案例 4-4 的数据,计算甲方案的投资回收期。

【**解析**】 $PP = \dfrac{I_t}{NCF_t} = \dfrac{I_0}{NCF_t} = \dfrac{400\ 000}{110\ 000} \approx 3.64(年)$

② 当项目的建设期不等于 0,投资是分期投入的,或经营期各期的净现金流量不相等时,我们只能通过累计的净现金流量求得项目的投资回收期,计算公式为

$$PP = (t-1) + \frac{第\ t-1\ 年累计净现金流量的绝对值}{第\ t\ 年的净现金流量}$$

式中,t 为项目各年累计净现金流量首次为正值的年份。

【**同步案例 4-6**】仍使用同步案例 4-4 的数据,计算乙方案的投资回收期。

【**解析**】乙项目计算期的累计净现金流量如表 4-4 所示。

表 4-4　乙项目计算期的累计净现金流量表　　　　　　　　单位:元

项　　目	第 0 年	第 1 年	第 2 年	第 3 年	第 4 年	第 5 年
净现金流量	−550 000	151 500	144 000	136 500	129 000	251 500
累计净现金流量	−550 000	−398 500	−254 500	−118 000	11 000	262 500

根据乙项目的累计净现金流量表,计算乙项目的投资回收期如下:

$$回收期\ PP = (4-1) + \frac{118\ 000}{129\ 000} = 3.91(年)$$

（2）投资回收期评价标准。运用投资回收期法进行投资决策时,首先要确定一个企业能够接受的期望投资回收期(基准投资回收期),然后用投资方案的投资回收期与期望投资回收期比较。只有实际的投资回收期小于期望投资回收期时,才可接受该投资方案。如果有多个投资方案进行比较,在满足上述要求的可接受方案中投资回收期最短的是最优方案。

在同步案例 4-5 和同步案例 4-6 中,若仅以投资回收期为评价标准,则应选择甲方

案。因为甲方案投资回收期比乙方案投资回收期短。

(3) 投资回收期的优缺点。通过投资回收期进行决策评价是一种使用很广泛的投资决策方法。其优点是：计算简单，使用方便，容易理解；可以在一定程度上反映投资方案的变现能力；可以在一定程度上揭示投资方案的风险大小，投资回收期越长，风险就越大。其缺点是：没有考虑投资回收以后的现金流量，因而不能反映投资在整个寿命周期内的盈利能力；没有考虑货币时间价值，将前期的资金投入和后期的资金回收等量齐观，具有很大的局限性。因此，单独使用投资回收期进行投资项目评价存在得出错误结论的可能性。

2. 投资报酬率

(1) 投资报酬率的计算。投资报酬率是项目建成后年均净利润与投资总额之比。投资报酬率越高，说明投资的经济效果越好。其计算公式为

$$投资报酬率 = \frac{年均净利润}{原始投资额} \times 100\%$$

式中，年均净利润是指经营期内全部净利润除以经营期的期数。

【同步案例 4-7】仍使用同步案例 4-4 中的数据，计算甲、乙两个方案的投资报酬率。

【解析】
$$甲项目投资报酬率 = \frac{30\,000}{400\,000} \times 100\% = 7.5\%$$

$$乙项目投资报酬 = \frac{(67\,500 + 60\,000 + 52\,500 + 45\,000 + 37\,500) \div 5}{550\,000} \times 100\% \approx 9.55\%$$

(2) 投资报酬率的评价标准。运用投资报酬率进行决策时，首先要确定企业的期望收益率(基准收益率)，作为衡量的标准。在单个方案的可行性分析时，只要该投资方案的投资收益率大于企业的期望收益率，就可接受。在对多个方案评价时，满足期望收益率要求的方案中收益率最高的方案是最优方案。

(3) 投资报酬率的优缺点。通过投资报酬率进行决策评价的优点是计算简单，资料来源便利，同时考虑了项目寿命期内的全部收益，能在一定程度上反映投资所产生的盈利水平。其主要缺陷是没有考虑货币的时间价值，将各年的收益简单平均，忽略了它同时间收益的差异，容易导致决策失误；只考虑投资收益，没有体现投资的回收情况。

4.3.2 动态指标

1. 净现值

(1) 净现值的计算。净现值(NPV)是指投资项目未来现金流入量现值与其现金流出量现值之间的差额，即投资项目从投资开始到项目寿命终结时，所有的现金流量按预定的贴现率折算成项目开始时的价值(即现值)的代数和。

净现值的基本计算公式为

$$NPV = \sum_{t=0}^{n} \frac{NCF_t}{(1+i)^t} = \sum_{t=0}^{n} NCF_t (1+i)^{-t}$$

式中，NPV 为净现值；NCF 为净现金流量；i 为贴现率(折现率)；t 为时间。

① 当建设期为 0，投产后的净现金流量表现为普通年金形式时，净现值的计算公式为

$$\mathrm{NPV} = \mathrm{NCF}_{1-t} \times (P/A, i, t) - \mathrm{NCF}_0$$

② 当建设期为 0,投产后每年经营净现金流量相等,但终结点第 n 年有回收额时,净现值的计算公式为

$$\mathrm{NPV} = \mathrm{NCF}_{1-(1-t)} \times (P/A, i, t-1) + \mathrm{NCF}_n (P/F, i, n) - \mathrm{NCF}_0$$

③ 当建设期不为 0,全部投资在建设起点一次(或分次投入),投产后每年的净现金流量不等时,净现值的计算公式为

$$\mathrm{NPV} = \sum_{t=0}^{n} \mathrm{NCF}_t \times (P/F, i, t)$$

知识链接

用 Excel 计算净现值

在 Excel 环境下,通过插入财务函数"NPV",并根据 Excel 软件的提示正确输入已知的基准折现率和电子表格中的净现金流量,就可以直接求出净现值。

用 Excel 计算净现值的步骤如下。

(1) 将已知的各年净现金流量的数值输入 Excel 电子表格的任意一行(列)。

(2) 在该电子表格的指定单元格中插入财务函数"NPV",并根据该函数的提示输入折现率 i 和净现金流量 NCF 的参数,并将该函数的表达式修改为"=NPV(i, NCF$_1$:NCF$_n$)+NCF$_0$"。式中,i 为折旧率,是已知的数据;NCF$_1$ 为第 1 期净现金流量所在的单元格参数;NCF$_n$ 为最后一期净现金流量所在的单元格参数;NCF$_0$ 为第 0 期净现金流量所在的单元格参数。

(3) 按回车键,"NPV"函数所在单元格显示的数值为所求的净现值。

仍采用同步案例 4-4 的有关数据,如图 4-2 所示,利用插入函数法计算各方案净现值,具体步骤如下。

(1) 将表 4-3 中的各期间净现金流量数据及折现率输入 Excel 表格。

(2) 在 B9 单元格中输入公式"=NPV(D3,B4:B8)+B3",按回车键后,便可得到甲方案净现值 16 986.54 元;向右填充至 C9 单元格,可得到乙方案净现值 53 560.46 元。

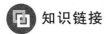

期间	甲方案 净现金流量/元	乙方案 净现金流量/元	折现率
0	-400 000	-550 000	10%
1	110 000	151 500	
2	110 000	144 000	
3	110 000	136 500	
4	110 000	129 000	
5	110 000	251 500	
净现值	16 986.54	53 560.46	

图 4-2 净现值计算模型

【**同步案例 4-8**】仍使用同步案例 4-4 的数据，计算甲、乙两个方案的净现值。

【**解析**】甲方案的净现值计算如下：

$$NPV = -400\,000 + 110\,000 \times (P/A, 10\%, 5)$$
$$= -400\,000 + 110\,000 \times 3.790\,8$$
$$= 16\,988(元)$$

乙方案的净现值计算如下：

$$NPV = -550\,000 + 151\,500 \times (P/F, 10\%, 1) + 144\,000 \times (P/F, 10\%, 2) + $$
$$136\,500 \times (P/F, 10\%, 3) + 129\,000 \times (P/F, 10\%, 4) + $$
$$251\,000 \times (P/F, 10\%, 5)$$
$$= -550\,000 + 151\,500 \times 0.909\,1 + 144\,000 \times 0.826\,4 + 136\,500 \times $$
$$0.751\,3 + 129\,000 \times 0.683\,0 + 251\,000 \times 0.620\,9$$
$$= -550\,000 + 137\,728.65 + 119\,001.6 + 102\,552.45 + 88\,107 + 155\,845.9$$
$$= 53\,235.6(元)$$

（2）净现值评价标准。净现值≥0，说明投资项目实施后的投资报酬率大于预定贴现率，方案可行，净现值≤0 则方案不可行。在原始投资额相同的多个备选方案的互斥选择决策中，净现值是正值且最大的可行方案为最优方案。

由同步案例 4-8 的计算结果可知，两个方案的净现值均大于零，都是可行的，但乙方案的净现值大于甲方案，应选用乙方案。

（3）净现值的优缺点。使用净现值作为决策评价指标的优点是：考虑了货币的时间价值，使不同时点发生的现金流量具有可比性；考虑了投资的风险因素，贴现率的高低可根据投资项目的风险程度进行调整。其缺点是不能从动态角度直接反映投资项目的实际收益率水平，依据净现值的大小不能对投资获利水平做出正确判断，而必须结合其他方法进行分析评价，也不便直接评价原始投资额不同的方案。

2. 净现值率与现值指数

（1）净现值率的计算。净现值率（NPVR）是指投资项目的净现值占原始投资现值总额的百分比。其计算公式为

$$净现值率 = \frac{投资项目的净现值}{原始投资现值总额}$$

（2）现值指数的计算。现值指数（PI）又称获利指数，是指项目经营期净现金流量的现值之和与原始投资额的现值之比，表明项目单位投资的获利能力。其计算公式为

$$现值指数 = \frac{项目投产后各年净现金流量的现值之和}{原始投资现值总额}$$
$$= 1 + 净现值率$$

【**同步案例 4-9**】仍使用同步案例 4-4 中的数据，计算甲、乙两个方案的净现值率与现值指数。

【**解析**】　甲方案的净现值率（NPVR）= 16 988/400 000 ≈ 0.042 5

甲方案的现值指数（PI）= 110 000 × (P/A, 10%, 5)/400 000
$$= 416\,988/400\,000$$
$$\approx 1.042\,5$$

乙方案的净现值率(NPVR)＝53 235.6/550 000≈0.096 8

乙方案的现值指数(PI)＝[151 500×(P/F,10％,1)＋144 000×(P/F,10％,2)＋
　　　　　　　　　　 136 500×(P/F,10％,3)＋129 000×(P/F,10％,4)＋
　　　　　　　　　　 251 000×(P/F,10％,5)]/550 000≈1.096 8

(3) 净现值率与现值指数评价标准。当 NPVR≥0,或者当 PI≥1 时,说明投资项目实施后的投资报酬率大于预定贴现率,方案可行;反之,则该方案不可行。在有多个备选方案的互斥选择决策中,现值指数超过 1 且数值最大的方案为最优方案。

净现值率、现值指数的优缺点与净现值基本相同。其区别在于现值指数是相对数指标,可以从动态角度反映投资项目的投入与产出关系,有利于评价原始投资额不同的投资项目的经济效果,但无法直接反映投资项目的实际收益率。

知识拓展

折现率的确定

折现率是计算净现值指标所依据的一个重要参数,折现率可按以下方法确定。

(1) 以拟投资项目所在行业(而不是单个投资项目)的权益资本必要收益率作为折现率,适用于资金来源单一的项目。

(2) 以拟投资项目所在行业(而不是单个投资项目)的加权平均资金成本作为折现率,适用于相关数据齐备的行业。

(3) 以社会的投资机会成本作为折现率,适用于已经持有投资所需资金的项目。

(4) 以国家或行业主管部门定期发布的行业基准资金收益率作为折现率,适用于投资项目的财务可行性研究和建设项目评估中的净现值和净现值率指标的计算。

(5) 完全人为主观确定折现率,适用于按逐次测试法计算内部收益率指标。

3. 内含报酬率

(1) 内含报酬率的原理。内含报酬率(IRR)是指项目投资实际可望达到的报酬率,是使投资项目的净现值等于 0 时的贴现率。内含报酬率通过对投资项目的每年现金流量进行贴现,使现金流入量现值总额与现金流出量现值总额相等,由此计算出来的报酬率就是使投资方案的净现值等于零时的利率。根据定义,内含报酬率满足下式:

$$\mathrm{NPV} = \sum_{t=0}^{n} \frac{\mathrm{NCF}_t}{(1+i)^t} = \sum_{t=0}^{n} \mathrm{NCF}_t (1+i)^{-t} = 0$$

或

$$\mathrm{NPV} = \sum_{t=0}^{n} [\mathrm{NCF}_t (P/F, \mathrm{IRR}, t)] = 0$$

内含报酬率法就是根据各个方案的内含报酬率是否高于按资金成本或必要报酬率计算的贴现率,来确定投资方案是否可行的一种决策分析方法。

当内含报酬率大于必要报酬率时,可以获得高于期望的收益,该投资方案应予以采纳;当内含报酬率等于必要报酬率时,可以获得期望的收益;当内含报酬率小于必要报酬率时,不能获得期望的收益,该项目投资方案是不可行的。

(2) 内含报酬率的计算。内含报酬率的计算根据每期现金流量相等或不相等而采用不同的方法。①当每年 NCF 相等时,其计算过程如下:第一步计算年现值系数;第二步查年金现值系数表,如找不到相应的系数,则找出与所计算系数相邻的一大一小两个系数并找出相应的两个贴现率;第三步采用插值法求内含报酬率。②当每年 NCF 不等时,其计算过程如下:第一步估计一个贴现率,计算净现值,若为正数,说明贴现率估计较低,应提高贴现率再计算净现值,若计算的净现值为负数,说明贴现率估计较高,应降低贴现率,如此反复计算出净现值一正一负接近于零的两个贴现率;第二步采用插值法计算内含报酬率。

【同步案例 4-10】假如晨星公司某项目的原始投资额为 30 000 元,在建设起点一次投入,投产后每年的净现金流量相等,均为 8 800 元,计算该项目的内含报酬率。

【解析】 $(P/A, IRR, 5) = 30\ 000/8\ 800 \approx 3.409\ 1$

查年金现值系数表,寻找 $n=5$ 时系数 3.409 1 所对应的贴现率。查表结果显示,与 3.409 1 接近的年金现值系数 3.433 1 和 3.274 3 分别对应着 14% 和 16% 两个贴现率。用插值法计算内含报酬率如下:

贴现率	年金现值系数
14%	3.433 1
IRR	3.409 1
16%	3.274 3

$(IRR - 14\%) \div (16\% - 14\%) = (3.409\ 1 - 3.433\ 1) \div (3.274\ 3 - 3.433\ 1)$

项目内含报酬率 $(IRR) = (0.024/0.158\ 8) \times 2\% + 15\% \approx 15.30\%$

(3) 内含报酬率的决策标准。对于单一方案决策,内含报酬率大于资金成本,该方案可行,内含报酬率小于资金成本,该方案不可行;对于多个方案选优,若几个投资方案的内含报酬率大于资金成本,且各方案的投资额相等,则内含报酬率与资金成本差值最大的方案为优,若几个投资方案的内含报酬率大于资金成本,但投资额不等,则选择投资额×(内部报酬率-资金成本)最大的方案。

(4) 内含报酬率的优缺点。使用内含报酬率进行投资决策评价的优点是考虑了资金时间价值,能从动态的角度直接反映投资项目的实际收益水平,比较客观,且概念易于理解。其缺点是计算复杂,当经营期大量追加投资时,可能导致出现多个 IRR,缺乏实践意义。

知识链接

用 Excel 计算内含报酬率

在 Excel 环境下,通过插入财务函数"IRR",并根据 Excel 软件的提示正确输入已知的净现金流量,就可以直接求出内含报酬率指标。

用 Excel 计算内含报酬率的步骤如下。

(1) 将已知的各年净现金流量的数值输入 Excel 电子表格的任意一行(列)。

(2) 在该电子表格的指定单元格中插入财务函数"IRR",输入净现金流量 NCF 参数,该函数的表达式为"=IRR($NCF_0:NCF_n$)"。

(3) 按回车键,"IRR"函数所在单元格显示的数值为所求的内含报酬率。

仍采用同步案例 4-4 的有关数据,如图 4-3 所示,利用插入函数法计算各方案内含报酬率,具体步骤如下。

(1) 将表 4-3 中的各期间净现金流量数据输入 Excel 表格。

(2) 在 B9 单元格中输入公式"=IRR(D3,B4:B8)",按回车键后,即可得到甲方案内含报酬率 11.65%;向右填充至 C9 单元格,可得到乙方案内含报酬率 13.49%。

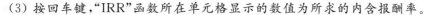

图 4-3　内含报酬率计算模型

【同步案例 4-11】 晨星公司购入设备一台,价值为 30 000 元,按直接法计提折旧,使用寿命 6 年,期末无残值。预计投产后每年可获得的利润分配别为 3 000 元、3 000 元、4 000 元、4 000 元、5 000 元、6 000 元。计算该项目的内含报酬率。

【解析】(1) 先列出每年的净现金流量。

$$NCF_0 = -30\,000(元)$$

$$年折旧额 = \frac{30\,000}{6} = 5\,000(元)$$

$$NCF_1 = 3\,000 + 5\,000 = 8\,000(元)$$

$$NCF_2 = 3\,000 + 5\,000 = 8\,000(元)$$

$$NCF_3 = 4\,000 + 5\,000 = 9\,000(元)$$

$$NCF_4 = 4\,000 + 5\,000 = 9\,000(元)$$

$$NCF_5 = 5\,000 + 5\,000 = 10\,000(元)$$

$$NCF_6 = 6\,000 + 5\,000 = 11\,000(元)$$

(2) 先按 16% 的贴现率进行测试,如果净现值结果是正数,按照 2% 的跨度提高折现率,一直提高到净现值出现负数为止,确定内含报酬率的区间范围,然后采用插值法近似计算内含报酬率。有关测算如表 4-5 所示。

表 4-5　净现值计算表　　　　　　　　　　　　　　　　　　单位:元

年份	现金净流量(NCF)	贴现率=16%		贴现率=18%		贴现率=20%	
		现值指数	现值/元	现值指数	现值/元	现值指数	现值/元
0	-30 000	1	-30 000	1	-30 000	1	-30 000
1	8 000	0.862 1	6 896.80	0.847 5	6 780.00	0.833 3	6 666.40
2	8 000	0.743 2	5 945.60	0.718 2	5 745.60	0.694 4	5 555.20

续表

年份	现金净流量(NCF)	贴现率=16%		贴现率=18%		贴现率=20%	
		现值指数	现值/元	现值指数	现值/元	现值指数	现值/元
3	9 000	0.640 7	5 766.30	0.608 6	5 477.40	0.578 7	5 208.30
4	9 000	0.552 3	4 970.70	0.515 8	4 642.20	0.482 3	4 340.70
5	10 000	0.476 2	4 762.00	0.437 1	4 317.00	0.401 9	4 019.00
6	11 000	0.410 4	4 514.40	0.370 4	4 074.40	0.334 9	3 683.90
净现值			2 855.80		1 090.60		−526.5

通过表中的计算,本项目的内含报酬率在 18%~20%。

$$IRR = 18\% + \frac{1\ 090.60 - 0}{1\ 090.60 - (-526.50)} \times (20\% - 18\%) \approx 19.35\%$$

【同步思考 4-2】 试说明动态指标之间有什么关系?

分析说明:净现值、净现值率、现值指数和内含报酬率之间存在同方向变动关系,即当净现值>0 时,净现值率>0,现值指数>1,内含报酬率>基准收益率;
当净现值=0 时,净现值率=0,值指数=1,内含报酬率=基准收益率;
当净现值<0 时,净现值率<0,现值指数<1,内含报酬率<基准收益率。

4.4 项目投资决策的评价指标的运用

4.4.1 独立方案财务可行性评价及投资决策

独立方案是指一组相互分离、互不排斥的方案。在独立方案中,选择某一方案并不排斥选择另一方案。就一组完全独立的方案而言,其存在的前提是:①投资资金来源无限制;②投资资金无优先使用的次序;③各投资方案所需的人力、物力均能得到满足;④不考虑地区、行业之间的相互关系及其影响;⑤每一投资方案是否可行,仅取决于本方案的经济效益,与其他方案无关。符合上述前提条件的方案便是独立方案。评价独立方案财务可行性包括以下要点。

1. 判断方案是否完全具备财务可行性的条件

如果某一投资方案的所有评价指标均处于可行区间,即同时满足以下条件时,则可以断定该投资方案无论从哪个方面看都具备财务可行性,或完全具备可行性。这些条件是:①净现值 NPV≥0;②净现值率 NPVR≥0;③现值指数 PI≥1;④内部收益率 IRR≥基准折现率 i;⑤包括建设期的静态投资回收期 PP≤$n/2$(即项目计算期的一半);⑥不包括建设期的静态投资回收期 PP′≤$p/2$(即运营期的一半);⑦投资收益率 ROI≥基准投资收益率 i(事先给定)。

2. 判断方案是否完全不具备财务可行性的条件

如果某一投资项目的评价指标均处于不可行区间,即同时满足以下条件时,则可以断定该投资项目无论从哪个方面看都不具备财务可行性,或完全不具备可行性,应当彻底放弃该投资方案。这些条件是:①$NPV<0$;②$NPVR<0$;③$PI<1$;④$IRR<i$;⑤$PP>n/2$;⑥$PP'>p/2$;⑦$ROI<i$。

3. 判断方案是否基本具备财务可行性的条件

如果在评价过程中发现某项目的主要指标处于可行区间(如 $NPV\geq 0$,$NPVR\geq 0$,$PI\geq 1$,$IRR\geq i$),但次要或辅助指标处于不可行区间(如 $PP>n/2$,$PP'>p/2$ 或 $ROI<i$),则可以断定该项目基本上具有财务可行性。

4. 判断方案是否基本不具备财务可行性的条件

如果在评价过程中发现某项目出现 $NPV<0$,$NPVR<0$,$PI<1$,$IRR<i$ 的情况,即使有 $PP\leq n/2$,$PP'\leq p/2$ 或 $ROI\geq i$ 发生,也可断定该项目基本上不具有财务可行性。

独立方案的财务可行性评价与投资决策的关系是:只有完全具备或基本具备财务可行性的方案,才可以接受;完全不具备或基本不具备财务可行性的方案,只能选择拒绝。在独立方案财务可行性评价及投资决策中,应当注意的问题是:第一,主要评价指标在评价财务可行性的过程中起主导作用,当投资回收期(次要指标)或投资收益率(辅助指标)的评价结论与净现值等主要指标的评价结论发生矛盾时,应当以主要指标的结论为准;第二,利用动态指标对同一个投资项目进行评价和决策,会得出完全相同的结论。

【同步案例 4-12】某固定资产投资项目只有一个方案,其原始投资为 1 000 万元,项目计算期为 11 年(其中生产经营期为 10 年),基准投资收益率为 9.5%,行业基准折现率为 10%。有关投资决策评价指标如下:$ROI=10\%$,$PP=6$ 年,$PP'=5$ 年,$NPV=162.65$ 万元,$NPVR=17.04\%$,$PI=1.1704$,$IRR=12.73\%$。请评价该项目的财务可行性。

【解析】根据题意,该项目的 $ROI=10\%>i=9.5\%$,$PP'=5$ 年,$NPV=162.65$ 万元>0,$NPVR=17.04\%>0$,$PI=1.1704>1$,$IRR=12.73\%>i=10\%$。因此,该方案基本具有财务可行性。尽管 $PP=6$ 年$>p/2=5.5$ 年,超过基准回收期,但该方案各项主要评价指标均达到或超过相应标准,只是包括建设期的投资回收期较长,有一定风险。如果条件允许,可实施投资。

4.4.2 多个互斥方案的比较决策

多个互斥方案比较决策是指在每一个入选方案已具备财务可行性的前提下,利用具体决策方法比较各个方案的优劣,利用评价指标从各个备选方案中最终选出一个最优方案的过程。多个互斥方案的比较决策首先应对每一个方案的财务可行性进行评价,选择完全具备财务可行性和基本具备财务可行性的项目作为备选方案,然后利用具体的评价指标和决策方法比较备选方案的优劣,最后选出一个最优方案。

项目投资多个互斥方案的比较决策方法主要包括净现值法、净现值率法、差额投资内部收益率法、年等额净回收额法等。

1. 净现值法

净现值法是指通过比较所有已具备财务可行性投资方案的净现值指标的大小来选择

最优方案的方法,适用于原始投资相同且项目计算期相等的多方案比较决策。在此方法下,净现值最大的方案为优。

【同步案例 4-13】某个固定资产投资项目需要原始投资 100 万元,有 A、B、C、D 四个互相排斥的备选方案可供选择。四个方案的计算期相等,净现值分别为 228.914 万元、117.194 万元、206.02 万元和 162.648 万元。要求:

(1) 评价每一方案的财务可行性;
(2) 按净现值法进行比较决策。

【解析】(1) 评价方案的财务可行性。

因为 A、B、C、D 四个备选方案的 NPV 均大于零,所以这些方案均具有财务可行性。

(2) 按净现值法进行比较决策。

因为 228.914＞206.020＞162.648＞117.194,所以 A 方案最优,其次为 C 方案,再次为 D 方案,最差为 B 方案。

2. 净现值率法

净现值率法是指通过比较所有已具备财务可行性投资方案的净现值率指标的大小来选择最优方案的方法。在此方法下,净现值率最大的方案为优。

3. 差额投资内部收益率法

差额投资内部收益率法是指在两个原始投资额不同方案的差量净现金流量(记作 ΔNCF)的基础上,计算出差额投资内部收益率(记作在 ΔIRR),并与行业基准折现率进行比较,进而判断方案优劣的方法。该方法适用于原始投资不同,但项目计算期相同的多方案比较决策。当差额投资内部收益率指标大于或等于基准收益率或设定折现率时,原始投资额大的方案为优;反之,则投资少的方案为优。

该方法经常被用于更新改造项目的投资决策中,当该项目的差额投资内部收益率指标大于或等于基准折现率或设定折现率时,应当进行更新改造;反之,则不应当进行此项更新改造。

【同步案例 4-14】某企业有甲、乙两个投资方案可供选择,甲方案的投资额为 100 000 元,每年现金净流量均为 30 000 元,可使用 5 年;乙方案的投资额为 70 000 元,每年现金净流量分别为 10 000 元、15 000 元、20 000 元、25 000 元、30 000 元,使用年限也为 5 年。甲、乙两个方案建设期均为 0 年,如果贴现率为 10%,请在甲、乙方案之间作出选择。

【解析】两方案的项目计算期相同,但投资额不相等,可采用差额投资内部收益法来评价。

$$\Delta NCF_0 = -100\,000 - (-70\,000) = -30\,000(元)$$

$$\Delta NCF_1 = 30\,000 - 10\,000 = 20\,000(元)$$

$$\Delta NCF_2 = 30\,000 - 15\,000 = 15\,000(元)$$

$$\Delta NCF_3 = 30\,000 - 20\,000 = 10\,000(元)$$

$$\Delta NCF_4 = 30\,000 - 25\,000 = 5\,000(元)$$

$$\Delta NCF_5 = 30\,000 - 30\,000 = 0(元)$$

$$\Delta NCF_{甲-乙} = 20\,000 \times (P/F,10\%,1) + 15\,000 \times (P/F,10\%,2) +$$
$$10\,000 \times (P/F,10\%,3) +$$
$$5\,000 \times (P/F,10\%,4) - 30\,000 = 11\,506(元) > 0$$

用 $i=28\%$ 测算 ΔNPV,

$$\Delta NCF_{甲-乙} = 20\,000 \times (P/F,28\%,1) + 15\,000 \times (P/F,28\%,2) +$$
$$10\,000 \times (P/F,28\%,3) +$$
$$5\,000 \times (P/F,28\%,4) - 30\,000 = 1\,412.5(元) > 0$$

用 $i=32\%$ 测算 ΔNPV,

$$\Delta NCF_{甲-乙} = 20\,000 \times (P/F,32\%,1) + 15\,000 \times (P/F,32\%,2) +$$
$$10\,000 \times (P/F,32\%,3) +$$
$$5\,000 \times (P/F,32\%,4) - 30\,000 = -244.5(元) < 0$$

用插入法计算 ΔIRR,

$$\Delta IRR = 28\% + \frac{1\,412.5 - 0}{1\,412.5 - (-244.5)} \times (32\% - 28\%)$$
$$\approx 31.41\%, 大于贴现率 10\%$$

以上计算表明,差额净现值为 11 506 元,大于 0,差额投资内部收益率为 31.41%,大于贴现率 10%,应选择甲方案。

4. 年等额净回收额法

年等额净回收额法是指通过比较多个投资方案的年等额净回收额(记作 NA)指标的大小来选择最优方案的决策方法。该方法适用于原始投资不相同,特别是项目计算期不同的多方案比较决策。在此方法下,年等额净回收额最大的方案为优。

某方案的年等额净回收额等于该方案净现值与相关回收系数(或年金现值系数倒数)的乘积。其计算公式为

某方案年等额净回收额 = 该方案净现值 × 回收系数
= 该方案净现值 × 1/年金现值系数

【同步案例 4-15】某企业拟投资建设一条新生产线。现有三个方案可供选择:A 方案的原始投资为 1 250 万元,项目计算期为 11 年,净现值为 958.7 万元;B 方案的原始投资为 1 100 万元,项目计算期为 10 年,净现值为 920 万元;C 方案的净现值为 −12.5 万元。行业基准折现率为 10%。要求:

(1) 判断每个方案的财务可行性;

(2) 用年等额净回收额法做出最终的投资决策。

【解析】(1) 判断方案的财务可行性。因为 A 方案和 B 方案的净现值均大于 0,所以这两个方案具有财务可行性;因为 C 方案的净现值小于 0,所以 C 方案不具有财务可行性。

(2) 比较决策。

A 方案的年等额净回收额 = A 方案的净现值 × 1/年金现值系数
= 958.7 × 1/6.495 1 ≈ 147.6(万元)

B 方案的年等额净回收额 = B 方案的净现值 × 1/年金现值系数

＝920×1/6.144 6≈149.72(万元)

因为 149.72＞147.6,所以 B 方案优于 A 方案。

理财视角

财务总监选择什么方法评价投资项目

杜克大学教授约翰·R. 格莱姆(John R. Graham)和剑桥大学教授坎内尔·R. 哈维(Campbell R. Harvey)对 4 400 家公司的财务总监做了调查,其中包括《财富》世界 500 强企业,392 位财务总监对调查进行完整的回复。调查问卷列举净现值、内含报酬率、投资回收期等投资决策方法,让财务总监列出每种方法的使用频率。

调查结果显示,最受欢迎的项目评价指标是净现值和内含报酬率,分别达到了 74.9％和 75.7％。各财务总监对评价指标的偏好与他们的教育背景及公司的规模、性质有关。规模大的公司使用净现值的频率比小公司高。上市公司比非上市公司更倾向于使用净现值和内含报酬率。净现值和内含报酬率以外,最受欢迎的指标是投资回收期。在小公司中,财务总监使用投资回收期的频率与净现值和内含报酬率是一样的。

项 目 小 结

1. 投资是指特定经济主体为了在未来可预见的时间内获得收益或使资金增值,在一定时期向一定领域的标的物投放足够数额的资金或实物等货币等价物的经济行为。

2. 项目计算期是指投资项目从投资建设开始到项目最终清理结束的整个过程,即该项目的有效持续期间。

3. 现金流量是指投资项目在其计算期内因资本循环而可能或应该发生的各项现金流入与流出。

4. 初始现金流量是指开始投资时发生的现金流量。

5. 营业现金流量是指投资项目投入使用后,在其寿命周期内由于生产经营所带来的现金流入和现金流出的数量。

6. 终结现金流量是指投资项目完结时发生的现金流量。

7. 净现金流量是指一定时期的现金流入量减去现金流出量的差额。

(1) 单纯固定资产投资项目净现金流量

建设期某年的净现金流量＝－该年发生的固定资产投资额

经营期某年的净现金流量 ＝ 该年因使用该固定资产新增的净利润 ＋ 该年因使用该固定资产新增的折旧 ＋ 该年回收的固定资产净残值

(2) 完整工业投资项目净现金流量

建设期某年净现金流量＝－该年原始投资额

经营期某年净现金流量＝该年净利润＋该年折旧＋该年摊销额＋该年回收额－该年维持营运投资

8. 投资回收期是指收回全部原始投资所需要的时间,一般以年为单位。

9. 投资报酬率是项目建成后年均净利润与投资总额之比。

10. 净现值(NPV)是指投资项目未来现金流入量现值与其现金流出量现值之间的差额，即投资项目从投资开始到项目寿命终结时，所有的现金流量按预定的贴现率折算成项目开始时的价值(即现值)的代数和。

11. 净现值率(NPVR)是指投资项目的净现值占原始投资现值总额的百分比。

12. 内含报酬率(IRR)是指项目投资实际可望达到的报酬率，是使投资项目的净现值等于 0 时的贴现率。

13. 动态评价指标之间存在以下关系：

当 NPV＞0 时，NPVR＞0，PI＞1，IRR＞i(i 为投资项目的行业基准收益率)；

当 NPV＝0 时，NPVR＝0，PI＝1，IRR＝i；

当 NPV＜0 时，NPVR＜0，PI＜1，IRR＜i。

思政园地

创新创业励志人物
——北大才子陈生杀猪 8 年身家超 100 亿元

陈生，北大毕业的高才生，毕业后当上了公务员，许多人羡慕不已。他却因为不满足，辞掉工作，摆过地摊，卖过醋，养过鸡，杀过猪，现在是新三板身价百亿的富豪。他就是天地壹号创始人，"猪肉大王"陈生。

2013 年 4 月，"北大杀猪毕业生回校谈创业"曾一度名扬全国。当时的陈生讲了这么一句话："演员不仅有漂亮的，还有赵本山、潘长江那种长得不好看的丑角，我们就是北大的丑角。"不过，现在的陈生并非北大的丑角，而是创业者的偶像。因为，他把猪肉卖出了北大水平。2003 年，天地壹号有限公司成立。2015 年 8 月 20 日，天地壹号成功挂牌新三板。新三板上市的天地壹号市值过百亿，陈生的身价也随之高涨。谈到创业经验，卖猪肉的陈生说："尽管在创业的道路上我有过很多尝试，做过房地产，后来又卖酒、饮料、猪肉，但一直以来我都不敢大规模投资。因为我知道一个传统的行业，表面上看简简单单，但实际上有太多的门道，太多各种各样的东西。"只要你迈出脚步并踏踏实实往前走，到达目的地只是早晚的事情。出发了，一切障碍物都会成为垫脚石，离更强大的自己也会近一步。

创业是社会经济发展的重要动力，在任何经济发展时期、任何国家都极具活力与挑战性。当前我国政府已制定并且出台了相关的政策，鼓励和扶持大学生自主创业，这些政策的出台将会极大发挥大学生的创业潜力。大学生在学校期间要有意识地培养自己的创业思维，通过阅读成功人士的创业故事，吸取他们的成功经验，积极参加大学生创新创业大赛，利用自我组合、自主研发设计创业等项目，培养和历练自己自强不息和勇于钻研精神，使自己志存高远、敢于担当，养成勇于奋斗的职业信念和乐观向上的人生态度。同时，要结合就业去向和岗位需要，养成职业综合素质，培养和发展勤于思考、勇于创新的思维习惯和敬业精神，培养和增强人际关系沟通处理能力和团队协作精神，增强社会适应能力，为毕业后踏上创业之路奠定坚实的基础。

（资料来源：新三板第二富：北大才子杀猪 8 年身家超 100 亿元. http://finance.takungpao.com/financial/q/2015/1029/3227303.html.）

项目训练

一、单项选择题

1. 下列项目中属于间接投资的是（　　）。
   A. 购置固定资产　B. 兴建子公司、分公司　C. 证券投资　D. 无形资产投资
2. 各年净现金流量是由每年获得的净收益和（　　）构成。
   A. 所得税　　　B. 现金　　　C. 货币资金　D. 固定资产折旧
3. 外部投资的主要目的是（　　）。
   A. 扩大企业的生产能力　　　　　　B. 维持企业简单再生产
   C. 为企业的闲置资金寻找出路　　　D. 增加企业的信誉
4. 下列表述不正确的是（　　）。
   A. 净现值是未来报酬的总现值与初始投资额现值之差
   B. 当净现值等于零时，此时的贴现率为内部报酬率
   C. 当净现值大于零时，获利指数小于 1
   D. 当净现值大于零时，该投资方案可行
5. 下列指标中属于贴现的指标是（　　）。
   A. 投资回收期　　　　　　　　　　B. 投资利润
   C. 平均收现期　　　　　　　　　　D. 内部收益率
6. 某企业欲购入一套新设备，要支付 400 万元，该设备使用寿命为 4 年，无残值，采用直线法提取折旧。预计每年可产生税前净利润 140 万元，如果所得税税率为 40%，则回收期为（　　）年。
   A. 4.5　　　B. 2.9　　　C. 2.2　　　D. 3.2
7. 已知某投资项目的原始投资额为 500 万元，建设期为 2 年，投产后第 1 至 5 年每年 NCF 为 90 万元，第 6 至 10 年每年 NCF 为 80 万元。则该项目包括建设期的静态投资回收期为（　　）年。
   A. 6.375　　　B. 8.375　　　C. 5.625　　　D. 7.625
8. 某投资项目原始投资为 12 万元，当年完工并投产，有效期 3 年，每年可获得净现金流量 4.6 万元，则该项目内部报酬率为（　　）。
   A. 6.68%　　　B. 7.33%　　　C. 8.68%　　　D. 8.32%
9. 当一项长期投资方案的净现值大于零时，下列说法不正确的是（　　）。
   A. 该方案不可投资
   B. 该方案获利指数大于 1
   C. 该方案未来报酬总现值大于初始投资的现值

D. 该方案的内部报酬率大于其资本成本。

10. 当一项长期投资的净现值为负数时,下列说法不正确的是(　　)。
    A. 该项投资的投资报酬率小于零,不可行
    B. 该项投资为亏损项目,不可行
    C. 该项投资的投资报酬率不一定小于零,因此也可能是可行方案
    D. 该项投资的内含报酬率没有达到预定的贴现率,不可行

11. 某投资方案贴现率为18%时,净现值为－3.17万元,贴现率为16%时,净现值为6.12万元,则该方案的内含报酬率为(　　)。
    A. 14.68%　　　B. 16.68%　　　C. 17.32%　　D. 18.32%

12. 获利指数与净现值的主要区别是(　　)。
    A. 获利指数未考虑时间价值
    B. 获利指数的计算无须事先设定折现率
    C. 获利指数可以弥补净现值在投资额不同方案之间不能直接比较的缺陷
    D. 获利指数无须事先设定折现率就可以排定项目的优劣次序

13. 下列关于净现值的表述中,不正确的是(　　)。
    A. 净现值是项目计算期内各年现金净流量现值的代数和
    B. 净现值大于0,项目可行,净现值小于0,项目不可行
    C. 净现值的计算可以考虑投资的风险性
    D. 净现值反映投资的效率

14. 在投资决策中,现金流量是指一个项目引起的企业(　　)。
    A. 现金支出和现金收入量
    B. 货币资金支出和货币资金收入增加的量
    C. 现金支出和现金收入增加的数量
    D. 流动资金增加和减少量

15. 在项目投资决策中,完整项目的生产经营期是指(　　)。
    A. 建设期　　　　　　　　　　B. 试产期
    C. 试产期＋达产期　　　　　　D. 建设期＋生产经营期

二、多项选择题

1. 对外投资包括(　　)。
    A. 股票投资　　　B. 债券投资　　　C. 其他投资　　　D. 维持性投资

2. 下列不能直接反映投资项目的实际收益水平的指标有(　　)。
    A. 净现值　　　　B. 获利指数　　　C. 内含收益率　　D. 净现值率

3. 在下列指标中,属于贴现现金流量的指标有(　　)。
    A. 净现值　　　　B. 内含报酬率　　C. 获利指数　　　D. 平均报酬率

4. 当一项长期投资方案的净现值大于零,则说明(　　)。
    A. 该方案可以投资
    B. 该方案未来报酬率大于其资金成本

C. 该方案未来报酬总现值大于初始投资的现值

D. 该方案的获利指数大于1

5. 计算营业现金流量时,每年净现金流量的计算公式可以是(　　)。

　　A. NCF＝每年营业收入－付现成本

　　B. NCF＝净利润＋折旧

　　C. NCF＝每年营业收入－付现成本－所得税

　　D. NCF＝净利润＋折旧－所得税

6. 确定一个投资方案可行的必要条件是(　　)。

　　A. 净现值大于零　　　　　　　　B. 现值指数大于1

　　C. 回收期小于1年　　　　　　　D. 内部报酬率大于1

7. 净现值(　　)。

　　A. 是指投资项目寿命周期内的净现金流量的现值代数和

　　B. 是现金流入量与现金流出量的差额

　　C. 大于0时,投资方案可取

　　D. 在大于0的前提下,其数值越大,表明投资方案越优

8. 下列属于非相关成本的是(　　)。

　　A. 沉没成本　　　B. 过去成本　　　C. 机会成本　　　D. 未来成本

9. 评价投资方案的投资回收期法的主要缺点是(　　)。

　　A. 不能测定投资方案的流动性

　　B. 没有考虑资金时间价值

　　C. 没有考虑回收期满后的现金流量

　　D. 不能衡量投资方案投资报酬率的高低

10. 如果一个投资方案的净现值大于0,则可以说明(　　)。

　　A. 该方案贴现后现金流入大于贴现后现金流出

　　B. 该方案的内含报酬率大于预定的贴现率

　　C. 该方案可以接受,应该投资

　　D. 该方案的现值指数一定大于1

三、判断题

1. 长期投资一般列入企业的非流动资产。　　　　　　　　　　　　　　(　　)

2. 某贴现率可以使某投资方案的净现值等于0,则该贴现率可以称为该方案的内含报酬率。　　　　　　　　　　　　　　　　　　　　　　　　　　　　(　　)

3. 获利指数和投资报酬率都没有考虑资金的时间价值。　　　　　　　　(　　)

4. 机会成本是企业投资时发生的成本和费用。　　　　　　　　　　　　(　　)

5. 净现值作为评价投资项目的指标,其大于0时,项目的投资报酬率大于预定的贴现率。　　　　　　　　　　　　　　　　　　　　　　　　　　　　　　(　　)

6. 投资回收期指标虽然没有考虑资金的时间价值,但考虑了回收期满后的现金流量状况。　　　　　　　　　　　　　　　　　　　　　　　　　　　　　　(　　)

7. 投资回收期和投资报酬率指标都具有计算简便、容易理解的优点,运用范围很广,在投资决策时起主要作用。（　　）

8. 现值指数大于1,表明该项目具有正的净现值,对企业有利。（　　）

9. 一般情况下,使某投资方案的净现值小于0的折现率,一定高于该投资方案的内含报酬率。（　　）

10. 内含报酬率反映了投资项目真实的报酬率。（　　）

四、实务题

1. 某企业投资15 500元购入一台设备。该设备预计残值为500元,可使用3年,折旧按直线法计算。设备投产后每年销售收入增加额分别为10 000元、20 000元、15 000元,除折旧外的费用增加额分别为4 000元、12 000元、5 000元。企业适用的所得税税率为25%,要求的最低投资报酬率为10%,目前年税后利润为20 000元。

（1）假设企业经营无其他变化,预测未来3年企业每年的税后利润。

（2）计算该投资方案的净现值。

2. 某公司考虑购买价值160 000元的一台设备,按照直线法提取折旧,使用年限8年,无残值。该设备期望产生税前现金流入为每年48 000元,设所得税税率为30%。

（1）计算该设备项目的回收期。

（2）计算该项目投资利润率(税后)。

3. 某公司有一投资项目,原始投资250万元,其中设备投资220万元,开办费6万元,垫支流动资金24万元。该项目建设期为1年,建设期资本化利息10万元。设备投资和开办费于建设起点投入,流动资金于设备投产日垫支。该项目寿命期为5年,按直线法计提折旧,预计残值为10万元;开办费于投产后分3年摊销。预计项目投产后第1年可获净利60万元,以后每年递增5万元。该公司要求的最低报酬率为10%。

（1）该项目各年现金净流量分别是多少？

（2）该项目回收期应为多少年？

（3）该项目净现值是多少？并由此判断该项目是否可行？

五、案例题

民健葡萄酒厂是生产葡萄酒的中型企业,该厂生产的葡萄酒酒香纯正,价格合理,长期以来供不应求。为扩大生产能力,民健葡萄酒厂准备新建一条生产线。张海是该厂的助理会计师,主要负责筹资和投资工作。总会计师王利要求张海收集建设新生产线的有关资料,并对投资项目进行财务评价,以供厂领导决策。

张海经过10天的调查研究得到以下有关资料。

（1）投资新的生产线需一次性投资1 000万元,建设期1年,预计可使用10年,报废时无残值。按税法要求该生产线的折旧年限8年,使用直线法提折旧,残值率为10%。

（2）该生产线投入使用后预计可使工厂第1~5年的销售收入每年增长1 000万元,第6~10年的销售收入每年增长800万元,耗用的人工及材料等成本为收入的60%。

（3）生产线建设期满后工厂还需垫支200万元流动资金。

(4) 所得税税率为25%,银行贷款的资金成本为10%。

请帮助该厂预测新生产线投入使用后未来10年每年增加的净利润;预测该项目各年的现金流量;计算该项目的净现值,以评价项目是否可行。

分析提示:先计算项目各年的净利润,然后计算项目净现值,如果项目的净现值大于或等于0,说明该项目基本可行。

六、实训题

(1) 实训项目:项目投资。

(2) 实训目的:通过本次实训,使学生进一步了解项目投资决策的基本程序和方法,掌握项目投资的现金流量的评估方法与决策指标的运用技巧,能应用投资决策的基本财务指标进行项目可行性分析。

(3) 实训组织:将全班分成若干小组,每小组3~5人。每组给定的资金限额为20万元,各组选择感兴趣的项目,确定自己的投资计划,并合理估算投资项目的现金流量,运用相关的财务指标和投资技巧对项目进行财务决策分析。

(4) 实训成果:完成实训报告。实训报告的内容主要包括投资项目选择、投资项目现金流量的计算、评价投资项目相关财务指标的计算、应用主要财务评价指标对项目做出的决策分析。

证券投资管理

项目5
Xiangmu 5

项目目标

知识目标

(1) 了解证券投资的含义、目的、种类、程序和特征；
(2) 了解债券投资、股票投资的优缺点；
(3) 掌握债券和股票的估价方法和投资收益率的计算方法；
(4) 了解证券投资组合风险与收益的关系，掌握资本资产定价模型；
(5) 掌握债券的价值计算模型和收益率的计算方法；
(6) 掌握股票的价值计算模型和收益率的计算方法。

能力目标

(1) 具备运用证券投资决策的评价方法进行债券投资收益评价和风险分析的能力；
(2) 具备运用证券投资决策的评价方法进行股票投资收益评价和风险分析的能力。

思政目标

(1) 培养诚实守信、遵纪守法的职业素养；
(2) 培养投资的风险意识，培养开拓进取的创业精神。

项目任务

任务情景

晨星公司计划将手中闲置的1 500万元资金用于证券投资，以获得投资收益。经调研与分析，有以下投资对象可供公司选择。

(1) 国家发行5年期面值为100元国债，每年付息一次，且实行固定利率，利率为4.2%。
(2) 冬雪集团发行10年期面值100元重点企业债券，票面利率为10%，每年付息一次，发行价格为115元。

(3) 春花股份的股票,年预测每股收益 0.10 元,股票市场价格 4.15 元/股。公司主营设计制造空调制冷产品,财务状况十分稳健,业绩良好,但成长性不佳,年增长率接近于 0。

(4) 秋叶电器的股票,年预测每股收益 2.30 元,股票市场价格 40.33 元/股。公司主营家用空调、电风扇、清洁卫生器具,其中空调产销量居国内领先地位,有行业优势。该公司经营业绩稳定增长,年增长预计 5%。

(5) 夏木科技的股票,年预测每股收益 0.40 元,股票市场价格为 28.26 元/股。公司主营激光器、激光加工设备及成套设备、激光医疗设备等。该公司产品科技含量高,业绩增长迅速,每年预计股利增长 10%。

面对上述可供选择的投资方案,应如何进行投资呢?

任务提出

经济越发展,金融越繁荣,证券市场越发达,证券投资已成为企业常见的一种经营活动。证券投资决策实质上是通过估算证券价格并与市价进行比较,来判断投资方案的取舍。证券投资有多种形式,每种投资的回报率和所承担的风险都不相同,证券的价值也不相同。评估证券的内在价值,做出正确的投资决策,需要财务管理人员完成以下工作任务。

工作任务 1:正确计算债券的投资收益率,对债券进行合理估价。

工作任务 2:正确计算股票的投资收益率,对股票进行合理估价。

工作任务 3:对债券、股票做出科学合理的投资决策。

工作任务 4:掌握证券投资组合的收益与风险原理。

任务分析

企业要进行证券投资决策,首先要进行证券投资收益的评价。评价证券投资收益水平主要有两个指标,包括证券的价值和收益率。当证券的价值大于或等于该证券市场价格时,该证券投资能达到投资者要求的投资回报率,投资是可行的;反之,则不能进行该证券投资。财务管理人员要做出正确的证券投资决策,必须学会计算证券的投资收益率,学会估算证券的价值。证券投资决策还要考虑风险,风险是证券投资的基本特征之一,可以通过证券投资组合予以规避和消除。

5.1 证券投资基础

5.1.1 证券投资的含义及目的

证券投资是指投资者将资金投放于金融市场,用来购买有价证券,如股票、债券、基金等资产,以便将来能够获得收益或取得被投资企业的控制权的一项理财活动。证券投资是企业经营过程中一项重要的投资活动,具有投资方便、变现能力强等特点。但是,证券投资行为专业性较强、风险性较高,企业进行证券投资时需要明确投资目的,并以此指导投资行为与投资分析。

企业进行证券投资的目的主要有以下几个方面。

1. 有效利用闲置资金

企业在正常的生产经营过程中,由于各种原因会出现暂时性的闲置资金,为有效利用这部分资金,充分发挥资金的价值,可以使用闲置资金购入随时可变现的证券或资产,谋取一定的收益。

2. 影响或控制其他公司

企业可以通过证券投资,影响或控制相关公司的营运政策,从而达到增强企业经营能力的目的。

3. 满足未来的财务需要

企业将现有的闲置资金投资于有价证券,在需要现金时售出,可满足未来的财务需要。

5.1.2 证券投资的种类

金融市场上的证券很多,可供企业选择的证券主要有国债、短期融资券、可转让存单、企业股票和债券、投资基金等。根据证券投资的对象,可将证券投资分为债券投资、股票投资、基金投资和证券组合投资四类。

1. 债券投资

债券投资是指企业将资金投向各种债券,如国库券、公司债券、短期融资券等。

2. 股票投资

股票投资是指企业将资金投向其他企业发行的股票,通过股票的买卖获得收益。

3. 基金投资

基金投资是指通过发行基金股份和受益凭证,将众多投资者分散的资金集中起来,由专业的投资机构将其投资于股票、债券或者其他金融资产,并将投资收益按投资者的持有比例分配给基金持有人的投资方式。

4. 证券组合投资

证券组合投资是指企业将资金同时投资于多种证券,例如,既投资于企业债券,也投资于企业股票,还投资于基金。证券组合投资可以有效分散证券投资的风险,是企业等法人单位进行证券投资时常用的投资方式。

5.1.3 证券投资的程序

1. 合理选择投资对象

合理选择投资对象是证券投资成功的关键。企业选择证券投资对象时,必须结合自己的投资目的,认真分析投资对象的收益水平和风险程度,在将风险降到最低的同时,取得较好的投资收益。

选择合理的投资对象一般需要经过以下步骤。

(1) 准备阶段。投资准备包括心理准备、必要的市场调研准备和资金准备。

(2) 了解阶段。投资不仅要了解市场状况和投资环境,更应了解证券本身的状况。此外,还应了解有关证券投资的法律、法规、税收情况等。

(3) 分析阶段。投资者应对准备投资的证券及发行人进行具体分析,对证券的真实价值、上市价格和价格涨落趋势进行认真的分析。

(4) 决策阶段。做出投资决策,决定把资金投在一组或几组证券上。企业在做投资决策时,应综合考虑所购买证券的风险与收益。

(5) 投资后的分析。企业在买进某种证券后,应时常注意其价格变动,分析该证券发行公司基本面和技术面的各种变化,以便决定继续持有证券、出售证券,还是调整证券投资的品种。

2. 开户与委托

投资者在进行证券买卖之前,首先要选择一家信用可靠、服务优良的证券公司办理开户手续,开户包括证券账户和资金账户。投资者在开户并选择好投资对象后,可通过电话委托、计算机终端委托、递单委托等方式委托券商代为买卖有关证券。

3. 竞价、成交与清算

证券市场的市场属性集中体现在竞价成交环节上,会员证券商以经纪人身份代表着众多买方和卖方,按照一定规则和程序公开竞价,达成交易。

清算是指一笔证券交易成交后,买卖双方进行的清算和交割过程,即买入证券方交付价款领取证券,卖出证券方交出证券收取价款的收交活动。

4. 证券登记与过户

证券登记是指通过一定的记录形式确定当事人对证券的所有权及相关权益的产生、变更、消失的法律行为。证券过户是指投资者从交易市场买进证券后,到证券发行公司办理变更持有人姓名的手续。过户是股票交易的最后一个环节。证券过户只限于记名证券的买卖业务。

5.1.4 证券投资的特征

1. 流动性强

流动性是指证券持有人可按自己的需要灵活地转让证券以换取现金,是证券的生命力所在。流动性以流通的方式满足了投资者对资金的随机需求。证券的流通是通过承兑、贴现、交易实现的。流动性的强弱受证券期限、利率水平及计息方式、信用度、知名度、市场便利程度等多种因素的制约。证券投资的流动性明显高于实物资产投资的流动性。

2. 风险性较大

风险性是指证券持有者面临着预期投资收益不能实现,甚至损失本金的可能性。未来经济的发展变化有些是投资者可以预测的,有些则无法预测,投资者难以确定所持有的证券将来能否取得收益和能获得多少收益,使持有证券具有风险性。在实际的市场中,任何证券投资活动都存在风险,完全回避风险的投资是不存在的。

3. 价格波动大

相对于实物资产来说,证券的价格更容易受到宏观经济环境、经济政策以及非经济因素的影响,价格波动幅度大。

4. 交易成本低

证券交易可以通过网络、电话等现代化通信手段完成,整个交易过程方便快捷,相对于实物交易来说,证券投资的交易成本较低。

知识拓展

证券投资的风险

证券投资风险是指投资者在投资期内不能获得预期的收益或遭受损失的可能性。企业是否进行证券投资,应投资于何种证券,只有对证券投资的风险和收益率分析后才能做出决策。因此,进行证券投资必须考虑其风险因素,只有增强风险意识,才能在把握获利机遇的同时有效地预防投资风险。证券投资风险主要包括以下几个方面。

1. 违约风险

违约风险是指证券发行人无法按期支付利息和偿还本金的风险。造成证券违约的原因主要有:①政治、经济形势发生重大变化;②发生自然灾害;③被投资单位经营管理不善,资金净流量锐减;④企业竞争失败,大量客户丢失,资金回流困难;⑤企业财务危机,融资困难,不能及时清偿债务。一般而言,政府债券违约风险最小,金融债券违约风险居中,企业债券违约风险最高。

2. 利率风险

利率风险是指由于利率的变动而引起证券价格波动而使投资者遭受损失的风险。证券价格随利率变动而变动,一般情况下,利率提高,证券价格下降,利息降低,证券价格上升,证券价格与利率成反向变动。

3. 购买力风险

购买力风险是指由于通货膨胀而使证券到期或出售时所获得的倾向资金购买力降低的风险。购买力风险与证券到期时的价格水平有关,在通货膨胀时期,购买力风险较高,投资者应特别注意购买力风险。

4. 流动性风险

流动性风险又称变现力风险,是指投资者无法在短期内以合理价格卖掉资产的风险。流动性风险的大小和发行者的实力、信誉及经营状况密切相关。一般而言,政府证券的流动性风险最小,金融证券次之,企业证券流动性风险取决于企业的经营状况、经营环境和未来的发展变化趋势。

5. 期限性风险

期限性风险又称再投资风险,是指由于证券期限长而给投资人带来的风险。证券投资期越长,未来的不确定因素越多,投资者放弃的可供选择的投资机会也越多;反之,证券投资期短,未来的不确定因素相对较少,投资者将会有更多的投资机会可以选择。

5.2 债券投资收益评价

5.2.1 债券的基本要素

债券是发行人依照法定程序发行,并约定在一定期限还本付息的有价证券,是反映发行者与投资者之间的债权债务关系的法律凭证。债券的基本要素包括债券面值、债券偿还期、债券票面利率和债券发行者名称。

1. 债券面值

债券面值是指债券发行时所设定的票面金额,它代表着发行人借入并承诺未来某一特定日期偿付给债券持有人的金额,是债券的本金。目前我国发行的债券一般面值为100元人民币。

2. 债券偿还期

债券偿还期是指债券从发行之日起至偿清本息之日止的时间。发行者在确定债券偿还期时,要考虑多种因素的影响,主要包括资金的使用方向、市场利率变化、变现能力等。

3. 债券票面利率

债券票面利率是债券年利息与债券票面价值的比率,通常用百分数表示。对债权人来说,债券票面利率代表着投资收益,利率高则获利大,利率低则获利小。

4. 债券发行者名称

债券发行者名称明确了债券的债务主体,也为债权人到期追索本金和利息提供了依据。

此外,债券票面上可能还会包括一些其他因素,如还本付息方式等。

5.2.2 债券的类型

最常见的债券分类方法是按发行主体分类,可分为政府债券、金融债券和公司债券。

1. 政府债券

政府债券是国家为了筹措资金向投资者出具的,承诺在一定时期支付利息和到期还本的债务凭证,政府债券可分为中央政府债券和地方政府债券。我国目前的政府债券仅限于中央政府债券,主要品种有国库券和国家债券。

2. 金融债券

金融债券是指银行及非银行金融机构依照法定程序发行,并约定在一定期限内还本付息的有价证券。金融债券的资信通常高于一般的公司债券,违约风险相对较小,具有较高的安全性。金融债券的利率通常低于一般的公司债券,但高于风险更小的国债。

3. 公司债券

公司债券是公司依照法定程序发行、约定在一定期限还本付息的有价证券。我国《公司法》规定,股份有限公司、国有独资公司和两个以上的国有企业或者其他两个以上的国有投资主体设立的有限责任公司有资格发行公司债券。《证券法》规定,有资格发行公司债券的公司还必须具备一定的发行条件。公司债券具有较大的风险,其收益率一般高于政府债券和金融债券。

【同步思考 5-1】 债券的利率一般是固定的,那么债券投资还有风险吗? 如果仍然有投资风险,具体包括哪些风险?

分析说明: 债券投资和其他投资一样,是有风险的。债券投资的风险具体包括违约风险、利率风险、购买力风险、变现能力风险。

5.2.3 债券投资的目的

企业进行短期债券投资的目的主要是合理利用闲置资金,调节现金余额,获得收益。当企业的现金余额过多时,便投资于债券,使现金余额降低;当现金余额过少时,则出售原来投资的债券,收回现金,使现金余额提高。企业进行长期债券投资的目的主要是获得稳定的收益。

5.2.4 债券的估价

企业在进行债券投资时,首先需要评估所选择的债券价值是多少,是否值得购买,只有当债券的价值大于或等于该债券市场价格时,该债券投资才能达到投资者要求的投资报酬率,投资才是可行的,否则,就不能进行该债券投资。

债券价值是指该债券未来现金流入量的现值。债券价值主要取决于两个因素:债券预期的现金流入(投资者得到的本息)和贴现率(投资者要求的报酬率)。不同债券的还本付息方式不同,债券估价方法也不同。在进行债券投资管理时应根据需要,选择不同的债券估价模型。

1. 按年付息、到期还本的债券估价模型

按年付息、到期还本债券的持有者未来能够获得的现金流入包括两部分,一是每年末的利息,体现为年金形式,二是到期一次偿还的本金。其估价模型为

$$V = \sum_{t=1}^{n} \frac{iM}{(1+K)^n} + \frac{M}{(1+K)^n} = iM(P/A,K,n) + M(P/F,K,n)$$

式中,M 为债券面值;K 为市场利率或投资人要求的必要收益率;i 为债券票面利率;n 为付息期数;V 为债券价格。

【同步案例 5-1】 某债券面值为 1 000 元,票面利率为 10%,期限为 3 年,每年年末付息一次,到期还本。晨星公司计划对该债券进行投资,请计算当市场利率为 8%、10%、12%时,债券价格分别为多少才能进行投资?

【解析】 当市场利率 $i=8\%$ 时,

$V = 1\,000 \times 10\% \times (P/A,8\%,3) + 1\,000 \times (P/F,8\%,3) = 1\,051.51(元)$

该债券的价值为 1 051.51 元,该债券的价格必须低于 1051.51 元时,企业才能购买。

当市场利率 $i=10\%$ 时，

$$V=1\ 000\times10\%\times(P/A,10\%,3)+1\ 000\times(P/F,10\%,3)=999.99(元)$$

该债券的价值为 999.99 元，该债券的价格必须低于 999.99 元时，企业才能购买。

当市场利率 $i=12\%$ 时，

$$V=1\ 000\times10\%\times(P/A,12\%,3)+1\ 000\times(P/F,12\%,3)=951.98(元)$$

该债券的价值为 951.98 元，该债券的价格必须低于 951.98 元时，企业才能购买。

由此可见，当市场利率低于票面利率时债券应溢价发行，当市场率等于票面利率时债券应平价发行，当市场利率高于票面利率时债券应折价发行。

2. 到期一次还本付息且不计复利的债券估价模型

到期一次还本付息且不计复利债券平时不支付利息，到期一次支付本金和利息且不计复利。我国很多债券都属于这种模型。其估价模型为

$$V=\frac{M\times(1+in)}{(1+K)^n}=M(1+in)(P/F,K,n)$$

【同步案例 5-2】 晨星公司拟购买另一家公司的企业债券作为投资，该债券面值 1 000 元，期限为 3 年，票面利率为 10%，单利计息，到期一次还本付息，当前市场利率为 8%。计算该债券发行价格为多少时，晨星公司才能购买？

【解析】 $V=1\ 000\times(1+10\%\times3)\times(P/F,8\%,3)=1\ 031.94(元)$

该债券价格低于 1 031.94 元时，企业才能购买。

3. 贴现发行的债券估价模型

贴现债券以低于面值发行且没有票面利率，到期按面值偿还。购买贴现债券所获收益体现在偿还金额与发行价格间的差价，没有利息收入。其估价模型为

$$V=\frac{M}{(1+K)^n}=M(P/F,K,n)$$

【同步案例 5-3】 某债券面值为 1 000 元，期限为 3 年，以贴现方式发行，期限内不计利息，到期按面值偿还，当前市场利率为 10%，其价格为多少时晨星公司才能购买？

【解析】 $V=1\ 000\times(P/F,10\%,3)=751.3(元)$

该债券的价格低于 751.3 元时，企业才能购买。

【同步思考 5-2】 影响债券价格的因素有哪些？

分析说明： 债券价格的确定主要取决于债券到期值（本金加利息）、债券的还本期限和市场利率水平。此外，债券的供求关系可通过影响市场利率的方式影响债券价格，社会经济发展状况、财政收支状况、货币政策、汇率等因素变动可通过影响债券供求关系的方式影响债券价格。

5.2.5 债券投资的收益率

企业进行债券投资，一般每年都能获得固定的利息，并在债券到期时收回本金或在中途出售收回资金。债券投资的收益率包括票面收益率、持有期收益率、到期收益率等。

1. 票面收益率

票面收益率又称名义收益率或息票率，是印制在债券票面上的固定利率，是债券年利

息与债券票面价值的比率,通常用百分数表示。其计算公式为

$$票面收益率=\frac{债券年利息}{债券买入价}\times 100\%$$

如果投资者按票面金额买入债券并持至期满且按票面面额收回本金,则所获得的投资收益率与票面收益率是一致的。票面收益率没有反映债券发行价格与票面金额不一致的可能,也没有考虑投资者中途卖出债券的可能。

2. 持有期收益率

持有期收益率是指投资者买入债券后持有一段时间,又在债券到期前将其出售得到的收益率,包括持有债券期间的利息收入和资本损益。持有期收益率的计算可分为以下两种情况。

(1) 到期一次还本付息债券的持有期收益率。到期一次还本付息债券在中途出售的卖价中包含了持有期的利息收入,其计算公式为

$$持有期收益率=\frac{(债券卖出价-债券买入价)/持有年限}{债券买入价}$$

(2) 分期付息、到期还本债券的持有期收益率。分期付息债券是指在债券到期之前按约定的日期分次按票面利率支付利息,到期再偿还本金。这种债券的持有期收益率计算公式为

$$持有期收益率=\frac{债券年利息+(债券卖出价-持券买入价)/持有年限}{债券买入价}$$

【同步案例5-4】晨星公司于2021年1月1日以120元的价格购买了万达公司于2020年发行的面值为100元,利率为10%,每年1月1日支付一次利息的10年期债券,持有至2022年1月1日,以140元的价格卖出,计算晨星公司购买的债券持有期收益率。

【解析】 $$持有期收益率=\frac{100\times 10\%+(140-120)/5}{120}\approx 11.67\%$$

3. 到期收益率

到期收益率又称最终收益率,是指自债券购买日至到期日可获得的收益率。在债券投资中,经常使用债券的到期收益率来评价债券的收益水平。

对债券到期收益率的衡量可分以下三种情况。

(1) 短期债券到期收益率。短期债券由于期限较短,一般不考虑货币时间价值的影响,只需考虑债券价差及利息,将其与投资额相比,即可求出短期债券到期收益率。其计算公式为

$$K=\frac{S_1-S_0+I}{S_0}\times 100\%$$

式中,S_0为债券购买价格;S_1为债券出售价格;I为债券利息;K为债券到期收益率。

【同步案例5-5】晨星公司于2020年9月10日以960元购进一张面值为1 000元,票面利率为10%,每年付息一次的债券,并于2021年9月10日以1 060元的市价出售。计算该债券的到期投资收益率。

【解析】 $$K=\frac{S_1-S_0+I}{S_0}\times 100\%=\frac{1\ 060-960+1\ 000\times 10\%}{960}\approx 20.83\%$$

(2) 长期债券到期收益率。由于长期债券投资涉及时间长,需要考虑资金时间价值,

其到期收益率是使债券利息的年金现值和债券到期收回本金的复利现值之和等于债券购买价格时的贴现率。长期债券投资可分为多种情况,难以逐一列举,现列举两个典型的例子说明到期收益率计算。

① 到期一次还本付息债券的到期收益率。

$$K = \sqrt[t]{\frac{M \times (1+in)}{V}} - 1$$

式中,M 为债券面值;V 为债券购买价格;i 为债券票面利率;n 为债券偿还期限;t 为债券剩余流通期限。

【同步案例 5-6】晨星公司 2021 年 6 月 1 日以 950 元购买一张面值为 1 000 元的债券,票面利率为 10%,按单利计算,3 年后的 5 月 31 日到期,一次还本付息。计算该债券的到期收益率。

【解析】
$$K = \sqrt[3]{\frac{1\,000 \times (1+10\% \times 3)}{950}} - 1 \approx 11.02\%$$

② 分期付息、到期还本债券的到期收益率。

计算到期收益率的方法是求解含有贴现率的方程:

现金流出＝现金流入的现值

购进价格＝每年利息×年金现值系数＋面值×复利现值系数

$$V = I(P/A, K, n) + M(P/F, K, n)$$

式中,V 为债券购买价格;K 为债券到期收益率。

求解该方程首先用逐步测试法,计算出到期收益率的区间,然后用插值法计算到期收益率的近似值。

企业一旦拥有可支配的资金,必然产生投资欲望,一旦打算投资债券,就需要利用上述债券投资收益有关公式计算出一定时期内债券的收益率,并将该债券的收益率与预期的其他投资收益率相比较,做出是否购买债券的初步选择。

5.2.6 债券投资的优缺点

1. 债券投资的优点

(1) 本金安全性高。与股票相比,债券投资风险较小。政府发行的债券有国家财力作后盾,投资本金的安全性非常高,通常被视为无风险证券。企业债券的持有者拥有优先求偿权,当企业破产时,优先于股东分得企业财产,因此,企业债券投资者损失本金的可能性也较小。

(2) 收入比较稳定。债券票面一般标有固定利率,债的发行人有按时支付利息的法定义务。因此,一般情况下,投资于债券能获得比较稳定的收入。

(3) 市场流动性好。政府及大企业发行的债券一般可以在金融市场上迅速出售,流动性很好。

2. 债券投资的缺点

(1) 购买力风险较大。债券的面值和利率在发生时就已确定,如果投资期间的通货膨胀率较高,本金和利息的购买力将不同程度地受到侵蚀,在通货膨胀非常高时,投资者虽然名义上获得利益,但实际上却有损失。

（2）没有经营管理权。债券投资只是获得收益的一种手段,投资者无权对债券发行单位施以影响和控制。

理财视角

交易所债券市场个人投资三大模式

目前个人投资者只能参与交易所债券市场和银行柜台市场,交易所债券市场可进行现券买卖和回购交易,银行柜台则主要是买卖储蓄和记账式国债。前者交易规模较大、债券品种较丰富,且主要采用竞价交易方式,适合个人投资者开展经常性的投资交易;后者债券数量较少,流动性欠佳,投资以买入持有到期为主。按照风险和收益递增的顺序,个人投资者参与交易所债券市场主要有债券回购交易、买卖信用债券和正回购加杠杆操作买入信用债这三种方式。

债券回购交易是指债券买卖双方在成交的同时就约定于未来某一时间以某一价格进行反向交易的行为。债券回购是交易所债券市场的一种重要投资方式,个人投资者可参与质押式回购,在质押式回购业务中,个人投资者一般是逆回购方,当回购到期时,个人投资者收回资金并获得利息。债券回购交易具有操作简单、安全性高、流动性好的特点,收益率偏低但远高于银行活期利率。

买卖信用债券同样是个人投资者参与交易所债券市场的主要方式。信用债券是不以任何公司财产作为担保,完全凭信用发行的债券,包括交易所上市的国债、地方债、企业债、公司债、可转换债券及可分离交易的可转债,其中公司债等公司信用类债券成交活跃、收益较高,明显高于银行定存利率。买卖信用债券是指投资者投资债券,可以买入并直接持有到期,获取稳定的利息收入,也可以持有一段时间后在债券到期前将其出售,期间收益由利息收益和资本损益构成,后者即买卖债券的差价。

正回购加杠杆操作买入信用债也是个人投资者参与交易所债券市场的主要方式,它为很多投资者所追捧,如一支到期收益率为 6.5% 的信用债,加两倍杠杆,假设按照隔夜回购平均利率 3% 融资计算,则:净收益 = 总收益 − 总成本 = $6.5\% \times 3 - 3\% \times 2 = 13.5\%$。合理开展杠杆交易,可以实现以较少资金博取较大利润,最大化提高资金利用率,但正回购加杠杆操作有一些技术性问题需要注意。

5.3 股票投资收益评价

5.3.1 股票投资的目的

企业进行股票投资的目的主要有两种:第一种是获利,即获得股利收入及股票买卖差价;第二种是控股,即通过购买某一企业的大量股票控制该企业。在第一种情况下,企业应将单一一种股票作为其证券组合的一个组成部分,不应冒险将大量资金投资于某一企业的股票上。但在第二种情况下,企业应集中资金投资于被控企业的股票上,这时考虑更多的不是短期利益,即股票投资收益的高低,而是长远利益,即占有多少股权才能达到控制的目的。

5.3.2 股票的估价

股票的价值又称股票的内在价值,是指股票预期的所有未来现金流入的现值。股票预期的未来现金流入包括股利收入和未来出售时的售价两部分。企业进行股票投资时必须知道股票价值的计算方法,利用股票估价模型计算出股票的价值,与股票的市场价格进行比较,可以做出是否购买股票的初步选择。下面介绍几种常见的股票估价模型。

1. 短期持有、未来准备出售的股票估价模型

短期持有、未来准备出售的股票价值包括股利和出售价格的现值,其估价模型为

$$V = \sum_{t=1}^{n} \frac{D_t}{(1+K)^t} + \frac{V_n}{(1+K)^n}$$

式中,V 为股票的价值;D_t 为第 t 期的预期股利;K 为投资人要求的投资收益率;V_n 为未来出售时预计的股票价格;n 为预期持有股票期数。

2. 长期持有、股利稳定不变的股票估价模型

如果某股票每年股利稳定不变,股票价值将转化为一笔永续年金的现金流入,其估价模型为

$$V = \frac{D}{K}$$

式中,D 为每年固定股利;K 为投资人要求的投资收益率;V 为股票的价值。

【同步案例 5-7】 晨星公司拟投资购买某公司的优先股,并准备长期持有。该股票每年分配现金股利 0.8 元,投资者要求的投资收益率为 10%。计算该股票价格为多少时才能购买?

【解析】
$$V = \frac{0.8}{10\%} = 8(元)$$

只有该股票每股的市场价格低于 8 元时,才值得购买该股票。

3. 长期持有、股利固定增长的股票估价模型

如果一个公司的股利不断增长,投资者的持有时间又非常长,股票的估价便会比较困难,只能计算近似数。其估价模型为

$$V = \frac{D_0 \times (1+g)}{K-g} = \frac{D_1}{K-g}$$

式中,D_0 为上一年股利;D_1 为第 1 年的股利;g 为股利每年的固定增长率。

【同步案例 5-8】 晨星公司拟投资另一家公司的股票,该股票上年分得现金股利 3.2 元,预计年增长率为 4%,必要报酬率为 15%。计算该股票价格为多少时才能购买?

【解析】
$$V = \frac{3.2 \times (1+4\%)}{15\% - 4\%} \approx 30.25(元)$$

只有该股票每股的市场价格低于 30.25 元时,企业才可以购买该股票。

4. 阶段性增长的股票估价模型

在现实生活中,有的公司的股利不是固定的,可能会在一段时期内高速增长,在另一段时期内正常增长或固定不变。在这种情况下,股票的价值需要按以下步骤分阶段计算。

第一步,计算出非固定增长期的股利现值。

第二步,根据股利固定增长的股票估价模型,计算非固定增长期期末的股票价值,并求出现值。

第三步,将上述两个步骤求得的现值加在一起,便可得到阶段性增长股票的价值。

【同步案例5-9】晨星公司准备购买A公司的股票,要求的收益率为12%,A公司去年年末股利0.6元,预计今后3年以15%的速度增长,3年后以9%的速度增长。计算A公司股票的价值。

【解析】第一步,计算非固定增长期的股利现值,如表5-1所示。

表5-1 股利现值计算表

年份	股利/元	现值系数(12%)	股利现值/元
1	0.6(1+15%)=0.69	0.892 9	0.62
2	0.69(1+15%)≈0.79	0.797 2	0.63
3	0.793 5(1+15%)≈0.91	0.711 8	0.65
合计			1.9

第二步,计算非固定增长期末的股票价值,并求出现值。

$$V_3 = \frac{D_4}{K-g} = \frac{0.91 \times (1+9\%)}{12\% - 9\%} \approx 33.06(元)$$

$$PV_3 = 33.06 \times (P/F, 12\%, 3) = 33.06 \times 0.711\ 8 \approx 23.53(元)$$

第三步,计算A公司股票的价值。

$$P_0 = 23.53 + 1.9 \approx 25.43(元)$$

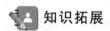知识拓展

股票价格指数

股票价格指数是指金融机构通过对股票市场上一些有代表性公司发行股票的价格进行平均计算和动态比较后得出的数值,是用来表示多种股票平均价格水平及变动,并衡量股市行情的指标。在股票市场上,成百上千种股票同时交易,股票价格的涨落各不相同,需要股票价格指数作为总的衡量尺度来全面反映整个股票市场价格水平及其变动趋势。

股票价格指数一般由一些有影响的机构编制,并定期及时公布。国际市场上比较著名的股票价格指数有道琼斯工业股价平均指数、标准普尔500指数、伦敦金融时报指数等。我国主要的股票价格指数有上证综合指数、深圳综合指数、上证成分股指数、深圳成分股指数、深圳100指数、恒生指数等。

5.3.3 股票投资的收益率

投资收益率是投资者进行股票投资决策的重要指标。当股票的投资收益率不低于当时市场利率或投资者所要求的最低报酬率时,该股票投资是可取的;反之,则不可取。股票的到期收益是指投资者从购入股票开始到出售股票为止整个持有期间的收入,这种收益由平时的红利收入和转让时的买卖价差两方面组成。

1. 短期股票投资收益率

短期股票持有时间短,一般不超过一年,计算短期股票投资收益率可以不考虑资金时间价值,其计算公式为

$$K=\frac{S_1-S_0+P}{S_0}\times 100\%$$

式中,S_0 为股票购买价格;S_1 为股票出售价格;I 为股利;K 为股票投资收益率。

【同步案例 5-10】2021 年 3 月 1 日,晨星公司购买某公司每股市价为 20 元的股票。2022 年 1 月,晨星公司持有的上述股票每股获现金股利 0.5 元,2022 年 3 月 1 日,晨星公司将该股票以每股 25 元的价格出售,计算该股票的投资收益率。

【解析】 $K=\dfrac{25-20+0.5}{20}\times 100\%=27.5\%$

2. 长期股票投资收益率

长期股票持有时间长,计算其投资收益率时需要考虑时间价值,且需按复利计算。长期股票投资收益率是能使未来现金流入现值等于股票买入价格的折现率。此时,股票投资收益率的计算公式为

$$V=\sum_{t=1}^{n}\frac{D_t}{(1+K)^t}+\frac{F}{(1+K)^n}$$

式中,V 为股票购买价格;F 为股票出售价格;D_t 为各年获得的股利;n 为投资期限;K 为股票投资收益率。

【同步案例 5-11】晨星公司在 2019 年 6 月 1 日投资 400 万元,购买某公司股票 100 万股,在 2020 年、2021 年和 2022 年的 5 月 31 日分别获得现金股利每股 0.3 元、0.5 元和 0.6 元,并于 2022 年 6 月 1 以每股 5 元的价格将股票全部出售,计算该股票的投资收益率。

【解析】采用逐步测试法进行计算,先用 $K=20\%$ 的收益率进行测算。

$V=30\times(P/F,20\%,1)+50\times(P/F,20\%,2)+60\times(P/F,20\%,3)+$
$\quad 500\times(P/F,20\%,3)\approx 383.79(万元)$

由于 383.79 万元<400 万元,再用 $K=18\%$ 的收益率进行测算。

$V=30\times(P/F,18\%,1)+50\times(P/F,18\%,2)+60\times(P/F,18\%,3)+$
$\quad 500\times(P/F,18\%,3)\approx 402.15(万元)$

然后用插值法计算股票投资收益率。

$$K=18\%+\frac{400-383.79}{402.15-383.79}\times(20\%-18\%)\approx 19.77\%$$

计算可知,该股票投资收益率为 19.77%。

3. 各年股利成固定比例增长的股票投资收益率

在各年股利呈固定比例增长的情况下,股票投资收益是在第一年投资收益率加上固定股利增长率,其计算公式为

$$K = \frac{D_1}{F} + g$$

式中,D_1 为第一年的每股股利;F 为股票市场价格;g 为固定股利增长率。

【同步案例 5-12】天泽公司本期股票的价格为 100 元,预计下一期的股利为 5 元,该股利将以 10% 的速度持续增长。计算该股票的投资收益率,并判断该公司股票是否值得购买。

【解析】
$$K = \frac{D_1}{F} + g = \frac{5}{100} + 10\% = 15\%$$

按市场价格购买该股票的投资收益率为 15%,如果大于投资者要求的必要报酬率,就值得购买。

5.3.4 股票投资的优缺点

股票投资是一种具有挑战性和风险性的投资,属于高风险、高收益的投资项目。

1. 股票投资的优点

(1) 投资收益高。虽然普通股票的价格变动频繁,但优质同股票的价格总体成不断上涨趋势,只要投资决策正确,便能获得较高股票投资收益。

(2) 购买力风险低。普通股的股利不固定,会随着股份公司收益的增长而提高。在通货膨胀期间,股份公司的收益增长率一般大于通货膨胀率,股东获得的股利可全部或部分抵消通货膨胀带来的购买力损失。

(3) 流动性很强。股票的流动性很强,投资者有闲置资金时可随时买入,需要资金时又可随时卖出。股票投资既有利于增强资产的流动性,又有利于提高资产收益水平。

(4) 能控制股份公司。股票投资者是股份公司的股东,有权参与或监督公司的生产经营活动。当投资者的投资额达到公司股本一定比例时,就能实现控制公司的目的。

2. 股票投资的缺点

(1) 求偿权居后。普通股股东对企业资产和盈利的求偿权居于债券、优先股之后。若企业破产,股东的投资可能得不到全额补偿,甚至一无所有。

(2) 价格不稳定。普通股的价格受多种因素影响,很不稳定。政治因素、经济因素、投资者心理因素、企业的盈利情况、风险情况都会影响股票价格,这使股票投资具有较高风险。

(3) 收入不稳定。普通股股利的多少由企业经营状况和财务状况决定,其有无、多少均没有法律上的保障,这使股票投资的风险远远大于固定收益证券。

5.4 证券投资组合的收益与风险

证券投资组合是投资者依据证券的风险程度和年获利能力,按照一定的原则进行恰当的选择、搭配以实现在保证预定收益的前提下使投资风险最小或在控制风险的前提下使投资收益最大化的目标的投资策略。

5.4.1 证券投资组合的目的

证券投资组合是由两个或两个以上的有价证券构成的集合,是将资金投放于多种证券,又称资产投资组合。证券市场存在着各种不确定因素,投资者需要在风险和收益之间进行权衡,在分散风险的同时取得高额收益。投资者通过制定不同的证券投资组合策略,可以达到分散风险的目的。

5.4.2 证券投资组合的风险

证券投资组合的风险可以分为两种性质完全不同的风险,即非系统性风险和系统性风险。

1. 非系统性风险

非系统性风险也称可分散风险或公司特有风险,是指某些因素对单个证券造成经济损失的可能性。这种风险可以通过证券组合来抵消。投资者可以通过充分的证券组合购入多家公司的证券,当其中某些公司的证券收益下降时,另一些公司的证券收益会上升。

2. 系统性风险

系统性风险也称不可分散风险或市场风险,是指由于某些因素给市场上所有的证券都带来经济损失的可能性,如金融危机、宏观货币政策的变化等。系统性风险不能通过证券投资选择或组合分散掉。

系统性风险的程度可用 β 系数法进行衡量。β 系数是用来衡量一种证券的收益随整个市场收益变化程度的指标,可以用公式表示为

$$\beta = \frac{某资产的风险报酬率}{市场风险报酬率}$$

$\beta > 1$,说明某证券风险大于整个市场的风险;$\beta = 1$,说明某证券风险等于整个市场的风险;$\beta < 1$,说明某证券风险小于整个市场的风险。

证券投资组合的 β 系数可用公式表示为

$$\beta = \sum_{i=1}^{n} x_i \beta_i$$

式中,β 为证券组合的 β 系数;x_i 为证券组合中第 i 种股票所占比重;β_i 为第 i 种股票的 β

系数；n 为证券组合中股票的数量。

5.4.3　证券投资的风险收益

证券投资的风险收益是指投资者因承担不可分散风险而要求的超过货币时间价值的那部分额外收益，可以简单理解为对系统性风险的补偿。证券投资的风险收益可用公式表达为

$$R_p = \beta_p(K_m - R_f)$$

式中，R_p 为证券组合的风险收益率；β_p 为证券组合的 β 系数；K_m 为所有股票的平均收益率，也称市场收益率；R_f 为无风险收益率。

5.4.4　资本资产定价模型

财务管理学中有许多模型可以用来论述风险和收益率的关系，其中一个重要的模型为资本资产定价模型，可用公式表示为

$$K_i = R_f + \beta_i \times (K_m - R_f)$$

式中，K_i 为第 i 种股票或第 i 种证券组合的必要收益率；R_f 为无风险收益率；β_i 为第 i 种股票或第 i 种证券组合的 β 系数；K_m 为所有股票或所有证券的平均收益率。

知识拓展

证券投资组合可以弱化和分散投资风险

证券投资组合的风险与组成证券投资组合的每一种有价证券的风险和性质直接相关。证券投资组合可以弱化和分散投资风险，但只能弱化和分散公司的特有风险，因为合理的投资组合可以使某一企业的不利因素被另一企业的有利因素抵消。证券投资组合弱化和分散投资风险的具体情况有三种：一是对于完全负相关的股票进行适当组合，个别风险能够完全被分散和消除，其中负相关股票是指两支股票投资报酬率随着外界因素的影响成相反方向变动，且变动幅度相同；二是完全正相关的股票组成投资组合，风险不能被弱化和分散，其风险程度仍保持在原来的水平，其中完全正相关是指两支股票投资报酬率随着外界因素影响成相同方向变动，且变动幅度相同；三是在实际投资活动中，完全负相关及完全正相关的股票极少，完全负相关及完全正相关的投资组合基本不存在，股票市场中的大部分股票之间为正相关，且相关系数在 0.5~0.7，所以实务中大部分的投资组合都可以分散掉一部分风险，但不能完全消除风险。

5.4.5　证券投资组合的收益

证券投资组合与单项投资一样，在承担投资风险的同时也要求获取投资回报。证券

投资组合的风险越大,投资者要求的投资收益越高。证券投资组合的预期收益率就是以组合中各项资产的投资比例为权数计算的加权平均收益率,其计算公式为

$$K_P = \sum \overline{K_i} \times W_i$$

证券投资组合的收益率是该组合中各项资产收益率的加权平均数,但资产组合的风险却不是组合中各项资产风险的加权平均风险。组合中的资产通常存在协同变动关系,会使证券投资组合风险比其加权平均风险更低。

项目小结

1. 证券投资是指投资者将资金投放于金融市场,用来购买有价证券,如股票、债券、基金等资产,以便将来能够获得收益或取得被投资企业的控制权的一项理财活动。

2. 证券投资包括债券投资、股票投资、基金投资、证券组合投资。

3. 债券基本估价模型:

$$V = \sum_{t=1}^{n} \frac{iM}{(1+K)^t} + \frac{M}{(1+K)^n}$$

4. 债券的到期收益率是指自债券购买日至到期日可获得的收益率,用于评价债券的收益水平。

5. 股票的价值是指股票预期的所有未来现金流入(股利收入和未来出售时的售价)的现值。

6. 股票基本估价模型:

$$V = \sum_{t=1}^{n} \frac{D_t}{(1+K)^t} + \frac{V_n}{(1+K)^n}$$

7. 证券投资组合是投资者依据证券的风险程度和年获利能力,按照一定的原则进行恰当的选择、搭配以实现在保证预定收益的前提下使投资风险最小或在控制风险的前提下使投资收益最大化的目标的投资策略。

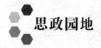 思政园地

证监会查处上市公司操纵市场案
——大股东违规进行短线交易

某新三板挂牌公司2015年5月4日发布公告,对前期第一大股东、公司董事长柳某的"短线交易"事件做出说明,并且还原了整个过程。

公告显示,柳某共有三次交易不符合现行规定。第一次为2014年12月30日,柳某通过协议转让方式卖出该公司股票,持股比例由60.17%下降至58.99%,于2014年12月31日披露权益变动公告。因2015年1月1日至4日休市,柳某应在1月5日、1月6日两个转让日内暂停交易该公司股票,但他于2015年1月5日以5.5元/股的价格卖出该公司股票1.4万股。

第二次和第三次是为做市商提供做市股票。2015年3月10日,柳某通过协议转让方式卖出该公司股票,持股比例由58.86%下降至49.77%。按规定他应于2日内(即2015年3月12日前)披露权益变动公告,但实际披露权益变动公告的时间为2015年3月24日。2015年3月23日和2015年3月24日,他以4.3元/股价格卖出该公司股票17.3万股。

2015年4月30日,股转系统发布的处罚信息显示,因多次违反《非上市公众公司收购管理办法》规定的暂停交易义务,根据《全国中小企业股份转让系统股票转让细则(试行)》规定,全国股转公司决定对该公司董事长柳某采取限制证券账户交易(1个月)并向中国证监会报告有关违法违规行为的监管措施。

该公司表示,三次违规的主要原因为公司股东及管理层对业务规则不熟悉,未来公司及当事人将进一步加强自我学习与内部监控。

虽然该上市公司解释大股东并不存在套现减持的不良意图,只是由于不熟悉交易规则而不小心触及了违规交易。但不难看出,柳某在三次不符合现行规定的短线交易中披露的时间点把握得非常巧妙,若说是完全的无心之失恐怕难以让人信服,至少该公司的内部监管系统肯定存在巨大漏洞。

新三板作为中小微企业与产业资本的服务平台,其存在的意义便是为企业寻找长期稳定的投资者和融资项目,并不是一个短期交易的平台,更不是投机者一夜暴富的"赌桌"。完善监管系统、严禁企业大股东"短线交易"是保证新三板平台不"变质"的重要举措。

金融本意为资金的流通,良好的资本运作才能带来真正高效快速的经济发展。新三板的良好运转需要依靠每一家新三板企业的诚信操作。同时,只有这个平台发展得更加稳定,才能为平台上的企业带来更大的资本利益。"君子爱财,取之有道",任何一家想要在资本市场中屹立不倒的企业和机构都应该以诚信作为发展基础,取信于民,方可赢得市场。

(资料来源:上市公司披露大股东违规交易详情称加强内部监管. https://stock.stockstar.com/JC20150504000009303.shtml.)

项 目 训 练

一、单项选择题

1. 与对内投资相比,对外投资的特点是(　　)。
   A. 营利性高　　　B. 选择面宽　　　C. 风险大　　　D. 投资渠道少
2. 当市场利率大于债券票面利率时,一般采用的发行方式是(　　)。
   A. 溢价发行　　　B. 折价发行　　　C. 面值发行　　　D. 按市价发行
3. 一般认为,企业进行长期债券投资的主要目的是(　　)。
   A. 控制被投资企业　　　　　　　　B. 调剂现金余缺
   C. 获得稳定收益　　　　　　　　　D. 增强资产流动性
4. 某公司股票的β系数为1.5,无风险利率为4%,市场上所有股票的平均收益率为

8%,则该公司股票的收益率应为（　　）。

  A. 4%   B. 12%   C. 8%   D. 10%

5. 一张面额为 100 元的长期债券，每年可获利 10 元，如果折现率为 8%，则其估价为（　　）元。

  A. 100   B. 125   C. 110   D. 80

6. 非系统性风险（　　）。

  A. 归因于广泛的价格趋势和事件

  B. 归因于某一投资企业特有的价格影响因素和事件

  C. 不能通过投资组合得以分散

  D. 通常以 β 系数进行衡量

7. 某企业准备购入 A 股票，预计 3 年后出售可得 2 200 元，该股票 3 年中每年可获现金股利收入 200 元，预期报酬率为 10%。则该股票的价值为（　　）元。

  A. 2 150.24 B. 2 552.84 C. 3 078.57 D. 3 257.68

8. 下列证券中，能更好地避免证券投资通货膨胀风险的是（　　）。

  A. 普通股 B. 优先股 C. 公司债券 D. 国库券

9. 某公司发行的股票，预期报酬率为 20%，该股票上一年每股股利为 2 元，估计股利年增长率为 10%，则该种股票的价值为（　　）元。

  A. 23   B. 24   C. 22   D. 18

10. 投资一笔国债，5 年期，平价发行，票面利率 12.22%，单利计息，到期收取本金和利息，则该债券的投资收益率是（　　）。

  A. 9%   B. 11%   C. 10%   D. 12%

二、多项选择题

1. 进行证券投资选择时，应遵循的原则是（　　）。

  A. 流动性原则 B. 安全性原则 C. 谨慎性原则 D. 收益性原则

2. 与股票投资相比，债券投资的主要缺点有（　　）。

  A. 购买力风险大   B. 流动性风险大

  C. 没有经营管理权   D. 投资收益不稳定

3. 证券投资的风险主要有（　　）。

  A. 违约风险 B. 利率风险 C. 购买力风险 D. 流动性风险

4. 债券投资的收益包括（　　）。

  A. 现价与原价的价差   B. 利息收益

  C. 再投资收益   D. 出售收入

5. 债券投资的优点主要有（　　）。

  A. 本金安全性高 B. 收入稳定性强 C. 投资收益较高 D. 市场流动性好

6. 导致债券到期收益率不同于票面利率的原因主要有（　　）。

  A. 平价发行每年付息一次   B. 溢价发行

  C. 折价发行   D. 平价发行到期一次还本付息

7. 股票投资的缺点有（　　）。
   A. 购买力风险高　　B. 求偿权居后　　C. 价格不稳定　　D. 收入稳定性强
8. 影响债券投资收益率的因素有（　　）。
   A. 票面价值与票面利率　　　　　　B. 市场利率
   C. 持有期限　　　　　　　　　　　D. 购买价格

三、判断题

1. 企业进行股票投资的风险一般小于债券投资的风险。（　　）
2. 如果物价水平高，经济形势不稳定，市场利率较高，企业应选择投资固定收益债券。（　　）
3. 债券的市场利率也称票面利率，即债券发行时，金融市场通行的利率。（　　）
4. 在票面利率大于市场利率的情况下，债券发行时的价格大于债券面值。（　　）
5. 利率风险对长期债券投资的影响通常小于对短期债券投资的影响。（　　）
6. 权益性投资比债权性投资的风险低，要求的投资收益也较低。（　　）
7. 某种股票的面值越大，其内在价值就越大。（　　）
8. 证券投资风险从大到小的顺序为公司证券、金融证券、政府证券。（　　）

四、实务题

1. 某债券面值为1 000元，票面利率为复利7%，期限5年，若市场利率为9%，计算该债券的投资价格。
2. 某债券为贴现债券，面值100元，期限3年，当前的市场利率为6%，该债券的发行价格为多少时，投资者才可以购买？
3. 某债券面值为1 000元，票面利率为8%，单利计息，期限3年，债券的买入价格为980元，计算该债券的投资收益率。
4. 某股票为股利固定增长型股票，预计第一年发放的股利为每股3元，年股利增长率3%，投资者的必要报酬率为10%，计算该股票的价值。

五、案例题

1. 某人购买了一张面值1 000元，票面利率10%，期限5年的债券。该债券每年付息2次，每半年年末支付利息。

问题：

（1）如果该债券按1 050元溢价购入，计算该债券的收益率。
（2）如果该债券的β系数为0.8，证券市场平均收益率为9%，国库券的收益率为6%，采用资本资产定价模型计算该债券的预期收益率。

分析提示：按照分期付息，到期还本债券的到期收益率模型计算债券的收益率。按照资本资产定价模型计算债券的预期收益率。

2. 假设你是信达咨询公司的一名财务分析师，应邀参加大禹公司拟购买债券项目的决策分析研讨会。该公司计划利用一笔长期资金投资购买公司债券（打算持有至到期

日),要求的必要收益率为6%。现有三家公司同时发行5年期、面值为1 000元的债券,其中:甲公司债券的票面利率为8%,每年付息一次,到期还本,债券发行价格为1 041元;乙公司债券的票面利率为8%,单利计息,到期一次还本付息,债券发行价格为1 050元;丙公司债券的票面利率为0,债券发行价格为750元,到期按面值还本。

问题:

(1) 计算大禹公司购入甲公司债券、乙公司债券的价值和收益率。

(2) 计算大禹公司购入丙公司债券的价值。

(3) 根据上述计算结果,评价甲、乙、丙三种公司债券是否具有投资价值,并为大禹公司做出投资决策。

分析提示:按照不同的情况对三个公司的债券进行估值并计算收益率,比较后选择估价高于其发行价格的债券进行投资,此时的收益率大于大禹公司要求的必要收益率。

六、实训题

(1) 实训项目:证券投资。

(2) 实训目的:通过实训,了解证券投资的种类及其优缺点,掌握证券投资的估价和证券投资收益率的计算,能应用证券投资的基本原理做出简单的投资决策。

(3) 实训组织:将同学分成若干小组,每组3~5人。小组成员到证券市场进行观察,分析可以进行投资的证券种类有哪些。选择小组感兴趣的证券,分析影响该证券投资收益与风险的因素有哪些。假定每个小组有资金10万元可以进行投资,利用一个月的时间,选择合适的时机模拟买入或卖出证券,一个月后,计算小组的投资收益。

(4) 实训成果:实训结束后以小组为单位完成实训报告,具体内容包括通过对证券市场的观察,小组了解的证券种类及其优缺点,小组选择投资证券的理由,影响证券投资的因素,小组证券投资的收益率,以及通过实训小组成员有哪些收获。

营运资金管理

项目6
Xiangmu 6

项目目标

知识目标

(1) 熟悉营运资金的含义、特点及管理原则;
(2) 掌握现金持有动机、现金管理的成本和最佳现金持有量的确定方法;
(3) 掌握信用政策的构成与决策方法;
(4) 掌握存货的成本和存货经济订货批量的确定方法;
(5) 了解现金、应收账款、存货日常管理的主要内容。

能力目标

(1) 能根据企业资料预测最佳现金持有量;
(2) 能根据企业客观状况进行信用政策决策;
(3) 能根据企业相关资料确定存货经济订货批量。

思政目标

(1) 培养爱岗敬业、诚信守信的职业精神,增强职业荣誉感和自豪感;
(2) 加强内部控制和财务风险防范能力培养,养成知敬畏、守底线的职业品质;
(3) 强化准则意识,养成严谨、务实的工作作风和客观、公正处理财务业务的良好习惯。

项目任务

任务情景

营运资金是企业进行日常经营活动的保障,营运资金的周转效率直接关系着企业的生存与发展。苏宁易购在实施智慧零售后,对其营运资金管理模式做出了以下调整。

1. 智慧零售下采购环节营运资金管理模式

采购环节是苏宁易购生产经营活动的起点,采购决策影响着企业的存货周转率及物流效率。智慧零售模式下,消费者先在线上平台了解想要购买的商品,然后到线下实体商店深入体验。线下门店的每个商品都贴有二维码,消费者通过扫描二维码可以在网站上访问商品、查看评价。消费者可以采用线上支付、线下取货或线上购买、门店发货的方式获得商品。这种模式既可以减少线下门店的库存压力,又可以节约付款环节的时间成本。

2. 智慧零售下研发环节营运资金管理模式

自实施智慧零售以来,苏宁易购十分注重对自主研发项目的投资和管理,投入资金用于推动产品升级、创新,苏宁无人店、智能家居等科技创新产品层出不穷。

3. 智慧零售下营销环节营运资金管理模式

营销环节是企业实现产品价值和品牌价值的环节。传统零售一般采用人员推广或广告营销的方式,但是在智慧零售模式下,苏宁易购不仅采用原有的方式进行销售,而且通过大数据分析客户的消费习惯,开展个性化的产品推荐,同时在线下根据大数据的分析结果开展宣传和促销活动。这种模式不仅可以节省宣传推广费用,而且可以加强市场推广力度,充分发挥双线市场的推广效率。

良好的营运资金管理对企业持续稳定发展至关重要,那么如何对营运资金进行日常管理,如何计算营运资金成本,如何进行最佳现金持有量、信用政策、存货经济订货批量的决策呢?

(资料来源:雷金英,王招治.智慧零售下轻资产盈利模式的实现路径——以苏宁易购为例[J].山东工商学院学报,2021,35(4):40-48.)

任务提出

营运资金的流转和运用直接影响着企业的资金运转,在财务管理中占有重要地位。一个企业在销售额下降或者资金亏损的情况下,只要保持良好的资产流动性,还可以维持生存。但是,如果资产缺乏流动性,无法支付到期债务,那么即使企业的盈利能力很强,也有可能发生破产。因此,一个企业要有旺盛的生命力,必须要有较强的支付能力,而较强的支付能力不是要求持有大量的现金,而是要求企业的资产有较强的流动性,加强营运资金的管理。这需要财务管理人员完成以下工作任务。

任务1:确定企业最佳现金持有量,合理对现金进行日常管理。

任务2:加强应收账款管理,制定合理的信用政策。

任务3:加强存货管理,确定合理的存货经济订货批量。

任务4:正确选择适合的营运资金财务政策。

任务分析

企业不能没有营运资金,也不能占用过多营运资金。营运资金来源于所有者的投入和债权人的投入,占用的资金越多,资金成本越高,企业在进行营运资金管理时,应该注意这一点。在管理营运资金时最关键的问题就是怎样加快资金的周转速度。资金的周转速度越快,资产的流动性越强,相同的盈利占用的资金越少,资金的使用效益就越好。

6.1 营运资金管理基础

6.1.1 营运资金的含义

营运资金是指企业维持日常经营活动所需要的资金。营运资金有广义和狭义之分：广义的营运资金是指占用在流动资产上的资金，包括占用在货币资产、应收性资产、存货资产等方面的资金；狭义的营运资金是指流动资产减去流动负债后的余额，因为流动负债的债权人具有短期索求权，该部分资金无法供企业在较长时间内稳定使用。

6.1.2 营运资金的特点

1. 营运资金的周转期短

企业占用在流动资产上的资金，周转一次所需时间较短，通常会在一年或一个营业周期内收回，对企业影响的时间较短。因此，营运资金可以通过商业信用、银行短期借款等筹资方式解决。

2. 营运资金的流动性强

与固定资产等长期资产相比，流动资产变现能力较强，可以满足临时性资金需求。

3. 营运资金的占用数量具有波动性

流动资产的总量和占用在不同资产上的流动资金随企业生产经营规模、特点和外部环境的变化呈现出较大的波动性。

6.1.3 营运资金管理的重要性

一个企业要维持正常的运转就必须拥有适量的营运资金，因此，营运资金管理是企业财务管理的重要组成部分。要做好营运资金管理，必须解决好流动资产和流动负债两个方面的问题：一是企业应该投资多少在流动资产上，即资金运用的管理，主要包括现金管理、应收账款管理和存货管理；二是企业应该如何进行流动资产的融资，即资金筹措的管理，主要包括银行短期借款的管理和商业信用的管理。营运资金管理的核心内容就是对资金运用和资金筹措的管理。

营运资金管理是一个在收益和风险之间不断权衡的过程。企业应加强营运资金占用量和利用效率的管理，因为营运资金占用量与风险、收益率成反比，资金占用量越大，风险越小，收益率越低。营运资金的管理目标是维持企业资产的适度流动性，实现企业收益最大化。

6.1.4 营运资金管理的原则

合理的营运资金占用水平是企业降低日常经营风险和成本的前提,也是企业经营活动顺利进行的保证。营运资金管理应遵循以下原则。

1. 合理确定营运资金需求量

企业营运资金需求量与企业的生产经营规模、管理水平密切相关,它和企业生产经营规模成正相关关系,企业生产经营规模越大,营运资金需求量越多;它和企业管理水平成负相关关系,企业管理水平越高,营运资金需求量越少。因此,财务管理人员应认真分析企业的生产经营规模和管理水平,采用一定的方法预测营运资金需要量,以便合理使用营运资金。

2. 合理确定流动资金的来源构成

流动资金的筹集渠道和方式有多种,而且不同渠道和方式的筹集成本不同。财务管理人员应选择以最小的代价谋取最大的经济利益,使筹资来源与企业偿债能力合理配合。

3. 加速营运资金的周转,提高资金的使用效果

营运资金周转是指企业的营运资金从现金投入生产经营开始,到最终转化为现金的过程。在其他因素不变的情况下,加速营运资金的周转能提高资金的使用效果,增加企业的盈利能力。企业应使一定数量的营运资金多次参加生产经营过程,以取得最优的经济效益。

6.2 现金管理

现金是变现能力最强的资产,可以用来满足企业生产经营过程中的各种需要,是还本付息和履行纳税义务的保证。因此,拥有足够的现金对于降低企业的风险,增强企业资产的流动性和债务的可清偿性具有重要意义。但是,现金属于非盈利性资产,即使是银行存款,其利率也非常低,现金持有量过多会导致企业的收益水平下降。因此,必须合理确定现金持有量,使现金收支在数量和时间上都相互衔接,以便在保证企业经营活动所需现金的同时,尽量减少企业闲置的现金数量,提高资金收益率。

6.2.1 现金持有动机

现金是企业在生产经营过程中暂时以货币形态存在的资金,包括库存现金、银行存款、其他货币资金等。企业持有一定数量的现金,主要基于以下三个方面的动机。

1. 交易性动机

交易性动机是指企业持有现金用于满足企业正常生产经营活动的需要。例如,用现金购买原材料、支付工资、缴纳税款、偿付到期债务等。企业为满足交易性动机所持有的现金余额主要取决于企业的销售水平。企业发生的收入与支出通常不是同时、同量,当收入大于支出时,就形成现金的留存;当收入小于支出时,就需要借入现金。

2. 预防性动机

预防性动机是指企业持有现金用于应付突发情况的现金需求。企业在生产经营过程中,有时会因意外事件而出现意料之外的现金支出,如市场行情的下跌、自然灾害的损害、安全事故、人为毁坏等。因此,企业在确定正常现金持有量时应考虑增加部分预防性现金。企业为满足应付突发情况所持有的现金余额主要取决于三个方面:一是企业愿意承担风险的程度;二是企业临时举债能力的强弱;三是企业对现金流量预测的可靠程度。

3. 投机性动机

投机性动机是指企业持有现金用于抓住一些有益于企业的投资机会,获取较大的利益,如企业可以在证券市价大幅度跌落时购入有价证券,以期在价格反弹时卖出证券获取价差等。企业为满足投机性动机所持有的现金余额主要取决于两个方面:一是企业在证券市场的投资机会;二是企业对待风险的态度。

6.2.2 现金的成本

现金管理的目的是在保证企业生产经营所需现金的同时,降低企业闲置现金的数量,使现金的成本降到最低。现金的成本通常由以下四部分组成。

1. 机会成本

机会成本是指企业因持有现金、放弃其他投资机会而失去的收益,在数额上等于资金成本。机会成本属于变动成本,是决策相关成本,与现金持有量成正比例关系,现金持有量越大,机会成本越高。

【同步案例6-1】晨星公司的资金成本率为8%,2021年持有现金总量为600 000元,该公司的现金机会成本为多少?

【解析】   现金机会成本=600 000×8%=48 000(元)

企业为了保证正常的生产经营活动,需要拥有一定量的现金,必须付出相应的机会成本,但现金持有量过多,机会成本会大幅上升,企业便会产生较多损失。

2. 管理成本

管理成本是指企业因持有一定数量的现金而发生的管理费用,如管理人员工资及必要的安全措施费等。管理成本具有固定成本的性质,它在一定范围内与现金持有量的多少关系不大,可以作为决策无关成本。

3. 转换成本

转换成本是指企业用现金购入有价证券以及转让有价证券换取现金时付出的交易费用,如委托买卖的佣金、委托手续费、证券过户费、交割手续费等。在现金需求量既定的前提下,现金持有量越少,进行证券变现的次数越多,相应的转换成本就越大;反之,现金持有量越多,证券变现的次数就越少,需要的转换成本也就越小。

4. 短缺成本

短缺成本是指企业因缺乏必要的现金,无法满足即时的支付,而使企业蒙受一定的损失或为此付出一定的代价。现金短缺成本随现金持有量的增加而减少,也是决策相关成本。

6.2.3 最佳现金持有量的确定

现金持有量过大或过小对企业来说都是不利的,应权衡风险与报酬,确定最佳现金持有量。确定最佳现金持有量的方法有很多,常用的方法有成本分析模式、存货模式和现金周转期模式。

1. 成本分析模式

成本分析模式是通过分析持有现金的成本,寻找持有成本最低的现金持有量。成本分析模式只考虑因持有一定数量的现金而发生的机会成本、管理成本和短缺成本。成本分析模式下的现金成本如图6-1所示。

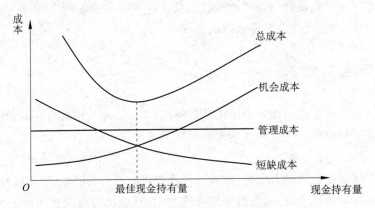

图6-1 成本分析模式下的现金成本

图6-1所示的各项成本同现金持有量的变动关系是不同的,机会成本与现金持有量同向变化,短缺成本与现金持有量反向变化,管理成本与现金持有量的变化无关,这样就使总成本线成抛物线形,该抛物线的最低点为持有现金的最低总成本。超过这一点,机会成本上升的代价就会大于短缺成本下降的好处;而在这一点之前,短缺成本上升的代价又会大于机会成本下降的好处。总成本抛物线中最低点对应的横轴上的现金持有量,就是最佳现金持有量。

在实际工作中运用成本分析模式确定最佳现金持有量的具体步骤是:首先根据不同现金持有量测算并确定有关成本数值,然后按照不同现金持有量及成本资料编制最佳现金持有量测算表,最后在测算表中找出现金总成本最低时的现金持有量,即最佳现金持有量。

【同步案例6-2】 晨星公司现有A、B、C、D四种现金持有方案,各方案的成本资料如表6-1所示。晨星公司该选择哪种方案持有现金?

表6-1 晨星公司现金持有量的四种方案及成本资料

项 目	方 案			
	A	B	C	D
现金持有量/元	40 000	80 000	100 000	200 000
机会成本率/%	10	10	10	10
短缺成本/元	12 000	7 000	4 000	0
管理成本/元	5 000	5 000	5 000	5 000

【解析】 根据表 6-1 计算各方案现金总成本，计算结果如下。

A 方案现金总成本＝40 000×10%＋12 000＋5 000＝21 000（元）
B 方案现金总成本＝80 000×10%＋7 000＋5 000＝20 000（元）
C 方案现金总成本＝100 000×10%＋4 000＋5 000＝19 000（元）
D 方案现金总成本＝200 000×10%＋5 000＝25 000（元）

通过计算各方案现金总成本可知，C 方案现金总成本最低，也就是当现金持有量为 100 000 元时，企业承担的总成本最低。因此，晨星公司的最佳现金持有量为 100 000 元。

2. 存货模式

存货模式的基本原理是将现金持有量视作存货，可用于确定最佳现金持有量，其目的是现金持有成本最低。

存货模式只考虑机会成本和转换成本，而假设没有短缺成本。由于机会成本和转换成本随着现金持有量的变动而成反方向变动，要求企业必须对现金和有价证券的分割比例进行合理安排，从而使机会成本与转换成本保持最佳组合。也就是说，能够使现金管理的机会成本与转换成本之和保持最低的现金持有量便是最佳现金持有量。

在存货模式下，现金总成本、机会成本与转换成本之间的关系如图 6-2 所示。

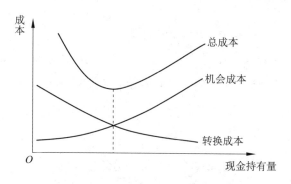

图 6-2 存货模式下的现金成本

图 6-2 所示的现金机会成本和转换成本是两条随现金持有量增加而向不同方向变化的曲线，两条曲线的交点对应的现金持有量就是总成本最低的现金持有量，即最佳现金持有量。

某一时期的现金总成本（TC）的计算公式为

$$现金总成本(TC) = \frac{Q}{2} \times K + \frac{T}{Q} \times F$$

$$机会成本 = \frac{Q}{2} \times K = 平均现金持有量 \times 有价证券利息率$$

$$转换成本 = \frac{T}{Q} \times F = 交易次数 \times 每次交易成本$$

式中，Q 为现金持有量（每次有价证券变现换回的现金数量）；K 为有价证券的利息率（机会成本率）；T 为一个周期内现金总需求量；F 为有价证券每次的交易成本。

持有现金的机会成本与证券变现的转换成本相等时，现金管理的总成本最低，此时的

现金持有量为最佳现金持有量,其公式为

$$Q=\sqrt{\frac{2TF}{K}}$$

将最佳现金持有量公式代入总成本公式中可得到最低现金总成本公式为

$$现金总成本(TC)=\sqrt{2TFK}$$

【同步案例 6-3】晨星公司现金收支状况平衡,预计全年(按 360 天计算)现金需要量为 250 000 元,现金与有价证券的交易成本为每次 500 元,有价证券年利率为 10%。计算晨星公司最佳现金持有量、总成本、转换成本、机会成本、全年证券交易次数及交易间隔期间。

【解析】 最佳现金持有量 $=\sqrt{\dfrac{2\times 500\times 250\,000}{10\%}}=50\,000(元)$

总成本 $=\sqrt{2\times 500\times 250\,000\times 10\%}=5\,000(元)$

转换成本 $=\dfrac{250\,000}{50\,000}\times 500=2\,500(元)$

机会成本 $=\dfrac{50\,000}{2}\times 10\%=2\,500(元)$

全年证券交易次数 $=\dfrac{250\,000}{50\,000}=5(次)$

交易间隔期间 $=\dfrac{360}{5}=72(天)$

现金持有量的存货模式假定现金支出量稳定不变,但在实际经济生活中,这种情况很少有。因此,利用存货模式测算出的结果只能作为企业判断现金持有量的一个参考标准。

知识链接

用 Excel 计算最佳现金持有量

沿用同步案例 6-3 的有关数据。首先根据已知条件在表格中输入基本数据,然后根据最佳现金持有量的有关公式定义分析区,最后得出计算结果。分析区各单元格的计算公式设置如图 6-3 所示。

	A	B
1	最佳现金持有量存货模式数据	
2	全年需要量/元	250 000
3	每次转换成本/元	500
4	有价证券年利率	0.1
5	最佳现金持有量存货模式分析区	
6	最佳现金持有量/元	=SQRT(2*B2*B3/B4)
7	最佳现金持有量相关总成本/元	=SQRT(2*B2*B3*B4)
8	转换成本/元	=B2/B6*B3
9	机会成本/元	=B6/2*B4
10	最佳交易次数/次	=B2/B6
11	最佳交易间隔期/天	=360/B10

图 6-3 最佳现金持有量存货模式公式设置

其中，最佳现金持有量的计算运用的是平方根函数"SQRT"，该函数可计算给定数字的正平方根。例如，在某单元格中输入"＝SQRT(25)"可得出答案5，即25的正平方根为5。

计算结果如图6-4所示。

	A	B
1	最佳现金持有量存货模式数据	
2	全年需要量/元	250 000
3	每次转换成本/元	500
4	有价证券年利率	0.1
5	最佳现金持有量存货模式分析区	
6	最佳现金持有量/元	50 000
7	最佳现金持有量总成本/元	5 000
8	转换成本/元	2 500
9	机会成本/元	2 500
10	最佳交易次数/次	5
11	最佳交易间隔期/天	72

图6-4 最佳现金持有量存货模式计算结果

3. 现金周转期模式

现金周转期模式是在预测期现金需求量确定的情况下，根据现金周转期确定现金持有量的方法。其计算公式为

$$平均现金持有量 = \frac{预测期(年)现金需求量}{现金周转率}$$

$$现金周转率 = \frac{预测期天数}{现金周转期}$$

$$现金周转期 = 存货周转期 + 应收账款周转期 - 应付账款周转期$$

式中，预测期天数通常按每年360天计算。存货周转期是将现金转换成原材料进而转化成在产品、产成品，并最终出售所花的时间；应收账款周转期是从产品销售到收回现金所花的时间；应付账款周转期是从收到赊购原材料到支付现金所花的时间。

在现金管理中，现金周转期越短越好，现金周转次数越多越好。

【同步案例6-4】晨星公司预计2022年全年现金需求量为400万元。该公司购买原材料采用赊购方式，产品销售采用赊销方式，应付账款的平均付款期为30天，应收账款收款天数为50天。假定从原材料购买到产品销售的时间为70天，计算晨星公司最佳现金持有量。

【解析】　　　　现金周转期＝50＋70－30＝90(天)

$$现金周转率 = \frac{360}{90} = 4(次)$$

$$最佳现金持有量 = \frac{400}{4} = 100(万元)$$

以上三种方法计算出的最佳现金持有量存在差异，按照成本分析模式和现金周转期模式计算出的最佳现金持有量为现金的平均持有量水平，而按照存货模式计算出的最佳现金持有量为现金的最高持有量水平。

> 知识拓展

随 机 模 式

随机模式的基本原理是企业根据历史经验和现实需要,测算出一个现金持有量的控制范围,制定出现金持有量的上限和下限,将现金量控制在上下限之内,如图6-5所示。

(1) 当现金存量达到控制上限,则用现金购入有价证券(上限金额减去现金返回线金额)。

(2) 当现金存量达到控制下限,则抛售有价证券换回现金(现金返回线金额减去下限金额)。

(3) 当现金存量在上下限之间时,不进行现金和有价证券的转换,保持各自的现有存量。

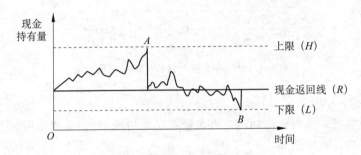

图6-5 随机模式的基本原理

当现金存量达到 A 点,即现金控制上限,则用现金购买有价证券$(H-R)$;当现金存量达到 B 点,即现金控制下限,则转让有价证券换回现金$(R-L)$;当现金存量在上下限之间时,不进行转换。

现金返回线(R)的计算公式为

$$R=\sqrt[3]{\frac{3b\sigma^2}{4i}}+L$$

式中,b为每次有价证券的固定转换成本;σ为预期每天现金余额波动的标准差;i为有价证券的日利息率。

6.2.4 现金的日常管理

要想提高现金管理效率,除了保持最佳现金持有量之外,还应加强企业现金的日常管理。现金的日常管理包括加速现金回收和控制现金支出两个方面。

1. 加速现金回收

企业的现金回收一般包括三个阶段:客户开出支票、企业收到支票、银行结算支票。企业现金回收时间包括支票邮寄时间、支票在企业的停留时间、支票结算时间。前两段时间不但与客户、企业、银行之间的距离有关,而且与收款的效率有关。在实际工作中,缩短这两段时间的办法有以下两种。

(1) 银行业务集中法。它是指通过设立多个收款中心来代替通常在公司总部设立单一收款中心,以加速账款回收的一种方法。

（2）锁箱法。它是指通过承租多个邮政信箱,以缩短从收到客户付款到存入当地银行的时间的一种现金管理办法。锁箱法是西方企业加速现金流转的一种常用方法。企业可以在各主要业务所在地城市租用专门的邮政信箱,并开立分行存款账户。客户将支票直接寄往该邮箱而不是企业。当地银行每日开启信箱,并立即结算客户支票,通过电汇将款项拨给企业总部所在地银行。锁箱法不仅缩短了支票的邮寄时间,还简化了公司办理收账、货款存入银行等手续,缩短了支票在企业停留的时间。

2. 控制现金支出

控制现金支出包括金额上和时间上的控制,企业通常会采用以下方法。

（1）延缓应付账款的支付。企业在不影响信誉的前提下,可以尽量推迟应付账款的支付期,充分利用供货方提供的信用优惠,使企业增加可以利用的现金数量。一般采用的方法是在信用期的最后一天支付货款。

（2）使用现金浮游量。现金浮游量是企业账户上存款金额与银行账户上所余的存款余额之间的差额。有时,企业账户上的现金余额已为零,而银行账户上该企业的现金余额还有不少,这是因为有些支票已经开出,但客户还没有到银行兑现。现金浮游量实际上是由企业与银行双方出账与入账时间差造成的。企业使用现金浮游量要注意预先估计好这一差额并控制使用的时间,否则会发生银行存款透支。

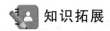 知识拓展

控制现金支出的小技巧

企业可以延缓工资的支付,最大限度地减少工资账户的存款余额,这需要企业预先估计出开出工资支票到银行兑现的时间。例如,某企业在每月的5日支付工资,根据经验,5、6、7日及7日以后的兑现率分别是20%、25%、30%、25%。这样企业就不必在5日存足支付全部工资所需的现金,而可以将余下的现金用于其他投资。

6.3 应收账款管理

6.3.1 应收账款管理的目的

应收账款是企业因对外销售商品、提供劳务等而应向购货或接受劳务的单位收取的款项。企业销售产品时,会因结算方式产生发出商品到收回款项之间的时间差异,形成一定数量的应收账款,这是正常和不可避免的。同时,企业为了促进销售、减少存货,也会形成一定数量的应收账款,这是可以控制和调节的。企业在采用赊销方式促进销售时,会因持有应收账款而付出一定的代价,这种代价是应收账款的成本。应收账款成本的发生会

减少企业的收益,应收账款管理的目的就是要在提高应收账款功能的同时控制应收账款的成本,从而提高企业净收益,增加股东财富,更好地实现财务管理的目标。

6.3.2 应收账款的成本

1. 机会成本

应收账款的机会成本是指企业的资金因占用在应收账款上,便必然放弃其他投资机会而丧失的收益,如将占用在应收账款上的资金投资于有价证券便会获得利息收入。应收账款的机会成本主要是指维持赊销业务所需要的资金所占用的机会成本。这里的机会成本所讲的利息不是指全部应收账款所占用资金的利息,而仅指全部应收账款平均余额当中变动成本所占用资金的利息,属于决策相关成本。应收账款机会成本的相关计算公式为

$$应收账款机会成本 = 维持赊销业务所需要的资金 \times 资金成本率$$

$$维持赊销业务所需要的资金 = 应收账款平均成本 \times \frac{变动成本}{销售收入}$$

$$= 应收账款平均余额 \times 变动成本率$$

$$应收账款平均余额 = \frac{年赊销额}{360} \times 平均收账天数$$

$$= 每日赊销额 \times 平均收账天数$$

【**同步案例 6-5**】晨星公司预测的年度赊销额为 4 800 000 元,应收账款平均收账天数为 30 天,变动成本率为 70%,资金成本率为 10%。计算应收账款的机会成本。

【**解析**】
$$应收账款平均余额 = \frac{4\,800\,000}{360} \times 30 = 400\,000(元)$$

$$维持赊销业务所需要的资金 = 400\,000 \times 70\% = 280\,000(元)$$

$$应收账款机会成本 = 280\,000 \times 10\% = 28\,000(元)$$

同步案例 6-5 的计算结果表明,企业投放 280 000 元的资金可维持 4 800 000 元的赊销业务,这一较高的倍数在很大程度上取决于应收账款的收账速度。在正常情况下,应收账款收账天数越少,一定数量资金所维持的赊销额就越大;应收账款收账天数越多,维持相同赊销额所需要的资金数量就越大。应收账款机会成本在很大程度上取决于企业维持赊销业务所需要资金的多少。

2. 管理成本

应收账款的管理成本是指企业对应收账款进行日常管理而发生的各项费用,主要包括对顾客信用状况进行调查的费用、收集各种信息的费用、账簿的记录费用、收账费用及其他有关费用。管理成本中有些费用不随应收账款的增加而增加,如账簿的记录费用,属于决策无关成本;有些费用则随应收账款的增加而减少,如收账费用,属于决策相关成本。

3. 坏账成本

应收账款基于商业信用而产生,存在无法收回的可能性,由此给应收账款持有企业带来的损失便是坏账成本。坏账成本的大小一般与应收账款的数量成正比,属于决策相关成本。另外,坏账成本的发生也与信用期限的长短、应收账款的管理水平存在直接关系。

其计算公式为

$$应收账款的坏账成本 = 年赊销额 \times 预计坏账损失率$$

综上所述，当企业因扩大销售和减少存货获得的收益大于因存在应收账款增加的成本时，企业就会选择赊销。

6.3.3 信用政策的确定

企业向客户提供商业信用时，必须考虑三个问题：一是客户是否会拖欠或拒付账款，程度如何；二是怎样最大限度地防止客户拖欠账款；三是一旦账款遭到拖欠或拒付，企业应采取什么对策。企业要解决这三个问题，就需要事先制定合理的信用政策，包括信用标准、信用条件、收账政策三部分。

1. 制定合理的信用标准

信用标准是客户获得企业商业信用所应具备的最低条件，通常以预期的坏账损失率作为判别标准。如果企业的信用标准定得高，会减少坏账损失，减少应收账款的机会成本和收账费用，但不利于企业市场竞争力的提高和销售收入的增加；反之，如果信用标准定得低，虽然会增加销售收入，提高市场竞争力和占有率，但会导致坏账损失风险和收账费用的增加，企业应根据具体情况进行衡量。企业在制定某一客户的信用标准时，通常需要评估其拖欠或拒付账款的可能性，这可以通过"5C"系统来进行评价。"5C"系统从以下五个方面对客户的信用品质进行定性评估。

(1) 信用品质(character)。信用品质是指客户的信誉，即履行偿债义务的可能性。信用品质反映了客户履约或违约的可能性，是信用评价体系中的首要指标。

(2) 偿付能力(capacity)。偿付能力是指客户的偿债能力，即流动资产的数量和质量以及与流动负债的比例。应注意客户是否存货过多、过时或质量下降，判定是否会影响其变现能力和支付能力。

(3) 资本(capital)。资本是指客户的财务实力和财务状况，表明客户可能偿还债务的背景。

(4) 抵押品(collateral)。抵押品是指客户拒付款项或无力支付款项时能作为抵押品的资产。

(5) 条件(conditions)。条件是指可能影响客户付款能力的经济环境。

确立信用标准时，可对客户的一些指标进行定量分析，确定客户的坏账损失率以及客户的信用等级，作为提供或拒绝商业信用的依据。

2. 制定合理的信用条件

企业一旦决定为客户提供商业信用，就需要制定具体的信用条件。信用条件是企业接受客户信用订单时所提出的付款要求，主要包括信用期限、折扣期限和现金折扣等。

(1) 信用期限。信用期限是指企业允许客户购货与付款之间的时间间隔。企业对外销售产品数量与信用期限之间存在着一定的联系。企业给予客户的信用期越长，通常表明客户享受的信用条件越优，对客户的吸引力越强，但这会增加企业的资金占用，增加企业的机会成本，增加企业的风险。因此，企业是否为客户延长信用期限，应视延长信用期限增加的边际收入是否大于增加的边际成本而定。

【同步案例 6-6】晨星公司采用按发票金额付款的信用政策,不提供折扣。根据经营管理需要,晨星公司计划调整信用期限,从甲方案 30 天延长为乙方案 45 天。该公司预测的变动成本率为 60%,机会成本率(或有价证券利息率)为 8%,其他有关数据如表 6-2 所示。

表 6-2　信用期限备选方案

项　目	甲方案(30 天)	乙方案(45 天)
年赊销额/万元	7 200	7 920
应收账款平均收账天数/天	30	45
坏账损失率	2%	3%
收账费用/万元	40	70

分析晨星公司是否应改变信用期。

【解析】信用期由 30 天改为 45 天后,年赊销额、应收账款成本及相关收益都会发生变化,可通过信用期限决策分析评价表确定公司是否应改变信用期,如表 6-3 所示。

表 6-3　信用期限决策分析评价表　　　　　　　　　　　　单位:万元

项　目	甲方案(30 天)	乙方案(45 天)
年赊销额	7 200	7 920
减:变动成本	7 200×60%=4 320	7 920×60%=4 752
信用成本前收益	2 880	3 168
减:应收账款成本		
其中:应收账款平均余额	7 200/360×30=600	7 920/360×45=990
应收账款占用的资金	600×60%=360	990×60%=594
应收账款机会成本	360×8%=28.8	594×8%=47.52
坏账损失	144	237.6
收账费用	40	70
信用成本小计	212.8	355.12
信用成本后收益	2 667.2	2 812.88

从表 6-3 的计算结果可以看出,乙方案的信用成本后收益比甲方案的信用成本后收益多 145.68 万元(2 812.88−2 667.2)。因此,在其他条件不变的情况下,应选择乙方案。

(2)现金折扣和折扣期限。企业为了尽快收回应收账款,通常会向客户提供现金折扣。现金折扣是企业为了鼓励客户提前付款而在商品价格上给予的优惠,现金折扣实际上是对现金收入的扣减。

信用条件的基本表现方式为"2/10,1/20,n/45",即赊销期限为 45 天;若客户能在发票开出后的 10 天内付款,可以享受 2% 的现金折扣;若客户能在发票开出后的 10~20 天内付款,则可以享受 1% 的现金折扣;若客户在发票开出后的 20~45 天内付款,则应全额付款。

企业对客户提供比较优惠的信用条件有利于增加销售量,但也会增加现金折扣成本、收账成本和应收账款的机会成本和管理成本。在进行信用条件决策时,应综合考虑上述因素,选择能够很大程度增加企业利润的信用条件。

【同步案例6-7】承同步案例6-6,若晨星公司选择了乙方案,但为了能够加速回收应收账款,决定在乙方案的基础上将信用条件改为"2/10,1/20,n/45"(丙方案)。预计约有60%的客户(按赊销额计算)将利用2%的现金折扣,15%的客户将利用1%的现金折扣。在该方案下,坏账损失率将降为2%,收账费用将降为45万元。分析晨星公司是否应改变信用条件。

【解析】根据上述资料,计算丙方案相关指标如下。

应收账款平均收账天数=60%×10+15%×20+(1-60%-15%)×45=20.25(天)

应收账款平均余额=7 920/360×20.25=445.5(万元)

维持赊销业务所需资金=445.5×60%=267.3(万元)

应收账款机会成本=267.3×8%=21.384(万元)

坏账损失=7 920×2%=158.4(万元)

现金折扣=7 920×(2%×60%+1%×15%)=106.92(万元)

可将计算结果整理为信用条件决策分析评价表,如表6-4所示。

表 6-4　信用条件决策分析评价表　　　　　　　　单位:万元

项　　目	乙方案(30天)	丙方案(2/10,1/20,n/45)
年赊销额	7 920	7 920
减:现金折扣		106.92
变动成本	4 752	4 752
信用成本前收益	3 168	3 061.08
减:应收账款机会成本	47.52	21.384
坏账损失	237.6	158.4
收账费用	70	45
信用成本小计	355.12	224.784
信用成本后收益	2 812.88	2 836.296

从计算结果可以看出,实行现金折扣后,晨星公司的信用成本后收益增加了23.416万元(2 836.296-2 812.88)。因此,晨星公司应改变信用条件,选择丙方案。

知识链接

Excel 在应收账款管理中的应用

沿用同步案例6-6和同步案例6-7的相关数据。首先根据已知条件在表格中输入基本数据,然后根据相关计算公式定义决策分析区,最后得出计算结果决策分析区各单元格的计算公式设置如图 6-6 所示,计算结果如图 6-7 所示。

	A	B	C	D
1		应收账款信用条件决策分析模型		
2	项目	原方案	乙方案	丙方案
3	信用条件	/30	n/45	2/10, 1/20, n/45
4	年赊销额/万元	7 200	7 920	7 920
5	变动成本率	0.6	0.6	0.6
6	应收账款机会成本率	0.08	0.08	0.08
7	平均收账期/天	30	45	20.25
8	坏账损失率	0.02	0.03	0.02
9	年收账费用/万元	40	70	45
10		决策分析过程		单位:万元
11	年赊销额	=B4	=C4	=D4
12	变动成本	=B11*B5	=C11*C5	=D11*D5
13	现金折扣成本	0	0	=D11*(2%*60%+1%*15%)
14	信用成本前收益	=B11-B12-B13	=C11-C12-C13	=D11-D12-D13
15	应收账款机会成本	=B11/360*B7*B5*B6	=C11/360*C7*C5*C6	=D11/360*D7*D5*D6
16	坏账损失	=B4*B8	=C4*C8	=D4*D8
17	收账费用	=B9	=C9	=D9
18	信用成本后收益	=B14-B15-B16-B17	=C14-C15-C16-C17	=D14-D15-D16-D17

图 6-6 应收账款信用条件决策分析模型公式设置

	A	B	C	D
1		应收账款信用条件决策分析模型		
2	项目	原方案	乙方案	丙方案
3	信用条件	$n/30$	$n/45$	$2/10, 1/20, n/45$
4	年赊销额/万元	7 200	7 920	7 920
5	变动成本率	0.6	0.6	0.6
6	应收账款机会成本率	0.08	0.08	0.08
7	平均收账期/天	30	45	20.25
8	坏账损失率	0.02	0.03	0.02
9	年收账费用/万元	40	70	45
10		决策分析过程		单位:万元
11	年赊销额	7 200	7 920	7 920
12	变动成本	4 320	4 752	4 752
13	现金折扣成本	0	0	106.92
14	信用成本前收益	2 880	3 168	3 061.08
15	应收账款机会成本	28.8	47.52	21.384
16	坏账损失	144	237.6	158.4
17	收账费用	40	70	45
18	信用成本后收益	2 667.2	2 812.88	2 836.296

图 6-7 应收账款信用条件决策分析模型计算结果

3. 制定合理的收账政策

收账政策是指企业在客户违反信用条件时采取的收账对策与措施。企业如果采用积极的收账政策,可能会减少应收账款投资,减少坏账损失及应收账款的机会成本,但会增加收账成本。企业如果采用消极的收账政策,则可能会增加应收账款投资,增加坏账损失及应收账款的机会成本,但会减少收账成本。

企业一般实行"谁审批,谁负责"的原则,以有权对外审批发放应收账款的各销售部门、分(子)公司作为应收账款管理及催收的主体来确定合理的催收程序和催收方法,具体制定应收账款的收账政策。企业应从催收费用最小的方法开始,逐渐增加费用,即从信函通知、电话催收、派人员面谈到诉诸法律。收账政策的确定要通过对收账成本与收回账款的收益之间进行比较、权衡来实现。影响企业收账政策的因素很多,这使制定收账政策工作更加复杂,在制定收账政策时要综合考虑销售额、赊销期限、现金折扣、市场行情、竞争对手、坏账损失、存货数量、生产能力等多种因素。当企业采用的收账政策带来的收益最大时,通常为理想的收账政策。

【同步思考 6-1】当账款被客户拖欠甚至拒付时,企业应怎样处理?

分析说明:首先,应分析现有的信用标准及信用审批制度是否存在纰漏;其次,重新对违约客户的资信进行调查、评价,将信用品质恶劣的客户从信用名单中删除,对其所拖欠的款项通过信函通知、电话催收、派人员面谈等方式进行催收,若仍拒付可通过法院裁决,也可委托收账代理机构催收账款。

6.3.4 加强应收账款的日常管理

信用政策建立后,企业要做好应收账款的日常管理工作,采取有力措施进行信用调查、信用评价及控制,及时发现问题,提前采取对策。应收账款的日常管理包括以下措施。

1. 进行信用调查

要想合理地评价客户的信用,必须对客户进行信用调查,搜集有关的信息资料。信用调查有两类:一类是直接调查,即调查人员直接与被调查单位接触,通过当面采访、询问、观看、记录等方式获取信用资料,采取这种方式能保证搜集资料的准确性和及时性,但若不能得到被调查单位的配合,便会使调查资料不完整;另一类是间接调查,即以被调查单位及其他单位保存的有关原始记录和核算资料为基础,通过加工整理获得被调查单位的信用资料,相关资料主要来自客户的财务报表、信用评价机构、银行及财税部门、消费者协会、工商管理部门等其他部门。

2. 进行信用评价

企业收集好信用资料后,要对这些资料进行分析,并对客户信用状况进行评价。进行信用评价的方法很多,通常有 5C 评价法和信用评分法。通过评价企业 5C 系统,基本上可以判断客户的信用状况,为最终决定是否向客户提供商业信用做好准备。信用评分法是先对一系列财务比率和信用情况指标进行评分,然后通过加权平均得出客户的综合信用分数,并以此进行信用评价。

企业应对符合信用标准的客户提供不同的信用条件,包括不同的赊销额、信用期限、现金折扣等。

3. 建立应收账款管理的评价指标

应收账款管理的评价指标主要是指应收账款周转率或应收账款周转期,该指标反映了应收账款的流动程度。在一定时期内,企业的应收账款周转率越高(应收账款周转期越短),应收账款转化为现金的次数就越多,收款效率就越高。企业通过将该项评价指标与

历史数据比较,与未来计划比较,与同行业数据比较,可以评价在应收账款管理工作中的优势与不足。

6.4 存货管理

存货是指企业在日常活动中持有的以备出售的产成品或商品以及处在生产过程中的在产品、材料、物料。存货包括各类材料、商品、在产品、半成品以及包装物、低值易耗品、委托代销商品等。存货管理效率的高低直接反映并决定着企业收益、风险、流动性的综合水平,在企业营运资金投资决策中具有重要地位。

6.4.1 存货的功能及成本

1. 存货的功能

(1) 防止停工待料。企业生产是连续进行的,需要不断投入各种原料。但即使市场上货源充足,企业仍然很难做到随时购入生产所需的各种物资。如果企业所需物资出现市场断档,就会影响正常的生产活动,生产经营将被迫停顿,给企业造成损失。为了避免或减少出现停工待料等事件,企业有必要通过储备适量的存货来维持企业生产的连续性。

(2) 适应市场变化。市场是不断变化的,例如市场需求量会突然增加,销售旺季销量会超过企业生产能力等,企业如果可以储备足够的商品存货,就可以自如应对市场的变化,把握良好的销售机会,满足客户需要,赚取更多的销售利润。

(3) 降低进货成本。企业一次成批购进生产经营所需物资通常可以享受销售方提供的较优惠的商业折扣。同时,因为每次采购的数量增加,采购次数会相应减少,这便可以减少采购费用支出,降低总进货成本。

2. 存货的成本

为充分发挥存货的功能,企业必须储备一定的存货,但也会由此而发生各项支出,产生存货成本。与存货有关的成本包括以下三种。

(1) 取得成本。取得成本是指为取得存货而支出的成本,包括购置成本和进货费用。购置成本等于所采购物资的数量与进货单价的乘积。在一定时期进货总量既定的情况下,无论企业采购次数如何变化,存货的购置成本通常是保持相对稳定的,因此可以将购置成本看作决策无关成本。但如果物价变动或有数量折扣,则需要考虑购置成本。

【同步案例 6-8】晨星公司全年某原材料需求量 20 000kg,每件材料的进货单价是 50元。假设进货单价全年不变,而且购货过程中没有商业折扣,那么全年不管分几次购进都不会影响购置成本。此时的购置成本为

取得成本 = 20 000 × 50 = 1 000 000(元)

如果销售方的销售条件为每次购进 5 000kg 以上单价为 45 元,假设不考虑其他相关成本,则购进应分为 4 次,此时的购置成本为

取得成本＝5 000×45×4＝900 000(元)

进货费用是指在每次订货过程中发生的与取得存货有关的办公费、差旅费、运输费、电话费等。进货费用一部分与订货次数成正比例变动，称为变动性进货费用，如电话费等，属于决策相关成本；另一部分与订货次数无关，称为固定性进货费用，如常设机构的基本开支等，属于决策无关成本。

(2) 储存成本。储存成本是指企业为持有存货所支付的各项费用，如存货资金占用利息、仓储费用、保险费用、存货残损变质损失等。储存成本一部分与储存数额成正比例变动，如存货资金占用利息、存货的保险费用、存货残损变质损失等，属于决策相关成本；另一部分与储存数额无关，如保管人员的固定月工资、仓库折旧费等，属于决策无关成本。

(3) 缺货成本。缺货成本是指由于存货储量不足给企业造成的损失，包括由于材料供应中断造成的停工损失、由于库存商品供应中断延误发货导致的信誉损失以及丧失销售机会的损失等。如果制造企业能够以替代材料解决库存材料供应中断的问题，缺货成本便表现为替代材料紧急采购的额外开支。缺货成本能否作为决策的相关成本，应视企业是否允许出现存货短缺的不同情形而定。若企业允许缺货，则缺货成本便与存货数量成负相关，属于决策相关成本；相反，若企业不允许缺货，则缺货成本为零。

综上所述，企业存货管理的目的是尽力在各种存货成本与存货效益之间进行权衡，达到两者的最佳结合。

6.4.2 存货的经济订货批量

经济订货批量是指在企业生产和供应条件一定时，能使一定时期存货的相关总成本达到最低点的进货数量。决定存货经济订货批量的成本因素主要包括取得成本、储存成本以及允许缺货时的缺货成本。协调各项成本费用间的关系，使其总和保持最低水平，是企业组织进货时需要解决的主要问题。

1. 经济订货批量基本模型

经济订货批量基本模型的建立需要设立一些假设条件：①存货需求量稳定并且能够预测；②企业能够及时补充存货，即需要订货时便可立即取得存货；③存货的单位价格稳定，且不存在批量折扣；④企业现金充足，不会因现金短缺而影响进货；⑤不允许缺货，即没有缺货成本；⑥所需存货市场供应充足，不会因为买不到所需存货而影响企业其他经营活动。

由于企业不允许缺货，所以经济订货批量考虑的仅是使进货费用和储存成本之和最低。此时，经济订货批量下的存货总成本的计算公式为

$$存货总成本(TC) = 进货费用 + 储存成本$$

$$= \frac{存货全年计划进货总量}{每次进货批量} \times 每次进货费用 + \frac{每次进货批量}{2} \times 单位存货年储存成本$$

存货总成本与进货费用、储存成本的关系如图6-8所示。

从图6-8可以看出，经济订货批量就是进货费用与储存成本之和即存货总成本最低

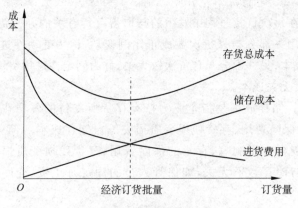

图 6-8　存货成本构成图

时的进货批量,此时进货费用与储存成本相等。其计算公式为

$$经济订货批量(Q) = \sqrt{\frac{2AB}{C}}$$

$$经济订货批量的存货总成本(TC) = \sqrt{2ABC}$$

$$经济订货批量的平均占用资金(W) = \frac{PQ}{2}$$

$$年度最佳进货批次(N) = \frac{A}{Q}$$

式中,TC 为经济订货批量的存货总成本;Q 为经济订货批量;A 为某种存货年度计划进货总量;B 为每次进货费用;C 为单位存货年储存成本;P 为进货单价(单位采购成本)。

【同步案例 6-9】 晨星公司每年耗用甲材料 1 200kg,该材料每订购一次的进货费用为 400 元,单位储存成本为 6 元,采购成本为 60 元/kg。计算经济订货批量、经济批数、经济订货批量的存货总成本及经济订货批量的平均占用资金。

【解析】　经济订货批量 $= \sqrt{\dfrac{2 \times 1\,200 \times 400}{6}} = 400(\text{kg})$

经济订货批量的存货总成本 $= \sqrt{2 \times 1\,200 \times 400 \times 6} = 2\,400(元)$

经济批数 $= \dfrac{1\,200}{400} = 3(次)$

经济订货批量的平均占用资金 $= \dfrac{60 \times 400}{2} = 12\,000(元)$

知识链接

用 Excel 计算存货经济订货批量

沿用同步案例 6-9 的有关数据。首先根据已知条件在表格中输入基本数据,然后根据存货经济订货批量的有关计算公式定义决策分析区,最后得出计算结果。决策分析区各单元格的计算公式设置如图 6-9 所示,计算结果如图 6-10 所示。

	A	B
1	存货经济订货批量决策模型	
2	全年需要量/kg	1200
3	每次订货成本/元	400
4	单位材料年储存成本/元	6
5	材料单价/(元/kg)	60
6	存货经济订货批量决策分析区	
7	经济订货批量/kg	=SQRT(2*B2*B3/B4)
8	经济订货批量的相关总成本/元	=SQRT(2*B2*B3*B4)
9	最佳订货次数/次	=B2/B7
10	经济订货批量平均占用资金/元	=B5*B7/2

图 6-9 存货经济订货批量决策分析模型公式设置

	A	B
1	存货经济订货批量决策模型	
2	全年需要量/kg	1 200
3	每次订货成本/元	400
4	单位材料年储存成本/元	6
5	材料单价/(元/kg)	60
6	存货经济订货批量决策分析区	
7	经济订货批量/kg	400
8	经济订货批量的相关总成本/元	2 400
9	最佳订货次数/次	3
10	经济订货批量平均占用资金/元	12 000

图 6-10 存货经济订货批量决策分析模型计算结果

2. 有批量折扣情况下的经济订货批量

经济订货批量的基本模型假定单位价格不随批量而变动。在实际销售时,企业为了鼓励客户多购买其商品,通常会给予不同程度的批量折扣,对大批量采购在价格上给予一定优惠。在这种情况下,除了考虑进货费用和储存成本外,还应考虑购置成本。因此,存货总成本为购置成本、进货费用与储存成本三者之和。

在存在批量折扣的情况下,企业确定经济订货批量的基本计算步骤如下:首先按照前述基本模型计算不存在批量折扣情况下的经济订货批量及存货总成本,然后计算存在不同批量折扣时的存货总成本,最后比较出总成本最低时的订货批量即为经济订货批量。

【同步案例 6-10】假设同步案例 6-9 中甲材料价格为 10 元/kg,如果一次订购超过 600kg,可获得 2% 的批量折扣;一次订购超过 1 200kg,可获得 5% 的批量折扣,分析晨星公司是否应大批量订货。

【解析】(1)不取得批量折扣的经济订货批量下的存货总成本为

存货总成本 = 年进货费用 + 年储存成本 + 年购置成本

$$= \frac{1\ 200}{400} \times 400 + \frac{400}{2} \times 6 + 1\ 200 \times 10 = 14\ 400(元)$$

(2) 取得批量折扣的经济订购批量下（必须每次采购600kg）的存货总成本为

存货总成本＝年进货费用＋年储存成本＋年购置成本

$$=\frac{1\,200}{600}\times 400+\frac{600}{2}\times 6+1\,200\times 10\times(1-2\%)=14\,360(元)$$

(3) 取得数量折扣的经济订货批量下（必须每次采购1 200kg）的存货总成本为

存货总成本＝年进货费用＋年储存成本＋年购置成本

$$=\frac{1\,200}{1\,200}\times 400+\frac{1\,200}{2}\times 6+1\,200\times 10\times(1-5\%)=15\,400(元)$$

通过比较存货总成本可以发现，当订货批量为600kg时，存货总成本最低。所以，晨星公司选择的经济订货批量为600kg。

知识拓展

存货陆续供应和使用

在建立经济订货批量基本模型时，需要假设存货一次全部入库，即存货增加时存量变化为一条垂直的直线。事实上，各批存货可能陆续入库，使存量陆续增加，尤其是产成品的入库和在产品的转移，几乎总是陆续供应和陆续耗用的。在这种情况下，需要对基本模型做一些修改。

假设企业生产某种存货，计划每批生产1 000件，预计每天生产50件，每天领用20件，则该批存货的库存量将如何变化？在这种情况下，送货期（每批存货生产天数）＝批量÷每日送货量＝1 000÷50＝20(天)，耗用该批存货共需1 000÷20＝50(天)，在该批存货自生产开始至耗用完毕的全部周期(50天)内。

由此推出：

$$每批送完时的最高库存量=送货期\times 送货期内每日库存增加量$$

$$=\frac{批量}{每日送货量}\times(每日送货量-每日耗用量)$$

$$=批量\times\left(1-\frac{每日耗用量}{每日送货量}\right)$$

$$送货期内的平均库存量=\frac{批量}{2}\times\left(1-\frac{每日耗用量}{每日送货量}\right)$$

因此，经济订货批量模型可构建为

$$相关成本=每次订货变动成本\times\frac{存货年需要}{批量}+\frac{批量}{2}\times\left(1-\frac{每日耗用量}{每日送货量}\right)\times 单位变动储存成本$$

$$经济订货批量=\sqrt{2\times 年需要量\times\frac{每次订货变动成本}{单位变动储存成本}\times\left(1-\frac{每日耗用量}{每日送货量}\right)}$$

与经济订货量相关的存货总成本（变动订货成本与变动储存成本之和的最小值）

$$=\sqrt{2\times 年需要量\times 每次订货变动成本\times 单位变动储存成本\times\left(1-\frac{每日耗用量}{每日送货量}\right)}$$

$$=经济订货量\times\left(1-\frac{每日耗用量}{每日送货量}\right)\times单位变动储存成本$$

$$经济订货量占用资金=\frac{经济订货量}{2}\times\left(1-\frac{每日耗用量}{每日送货量}\right)\times存货单价$$

6.4.3 再订货点的确定

前面讨论的经济订货批量问题,是在假设企业的存货能随时补充的前提条件下进行的,即每当存货数量将为零时,企业及时订货,下一批货马上能送到。但实际上,任何企业都不会等到库存为零时再去采购,会在存货没有耗用完之前提前订货。如何确定再次订货的时间和数量也是存货管理中的重要内容。此外,企业在生产经营过程中经常要面对很多不确定的情况,如需求量的增加、交货时间的延误等,这些都会引起缺货,为防止由此造成的损失,企业应有一定的保险储备。

再订货点是企业开始组织下批订货时本批存货的数量。由于组织订货需要一定时间,通常要有一个订货提前期,也就是交货天数。同时,为防止缺货情况出现,计算再订货点还要考虑保险储备量。相关计算公式为

$$再订货点=平均日需求量\times交货天数+保险储备量$$

$$保险储备量=(每日最大可能用量-每日正常用量)\times交货天数$$

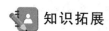知识拓展

存货的保险储备

1. 保险储备的性质

由于交货天数(订货提前期)和每日平均需用量存在不确定性,为避免缺货,需要加大再订货点。再订货点超过交货期内的存货需求量的部分为保险储备量,其计算公式为

$$考虑保险储备的再订货点=交货期内的存货需求量+保险储备量$$
$$=平均每日需求量\times交货天数(订货提前期)+保险储备量$$

2. 最优保险储备量

最优保险储备量是使缺货成本与保险储备成本之和达到最小值的保险储备量。

$$缺货成本=每次的平均缺货量\times单位缺货成本\times订货次数$$

式中,每次的平均缺货量是各种可能的缺货量(需求量超过再订货点的数量)以其出现的概率为权数的加权平均值。

$$保险储备成本=保险储备量\times单位变动储存成本$$

式中,保险储备量一般从 0 开始,按照交货期内各种可能的需求量的递增幅度递增,直至不会面临缺货为止。

【**同步案例 6-11**】晨星公司某种存货的经济订货批量为 60 000kg,平均每日需用量为 200kg,保险储备量为 1 000kg,供货商交货天数为 8 天,计算再订货点。

【解析】　再订货点＝200×8＋1 000＝2 600(kg)

每当存货的库存量下降到2 600kg时，企业就应发出订单进行下一批的订货。

6.4.4　存货的日常管理

存货日常管理的目的是在保证企业生产经营活动正常进行的前提下尽可能减少库存、防止积压。在企业存货的日常管理过程中，逐步形成了一些有效的存货管理方法。

1. 存货归口分级管理

财务部门根据使用资金和管理资金相结合、物资管理和资金管理相结合的原则，规定每项资金由哪个部门使用就归哪个部门管理。各归口的管理部门要根据具体情况将计划指标进行分解，分配给所属单位和个人，层层落实，实行分级管理。

2. 存货 ABC 分类控制法

企业存货品种繁多，大中型企业的存货可多达上万种。这些存货有的价值昂贵，有的价值低廉，有的数量较少，有的数量较多。因此，在进行存货管理时，必须有所侧重，对不同的存货采取不同的控制方法。ABC 分类控制法正是针对这一问题提出来的重点管理方法。运用 ABC 分类控制法进行存货管理，一般分为以下几个步骤。

(1) 计算每一种存货在一定时期内(一般为一年)的资金占用额。

(2) 计算每种存货资金占用额占全部占用额的百分比，并按大小顺序排列，编成表格。

(3) 根据事先测定好的标准，把最重要的存货划为 A 类，把一般存货划为 B 类，把不重要的存货划为 C 类，并画图表示出来。划分标准是价值量和数量，其中价值量更重要。

(4) 对 A 类存货进行重点规划和控制，对 B 类存货进行次重点管理，对 C 类存货只进行一般管理。

A、B、C 三类存货的金额比例大致为 A∶B∶C＝0.7∶0.2∶0.1，品种数量比例大致为 A∶B∶C＝0.1∶0.2∶0.7。

(5) 认真进行存货清查。企业应当定期或不定期地进行存货盘点，年终前必须进行一次全面的盘点清查。对清查结果中的问题应当及时查明原因，分情况进行处理。

3. 建立存货管理的评价指标

存货管理的评价指标主要是存货周转率或存货周转天数。一般来说，存货周转率越高，存货周转天数越少，存货转化为应收账款和现金的速度就越快，企业经营状况就越好。企业通过将该项评价指标与历史数据比较，与未来计划比较，与同行业数据比较，就可以评价在存货管理工作中的优势与不足。

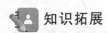知识拓展

适时制库存控制系统

适时制库存控制系统又称零库存管理、看板管理系统，是指制造企业事先与供应商和客户协调好，只有当制造企业在生产过程中需要原料或零件时，供应商才会将原料或零件

送来；而产品一旦生产出来就会被客户拉走。这样就可以大幅降低制造企业的库存。显然，适时制库存控制系统需要的是稳定而标准的生产程序以及生产商、供应商的诚信，否则，任何一环出现差错将导致整个生产线的停止。目前，越来越多的公司利用适时制库存控制系统减少甚至消除对库存的需求，实行零库存管理，如沃尔玛、丰田、海尔等。适时制库存控制系统还可以被应用于整个生产管理过程，集开发、生产、库存和分销于一体，极大提高了企业运营管理效率。

6.5 营运资金财务政策

1. 营运资金投资政策

营运资金投资政策又称营运资金持有政策，是指企业如何确认营运资金持有量的政策。营运资金投资的高低影响着企业的收益和风险。一般来说，营运资金持有量越大，企业的短期偿债能力越强。但是由于流动资产的收益性通常低于固定资产，所以较高的流动资产比重会降低企业的收益率；而较低的营运资金持有量会使企业的收益率较高，但企业偿债能力和支付力较弱，便会加大企业的风险。因此，企业应根据自己的生产经营情况、外部环境、管理水平和对待风险的态度确定合理的营运资金持有量。

营运资金持有量的多少关系到企业的收益和风险，企业选择了不同的营运资金持有量就是选择了不同的收益和风险。企业营运资金投资政策有三种类型：一是紧缩（激进型）政策，即高收益高风险的政策，企业会预留较多的现金或存货储备；二是宽松（保守型）政策，即低收益低风险政策，企业会保持最低的储备量，以便将节省下来的资金投入收益能力更高的固定资产或其他长期投资上；三是介于两者之间的适中政策，它是一种稳健的营运资金投资政策，其流动性、获利能力和风险性介于宽松政策和紧缩政策之间。

2. 营运资金融资政策

营运资金融资政策是指企业如何解决流动资产所占用的资金来源，即流动资产是否与流动负债匹配的政策。它同样需要在财务风险与获利能力之间进行权衡。与营运资金持有政策对应，营运资金融资政策也有三种。

（1）适中型融资政策。它是指企业在融资时对于临时性流动资产采用流动负债筹集的资金来解决，对于永久性流动资产和固定资产则采用长期负债、权益资金来解决。适中型融资政策要求企业的临时性融资计划严密，实现现金流动资产与预期安排一致。在季节性波谷的时候企业没有流动负债，只有在临时性流动资产的需求高峰期，企业才举借各种流动负债。这种融资政策的基本思想是将资产和负债的期间相配合，以降低企业不能偿还到期债务的风险和尽可能降低债务的资金成本。因此该政策是一种理想的、对企业有较高资金使用要求的政策。

（2）激进型融资政策。它是指流动负债不但融通临时性流动资产的资金需要，而且解决部分永久性资产的需要。在激进型融资政策下，当企业的长期负债及权益资本不能满足一部分永久性资产的需要时，就要通过融通流动负债来解决。这种情况下企业的资金成本较低,其总资产的投资回报率较高。因此该政策是一种高收益、高风险的营运资金融资政策。

(3) 保守性融资政策。它是指流动负债只筹集部分临时性流动资产的资金需要,另一部分临时性流动资金由长期负债、权益资金来筹集。这种政策克服了企业临时性资金计划的不严密性,使企业面临的偿债风险较低,给流动负债提供了一个行之有效的安全边际。但是,采用这一策略,企业将在季节性波谷为多余的债务融资支付利息,降低企业的总收益,因此该政策是一种低风险、低收益的营运资金融资政策。

【同步思考6-2】对季节性生产企业来说,淡季需要占用一定数量的流动资产和固定资产,旺季则需要额外追加一定数量的季节性存货。如果企业采用的是适中型融资政策,那么企业应该怎样进行融资?

分析说明:适中型融资政策要求企业在季节性波谷的时候没有流动负债,在临时性流动资产的需求高峰期才举借短期借款。所以,企业应在经营旺季需追加季节性存货时融通流动负债,而对淡季一直需要占用的流动资产和固定资产占用的资本,则需要通过长期负债、自发性负债和股权资本等方式来解决融资。

1. 营运资金是指企业维持日常经营活动所需要的资金。营运资金有广义和狭义之分:广义的营运资金是指占用在流动资产上的资金;狭义的营运资金是指流动资产减去流动负债后的余额。

2. 现金的持有动机主要包括交易性动机、预防性动机和投机性动机。

3. 现金的成本有机会成本、管理成本、转换成本、短缺成本。

4. 存货模式下确定最佳现金持有量的模型:

$$Q=\sqrt{\frac{2TF}{K}}$$

$$TC=\sqrt{2TFK}$$

5. 现金日常管理包括加速现金回收和控制现金支出。

6. 应收账款的机会成本是指企业的资金因占用在应收账款上,便必然放弃其他投资机会而丧失的收益。应收账款的机会成本的相关计算公式为

应收账款的机会成本=维持赊销业务所需要的资金×资金成本率

维持赊销业务所需要的资金=应收账款平均余额×变动成本率

应收账款平均余额=每日赊销额×平均收账天数

7. 应收账款的管理成本是指企业对应收账款进行日常管理而发生的各项费用。

8. 应收账款的坏账成本=年赊销额×预计坏账损失率

9. 信用政策即应收账款的管理政策,是企业对应收账款投资进行规划和控制的基本原则和行为规范。

10. 信用政策主要包括信用标准、信用条件(包括信用期限、折扣期限和现金折扣)和收账政策。

11. 应收账款日常管理措施主要有信用调查、信用评价和建立应收账款管理的评价指标。

12. 存货的成本主要有取得成本、储存成本和缺货成本。

13. 存货的经济进货批量是指在企业生产和供应条件一定时,能使一定时期存货的相关总成本达到最低点的进货数量。

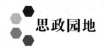

思政园地

中鼎集团的营运资金管理

零部件产业作为汽车产业链或价值链的前沿,其质量直接关系到国家汽车产业的发展水平。中鼎集团作为安徽省起步最早的汽车零部件制造公司,搭建有我国行业内独一无二的"国家级企业技术中心"和"全国博士后科研工作站",是安徽省汽车零部件行业的领军企业,也是安徽省最具影响力的汽车零部件品牌之一。中鼎集团2016—2020年营运资金规模及变化如表6-5所示。

表6-5 中鼎集团2016—2020年营运资金规模及变化

年度	2016年	2017年	2018年	2019年	2020年
流动资产/亿元	70.55	81.17	80.53	92.95	102.9
流动负债/亿元	28.19	35.22	33.85	42.2	54.54
营运资金规模/亿元	42.36	45.95	46.68	50.75	48.36
营运资金增长率/%	—	8.47	1.59	8.72	−4.71

数据来源:中鼎集团2016—2020年年报.

通过分析中鼎集团2016—2020年的财务报表,对中鼎集团营运资金的规模状况进行了系统的系统分析,对中鼎集团营运资金的现状有了全面的了解。通过分析集团合并资产负债表,发现中鼎集团营运资金规模2016—2019年逐年增长,特别2017年和2019年的营运资金增长幅度较大,但在2020年突然降低为负数,这是由于新冠疫情带来的影响,但从公司目前的发展前景看还是不错的。

通过对中鼎集团营运资金管理全面细致的研究,对提高其管理水平具有重要意义。寻找比较合适的预测模型,防止产生资产方面的风险,使得资金周转方面进行提速。并以此为基础,提升公司的核心竞争力,保证公司的长期稳定。营运资金管理是企业财务管理的重要组成部分,有调查显示,公司的财务经理一般会花费全天工作时间的60%用于营运资金的管理。可见,企业对资金的运用和筹措管理是企业营运资金管理的中心,企业不仅要营运各方资源,还要构建互惠互利的利益、命运和责任共同体。营运资金的管理涉及流动资产及流动负债的管理,为科学地管理营运资金,需要正确运用《会计法》《企业会计准则》,加强准则意识,养成严谨、务实的工作作风,守规矩、明是非,加强社会主义法治化教育,理解依法治国的重要意义。

(资料来源:王林瀚. 中鼎集团营运资金管理研究[J]. 商场现代化,2021(10):136-138.)

项目训练

一、单项选择题

1. 企业置存现金主要是为了满足（　　）。
   A. 交易性、预防性、收益性需要　　　B. 交易性、预防性、谨慎性需要
   C. 交易性、预防性、投机性需要　　　D. 预防性、预防性、安全性需要

2. 现金作为一种资产，它的（　　）。
   A. 流动性强，盈利性差　　　　　　　B. 流动性强，盈利性也强
   C. 流动性差，盈利性强　　　　　　　D. 流动性差，盈利性也差

3. 下列项目中不属于信用条件的是（　　）。
   A. 现金折扣　　　B. 数量折扣　　　C. 信用期间　　　D. 折扣期限

4. 下列各项属于应收账款机会成本的是（　　）。
   A. 收账费用　　　　　　　　　　　　B. 坏账损失
   C. 应收账款占用资金的应计利息　　　D. 对客户信用进行调查的费用

5. 在基本模型下确定经济订货批量时，应考虑的成本是（　　）。
   A. 购置成本　　　　　　　　　　　　B. 进货费用
   C. 储存成本　　　　　　　　　　　　D. 进货费用和储存成本

6. 某企业规定的信用条件是：3/10，1/20，$n/30$，一客户从该企业购入原价为 10 000 元的原材料，并于第 18 天付款，则该客户实际支付的货款为（　　）元。
   A. 7 700　　　B. 9 900　　　C. 10 000　　　D. 9 000

7. 下列对信用期限的表述中，正确的是（　　）。
   A. 信用期限越长，企业坏账损失越小
   B. 信用期限越长，表明客户享受的信用条件越优
   C. 延长信用期限，不利于销售收入的扩大
   D. 信用期限越长，应收账款的机会成本越低

8. 企业的应收账款周转期为 60 天，应付账款的平均付款期为 40 天，平均存货期限为 70 天，则该企业的现金周转期为（　　）天。
   A. 170　　　B. 90　　　C. 50　　　D. 30

9. 经济订货批量基本模型的假设条件不包括（　　）。
   A. 需求量稳定　　　　　　　　　　　B. 存货单价不变
   C. 能够及时补充存货　　　　　　　　D. 允许陆续到货

10. 下列对现金折扣的表述，正确的是（　　）。
    A. 又叫商业折扣　　　　　　　　　　B. 折扣率越低，企业付出的代价越高
    C. 目的是加快账款的回收　　　　　　D. 为了增加利润，应当取消现金折扣

二、多项选择题

1. 储备过多的现金对企业提高获利能力不利的原因有（　　）。

A. 库存现金没有直接获利能力　　　　B. 各种存款的获利能力较低
   C. 在通货膨胀时期会带来购买力风险　D. 会引起资金成本的提高
2. 应收账款投资的风险具体表现为（　　）。
   A. 会增加坏账损失
   B. 为尽快收回应收账款向客户提供现金折扣时会损失部分现金收入
   C. 会增加收账费用
   D. 没有直接收益，机会成本较大
3. 企业信用政策包括（　　）。
   A. 信用期限　　B. 信用标准　　C. 信用条件　　D. 收账政策
4. 信用条件包括（　　）。
   A. 现金折扣　　B. 信用期限　　C. 信用标准　　D. 现金折扣期限
5. 收账政策（　　）。
   A. 是企业催收应收账款时采取的政策
   B. 有积极型和消极型两种
   C. 是在信用条件被违反时企业采取的收账策略
   D. 是企业信用政策的组成部分
6. 以下属于缺货成本的有（　　）。
   A. 因材料供应中断而引起的停工损失
   B. 因成品供应短缺而引起的信誉损失
   C. 因成品供应短缺而引起的赔偿损失
   D. 因成品供应短缺而引起的销售机会的丧失
7. 企业预防性现金数额大小（　　）。
   A. 与企业现金流量的可预测性成反比　B. 与企业借款能力成反比
   C. 与企业业务交易量成反比　　　　　D. 与企业偿债能力成正比
8. 下列关于经济订货批量的表述正确的有（　　）。
   A. 储存成本与经济订货批量成反比
   B. 进货费用与经济订货批量成反比
   C. 经济订货批量是指存货总成本最低的采购批量
   D. 经济订货批量是指进货费用与储存成本相等时的采购批量
9. 确定最佳现金持有量的常见模式有（　　）。
   A. 存货模式　　　　　　　　　　　B. 成本分析模式
   C. 现金周转期模式　　　　　　　　D. 存货周转期模式
10. 企业确定存货合理保险储备的目的是（　　）。
    A. 在过量使用存货时保证供应
    B. 在进货延迟时保证供应
    C. 使存货的缺货成本和储存成本之和最小
    D. 降低存货的储备成本
11. 为缩短收现时间，企业可以（　　）。

　　A. 采用银行业务集中法　　　　　　B. 采用锁箱法
　　C. 采取内部往来多边结算　　　　　D. 指派专人处理大额款项
12. 在其他条件不变的情况下,缩短应收账款周转天数有利于(　　)。
　　A. 提高流动比率　　　　　　　　　B. 缩短营业周期
　　C. 减少流动资金占用　　　　　　　D. 扩大销售规模
13. 下列属于存货变动成本的有(　　)。
　　A. 存货占用资金的应计利息　　　　B. 紧急额外购入成本
　　C. 存货的破损变质损失　　　　　　D. 存货的保险费用
14. 确定信用标准时须(　　)。
　　A. 确定取得信用企业的坏账损失率　B. 确定提供信用企业的坏账损失率
　　C. 确定取得信用企业的信用等级　　D. 确定提供信用企业的信用等级
15. 企业在制定信用标准时应考虑的基本因素有(　　)。
　　A. 企业承担违约风险的能力　　　　B. 同行业竞争对手的情况
　　C. 客户的资信程度　　　　　　　　D. 企业同客户关系密切程度

三、判断题

1. 现金持有成本中的管理费用与现金持有量的多少无关。（　　）
2. 一般来说,资产的流动性越高,其获利能力越强。（　　）
3. 存货的经济订货批量是指达到最低订货成本的批量。（　　）
4. 企业净营运资金余额越高,说明企业经济状况越好,支付能力越强。（　　）
5. 企业现金管理的目的应当是在收益性和流动性之间做出权衡。（　　）
6. 企业拥有现金所发生的管理成本是一种固定成本,与现金持有量之间无明显的比例关系。（　　）
7. "5C"系统中的"能力"是指可能影响顾客付款能力的经济环境。（　　）
8. 能够使企业的取得成本、储存成本和缺货成本之和最低的订货批量,便是经济订货批量。（　　）

四、实务题

1. 某企业有四种现金持有方案,各方案有关成本资料如表6-6所示。

表6-6　现金持有方案成本资料

项目	甲方案	乙方案	丙方案	丁方案
现金持有量/元	15 000	25 000	35 000	45 000
管理成本/元	4 000	4 000	4 000	4 000
机会成本率/%	8	8	8	8
短缺成本/元	8 500	4 000	3 500	0

计算该企业的最佳现金持有量。

2. 某公司现金收支平稳,预计全年(按360天计算)现金需要量为250 000元,现金与有价证券的转换成本为每次 500 元,有价证券年利率为 10%。

(1) 计算最佳现金持有量。

(2) 计算最佳现金管理总成本、转换成本、持有机会成本。

(3) 计算有价证券交易次数、有价证券交易间隔期。

3. 某企业的原材料购买和产品销售均采用信用方式,应收账款的平均收款期为 60 天,应付账款的平均付款期为 35 天,从原材料购买到产成品销售的期限平均为 95 天。

(1) 计算该企业的现金周转期。

(2) 计算该企业的现金周转率。

(3) 若该企业现金年度需求总量为 270 万元,则最佳现金持有量为多少?

4. 某公司预计年耗用乙材料 6 000kg,单位采购成本为 15 元,单位储存成本为 9 元,平均每次进货费用为 30 元,假设该材料不存在缺货情况。

(1) 计算乙材料的经济订货批量。

(2) 计算经济订货批量下的总成本。

(3) 计算经济订货批量的平均占用资金。

(4) 计算年度最佳进货批次。

5. 甲公司全年需要 A 部件 50 000 件,当采购批量为 100 件时,单价为 96 元;当采购批量达到 500 件时,单价为 92 元。每次订货的变动性成本为 16 元,每件 A 部件年平均变动性储存成本为 10 元。

计算确定经济订货批量及最小相关总成本。

6. 某企业每年需用 A 材料 8 000 件,每次订货成本为 160 元,每件材料的年储存成本为 6 元,该种材料的单价为 25 元/件,一次订货量在 2 000 件以上时可获 3% 的折扣,在 3 000 件以上时可获 4% 的折扣。

计算确定对企业最有利的进货批量。

五、案例题

1. 某公司预计的年度销售额为 2 400 万元,目前的信用期为 $n/30$,坏账损失率为 2%,收账费为 24 万元,变动成本率为 65%,资金成本为 10%。为扩大销售,增强公司竞争力,该公司准备了两个信用期间的备选方案:A 方案为 $n/60$,销售额能增加到 2 640 万元,坏账损失率为 3%,收账费为 40 万元;B 方案为 $n/90$,销售额能增加到 2 800 万元,坏账损失率为 5%,收账费为 56 万元。采用新政策后,变动成本率和资金成本均不变。

问题:该公司是否应改变信用期,如果改变,应选择哪个方案?

分析提示:分别计算原信用期和新信用期的新增收益并进行对比,根据比较结果决定信用期。

2. 某企业每年耗用某种材料 7 200kg,该材料单位成本 20 元,单位储存成本为 2 元,一次订货成本 50 元。

问题:

(1) 按照经济订货批量基本模型计算经济订货批量、与经济订货批量相关的总成本、最佳订货次数、最佳订货周期、经济订货量占用资金。

(2) 如果每次进货 1 200kg 可以享受 2% 的价格折扣,确定经济订货批量。

(3) 如果订货日至到货期的时间为 10 天,保险储备为 100kg,再订货点为多少?

分析提示:分别依据存货的经济订货批量基本模型、有数量折扣情况下经济订货批量的确定及再订货点的确定三种情况进行分析。

六、实训题

(1) 实训项目:营运资金管理。

(2) 实训目的:了解企业营运资金政策的相关信息,掌握现金、应收账款、存货等营运资金在企业中的作用及相关的成本情况,掌握现金、存货和应收账款的管理方法和技巧。

(3) 实训组织:将学生分成若干小组,对实训企业的流动资产周转情况进行计算、比较和分析,收集并了解实训企业所在行业营运资产的平均管理水平,确定企业在行业中的排位情况,并进行差异分析。

(4) 实训成果:以小组为单位撰写一篇对实训企业营运资金管理情况的调查报告,包括实训企业营运资产的成本水平、主要功能,实训企业所处行业的平均水平,实训企业与所处行业平均水平的差异及原因分析,为实训企业提出相应的改进建议。

利润分配管理

项目7
Xiangmu 7

项目目标

知识目标

（1）理解利润分配管理的含义、基本原则与程序；
（2）掌握股利支付的方式；
（3）理解股利分配政策及影响因素。

能力目标

（1）能准确计算公司当年应提取的盈余公积金、可分配利润；
（2）能理解不同公司在不同条件下确定利润分配政策的目的；
（3）能根据企业实际情况确定利润分配程序，进行股利分配。

思政目标

（1）培养爱岗敬业、诚信守信、遵纪守法的职业精神；
（2）培养社会责任感、创新精神，提升实践能力；
（3）树立正确的职业价值观、大局意识，提升从事财务管理工作的社会责任感。

项目任务

任务情景

某玻璃工业集团股份有限公司是国内生产规模、技术水平、出口量皆处于领先地位的汽车玻璃生产供应商，专业生产汽车安全玻璃和工业技术玻璃，成立于我国福州。1993年，该公司成功在上海证券交易所挂牌上市，成为我国玻璃行业的第一家上市公司。该公司的股价从2013年到2018年增长了5倍左右，高于同时期上证指数的增长。可以看出，该公司在这6年间经营状况良好，持有稳定的市场份额，体现出较强的竞争优势。2018年，该公司公告中首次提及"全力打造全产业链"，指出公

司正处在发展转折的关键时期,应该更加谨慎合理地运用公司现金流。公司在制定股利政策时,一方面要结合所属行业的特征、宏观经济政策,综合考量外部融资渠道的成本以及监管机构的要求,另一方面要结合公司自身的资金盈余、战略与投资规划、未来发展状况等因素,充分听取多方利益相关者的意见,制定连续、稳定、科学合理的股利政策,使公司整体价值得到进一步提升。

在企业的利润分配过程中,影响该公司股利分配政策的主要因素有哪些?如何根据企业的实际情况选择股利分配政策?

任务提出

企业实现净利后,要做出正确的利润分配决策。利润分配政策决定了流向投资者和留存在企业以进行再投资的资金比例,同时能够向投资者传递关于企业业绩的信息。好的利润分配政策可以激励企业的利益相关者,加速企业的发展。企业必须在国家分配政策的指导下,合理确定利润分配的规模和分配方式,使企业尽可能获得最大的长期利益。企业利润分配管理需要完成以下工作任务。

工作任务1:明确企业利润分配的基本程序。

工作任务2:正确选择与制定股利分配政策。

工作任务3:合理确定股利支付的程序和方式。

任务分析

企业利润分配既是企业上一次资本运作的终点,又是下一次资本运作的起点,在两次资本运作之间具有联结作用,是企业资本不断循环周转的重要条件。企业应根据国家所规定的利润分配原则,依据有关法律、法规,按顺序分配利润。利润分配的核心是确定股利支付率。企业要根据自身所处的发展时期及各因素的影响程度确定适合自身的股利分配政策,如剩余股利政策、固定股利政策、固定股利支付率政策、正常股利加额外股利政策等。向投资者支付股利的形式可以是现金股利、股票股利、财产股利、股票分割等。股利分配政策和股利支付方式的选择影响企业的价值,对企业的健康发展非常重要。

7.1 利润分配管理基础

企业通过投资取得收益后,要按照国家所规定的利润分配原则,在各利益相关者之间进行分配。利润分配直接关系到国家、企业、投资者、职工等不同利益相关者的利益。利润分配管理就是正确组织企业利润分配,兼顾不同方面的利益,处理好投资者近期利益与企业长远发展之间的关系,确保分配决策与筹资、投资决策的相互协调,使分配政策既有利于巩固企业生产经营活动的物质基础,保证国家财政收入的稳定增长,又有利于调动职工的积极性。

7.1.1 利润分配的含义

利润分配是指企业按国家财务制度规定的分配形式和分配顺序,对所实现的利润在国家、企业和投资者之间进行的分配。利润分配有广义和狭义之分。广义的利润分配是指企业从营业收入开始的分配,即营业收入在弥补成本、缴纳所得税、向投资者分配税后利润后,剩余的就是企业的留用利润。狭义的利润分配是从税后利润开始的分配,即决定税后利润在投资者和企业之间的分配比例。本任务所讲的利润分配是指狭义的利润分配。

7.1.2 利润分配的基本原则

1. 依法分配原则

企业的利润分配涉及国家、企业、股东、债权人、职工等多方利益,为维护各利益相关者的合法权益,利润分配必须依法进行。企业必须依据国家制定和颁布的若干法规,包括企业利润分配的基本要求、一般程序和重大比例等,来规范自己的利润分配行为。

2. 分配与积累并重原则

分配给投资者的利润是投资者获得短期利益的最佳体现,而留用利润则是企业增强实力、降低风险的重要保证,能够通过投入企业扩大再生产实现投资者的长远利益。利润分配过程中要贯彻分配与积累并重原则,正确处理好短期利益和长远利益的关系。

3. 兼顾各方利益原则

企业利润在不同利益者之间的分配数量和比例直接影响国家的税收收入、投资者收益以及管理者和职工的积极性。利润分配过程中要维护各方利益,应当统筹兼顾、合理安排。

4. 投资与收益对等原则

企业利润分配应当体现"谁投资谁收益"、收益大小与投资比例相对等的原则,这是正确处理企业与投资者利益关系的立足点。企业在向投资者分配利润时,应本着平等一致的原则,按照投资者投入资本的比例进行分配,不允许发生任何一方随意多分多占的现象。这样才能保护投资者利益,提高投资者积极性。

7.1.3 利润分配的内容

1. 公积金

公积金分为法定公积金和任意公积金。法定公积金是指按照企业净利润和法定比例计提的盈余公积,即会计上所称的法定盈余公积。企业分配当年税后利润时应当按照10%的比例提取法定公积金,当法定公积金累计额达到企业注册资本的50%时,可不再继续提取。任意公积金的提取由股东会根据需要决定。

2. 股利

对股份制公司来说,向投资者分配的利润表现为股利。企业向股东支付股利,要在提取公积金之后。股利的分配应以各股东持有的股份为依据,每一股东取得的股利与其持有的股份数成正比。

7.2 利润分配程序和方式

根据我国《公司法》等有关规定,企业当年实现的净利润一般应按照以下内容、顺序和金额进行分配。

7.2.1 利润分配的程序

1. 非股份制企业的利润分配程序

(1) 弥补以前年度的亏损。按照我国财务和税务制度的规定,企业的年度亏损可以由下一年度的税前利润弥补,下一年度税前利润尚不足以弥补的,可以由以后年度的利润继续弥补,但用税前利润弥补以前年度亏损的连续期限不超过5年。5年内弥补不足的,从第六年起用本年税后利润弥补。本年净利润加年初未分配利润为企业可供分配的利润,只有可供分配的利润大于零时,企业才能进行后续分配。

(2) 提取法定盈余公积金。企业如果当年有盈利,应按抵减年初累计亏损后的年净利润计提法定盈余公积金。提取盈余公积金的基数不是累计盈利,也不一定是本年的税后利润,只有在不存在年初累计亏损时,才能按本年的税后利润计算提取。法定盈余公积金提取比例一般为10%,其计算公式为

法定盈余公积金提取额=(净利润-以前年度亏损)×10%

当企业法定盈余公积金达到注册资本的50%时,可不再提取。法定盈余公积金主要用于弥补企业亏损和按规定转增资本金,但转增资本金后的法定盈余公积金余额不得低于转增前注册资本的25%。

(3) 向投资者分配利润。企业本年净利润扣除弥补以前年度亏损、提取法定盈余公积金后的余额,加上年初未分配利润贷方余额,即为企业本年可供投资者分配的利润。企业本年可供投资者分配的利润应按照分配与积累并重原则向投资者进行分配。

2. 股份制企业的利润分配程序

(1) 弥补以前年度亏损。公司的法定盈余公积金不足以弥补以前年度亏损的,在提取公积金之前,应当先用当年的利润弥补亏损。

(2) 提取法定盈余公积金。法定盈余公积金按净利扣除弥补以前年度亏损后的10%提取。当企业法定盈余公积金达到注册资本的50%时,可不再提取。

(3) 提取法定公益金。根据《公司法》规定,法定公益金按净利扣除弥补以前年度亏损后的5%~10%提取。

(4) 支付优先股股息。企业应向优先股股东按事先约定的股息率支付股息,优先股股息不受企业盈利与否或多少的影响。

(5) 提取任意盈余公积金。任意盈余公积金是企业根据自身发展需要自行提取的公积金,其提取基数与计提法定盈余公积金的基数相同,计提比例由股东会根据需要决定。

(6) 支付普通股股利(向股东分配利润)。普通股股利来源于企业的税后净利润,但净利润不能全部用于发放股利。股份制企业必须按照有关法规和公司章程规定的顺序、比例,在提取了法定盈余公积金、法定公益金后,才能向优先股股东支付股息,在提取了任意盈余公积金之后,才能向普通股股东发放股利。企业通常应按照普通股股东持有股份的比例进行分配。

【同步案例 7-1】晨星公司 2014 年年初未分配利润账户的贷方余额为 37 万元,2015 年发生亏损 100 万元。2015—2019 年每年税前利润为 10 万元,2020 年税前利润为 15 万元,2021 年税前利润为 40 万元。该公司所得税税率为 25%,法定盈余公积金(含法定公益金)的计提比例为 15%。计算:(1)2020 年是否应交纳所得税?是否应计提法定盈余公积金? (2)2021 年可供给投资者分配的利润是多少?

【解析】(1) 2020 年年初未分配利润 = 37 − 100 + 10 × 5 = −13(万元)

2020 年亏损的 13 万元应用以后年度的税后利润弥补。

$$2020 \text{ 年应缴纳所得税} = 15 \times 25\% = 3.75(\text{万元})$$

$$\text{本年税后利润} = 15 - 3.75 = 11.25(\text{万元})$$

$$\text{企业可供分配利润} = 11.25 - 13 = -1.75(\text{万元})$$

企业可供分配的利润小于零,所以 2020 年不能计提法定盈余公积金(含法定公益金)。

(2) 2021 年税后利润 = 40 × (1 − 25%) = 30(万元)

可供分配的利润 = 30 − 1.75 = 28.25(万元)

计提法定盈余公积金(含法定公益金) = 28.25 × 15% = 4.237 5(万元)

可供给投资者分配的利润 = 28.25 − 4.237 5 = 24.012 5(万元)

分配给投资者的利润是投资者从企业获得的投资回报。向投资者分配利润应遵循纳税在先、企业积累在先、无盈余不分利的原则,其分配顺序在利润分配的最后阶段,这体现了投资者对企业的权利、义务以及投资者所承担的风险。

7.2.2 股利支付方式

按照股份有限公司对股东支付股利的方式不同,股利可分为现金股利、股票股利、财产股利、股票分割等形式,其中现金股利与股票股利较为常见。

1. 现金股利

现金股利是指企业以现金的方式向股东支付的股利,也称红利。现金股利是最常见的、最容易被投资者接受的股利支付方式。企业支付现金股利,除了要有累计的未分配利润,还要有足够的现金。企业一旦向股东宣告发放现金股利,就对股东承担了支付的责任,必须如期履约;否则,企业不仅会丧失信誉,而且会产生不必要的麻烦。

2. 股票股利

股票股利是指应分给股东的股利以额外增发股票形式来发放。股票股利一般按在册股东持有股份的一定比例来发放,对于不满一股的股利则采用现金发放。股票股利的优点是节约现金支出,常被现金短缺的企业采用。

发放股票股利没有引起现金流出,不会导致企业财产减少。在企业账面上,只需在减少未分配利润项目金额的同时,增加股本和资本公积等项目金额,并通过中央清算登记系统增加股东持股数量。企业的财产价值和股东的股权结构不会改变,改变的只是股东权益内部项目的金额。

【同步案例7-2】晨星公司2021年全年实现的净利润为1 500万元,年末在分配股票股利前的股东权益各项目金额如表7-1所示。

表7-1　股票股利分配前的股东权益各项目金额　　　单位:万元

权益项目	金　　额
股本(面值1元)	1 200
资本公积	4 000
盈余公积	1 400
未分配利润	4 000
合计	10 600

若公司决议发放10%的股票股利,该公司股票目前的市价为20元,发放股票股利以市价计算,则发放股票股利后,股东权益各项目的数额是多少?

【解析】从未分配利润中划出的资金=1 200×10%×20=2 400(万元)

未分配利润=4 000－2 400=1 600(万元)

普通股股本=1 200+1 200×10%×1=1 320

资本公积=4 000+1 200×10%×19=6 280

发放股票股利后,公司股东权益各项目金额如表7-2所示。

表7-2　股利分配后的股东权益各项目金额　　　单位:万元

权益项目	金　　额
股本(面值1元)	1 320
资本公积	6 280
盈余公积	1 400
未分配利润	1 600
合计	10 600

从上例可以看出,企业发放股票股利会增加流通的普通股股数,使股东持有的股数增加,获得增加原始股的机会。但每位股东所持股票的市场价值总额仍然不变,既不直接增加股东的财富,也不增加企业的资产价值。

在实际经济生活中,很少有企业只采取现金股利支付一种形式,通常会将各种股利支付方式进行组合,形成整体股利政策,以谋求企业的最大利益。例如,我国的上市公司经常采取转增股、送红股和发放现金股利相结合的方式。

3. 财产股利

财产股利是以现金以外的资产支付的股利,主要是以本企业所拥有的其他企业的有价证券作为股利支付给股东,如其他企业的债券、股票。

4. 股票分割

股票分割也是股利支付的一种形式,是指将一股面额较高的股票分割成数股面额较低的股票的行为。股票分割会对账面上每股盈余和每股市价有一定影响。股票分割时,发行在外的股数增加,每股面额降低,每股盈余下降,但公司价值不变,股东权益总额、股东权益各项目金额及相互之间的比例不会改变。

7.2.3 股利发放日期的确定

股份公司在决定分派股利后,应由董事会向股东宣告分派股利事项。但由于股票可以自由买卖,公司的股东也在经常变动,所以股份公司在分派股利时需要确定一些时间界限来明确究竟谁有权利领取股利。股份公司向股东支付股利的过程主要包括四个重要的日期,即股利宣告日、股权登记日、除息日和股利发放日。

1. 股利宣告日

股利宣告日是指董事会将股东大会决议通过的分红方案(或发放股利情况)予以公告的日期。公告中将宣布每股股利、股权登记日、除息日和股利发放日等事项。

2. 股权登记日

股权登记日是指有权领取本期股利的股东资格登记截止日期。只有在股权登记日前在公司股东名册上完成登记的股东才有权分享当期股利,在股权登记日之后列入名单的股东无权领取本次派发的股利。

3. 除息日

除息日也称除权日,是指从股价中除去股利的日期,即领取股利的权利与股票分开的日期。在除息日之前的股票价格中包含本次股利,在除息日之后的股票价格中不再包含本次股利,因此股东只有在除息日之前购买股票,才能领取本次股利,在除息日当天或以后购买股票,则不能领取本次股利。除息日一般确定在股权登记日的下一个交易日。

4. 股利发放日

股利发放日是指股份公司按照公布的股利分配方案实际向股东发放股利的日期。

【同步思考 7-1】某公司董事会于 2021 年 4 月 12 日发布公告:"以 2020 年年末总股数 16 000 000 股为基数,每股发放现金股利 0.2 元(含税);本公司将于 2021 年 5 月 29 日将上述股利支付给已在 2021 年 5 月 12 日登记为本公司股东的人士。"指出该公司在向股东支付股利的过程中的股利宣告日、股权登记日和股利发放日。

分析说明:该公司的股利宣告日为 2021 年 4 月 12 日,股权登记日为 2021 年 5 月 12 日,股利发放日为 2021 年 5 月 29 日。

7.3 股利分配政策

7.3.1 股利分配政策的概念与影响因素

1. 股利分配政策的概念

股利分配政策是指企业在法律允许的范围内制定的关于本企业是否发放股利、发放多少股利以及何时发放股利的方针和对策。企业的净利润可以支付给股东,也可以留存在企业内部,制定股利分配政策的关键问题是确定分配和留存的比例。股利分配政策不仅会影响股东的财富,而且会影响企业股票的价格,更会影响企业的长期发展。因此,选择和制定合理的股利分配政策对企业和股东来说是非常重要的,企业应当确定适当的股利分配政策,并使其保持连续性,以便股东据以判断企业的发展趋势。

2. 股利分配政策的影响因素

企业股利分配政策由企业管理者制定,其制定过程受许多内外部因素的制约。影响股利分配政策的因素主要包括以下几个方面。

(1) 法律约束因素。为了保护债权人和股东的利益,《公司法》等有关法规对公司的股利分配有一系列的限制:①资本保全限制,它要求企业不能用资本发放股利,各种资本公积准备不能转增股本,已实现的资本公积只能转增股本,不能分派现金股利,盈余公积主要用于弥补亏损和转增股本,一般情况下不得用于向投资者分配利润和现金股利;②资本充实限制,它要求企业在分配利润时必须按净利润后的一定比例提取法定盈余公积金,企业当年出现亏损时,一般不得给投资者分配利润;③偿债能力限制,它要求企业按时足额偿付各种到期债务,当股份公司支付现金股利会影响公司偿还债务和正常经营时,发放现金股利的数额就要受到限制。

(2) 企业自身因素。企业在制定切实可行的股利分配政策时,出于长期发展与短期经营的考虑,须关注以下因素。①债务因素,如果一个公司有较强的举债能力,能及时筹措所需资金,则可采取较为宽松的利润分配政策,反之,应保留较多的盈余,采取较为紧缩的股利分配政策。②未来投资机会,当企业预期未来有较好的投资机会,且预期投资收益率大于期望收益率时,经营者可首先考虑将实现的收益用于投资,减少用于分配的收益金额,以便促进企业的长期发展。因此,处于成长阶段的企业一般具有较多的良好投资机会,多采取低股利分配政策,许多处于经营收缩期的企业一般缺少良好的投资机会,多采取高股利分配政策。③筹资成本,留用利润是企业内部筹资的一种重要方式,同发行新股或举借债务相比,不但筹资成本低,而且具有很强的隐蔽性。企业如果一方面大量发行股利,另一方面又以支付高额资本成本为代价筹集其他成本,就损害了股东的利益。所以,从筹资成本的角度考虑,如果企业扩大规模需要增加权益资本,便可采取低股利分配政策。一般来说,将税后的收益用于再投资有利于降低筹资的外在成本。④资产的流动性,如果企业的资产流动性差,不宜分配过多的现金股利,因为较多支付现金红利会减少企业现金持有量,使资产的流动性降低。

(3) 投资者因素。投资者出于对自身利益的考虑,会对公司的利润分配提出限制建议:①控制权稀释,公司支付较多股利意味着保留盈余的减少,加大了发行新股的可能性,而发行新股会稀释公司的控制权,为防止控制权旁落,投资者通常会主张限制股利的支付;②稳定收入,如果一个企业的绝大部分股东属于低收入阶层以及养老基金等机构投资者,他们需要企业发放的现金股利来维持生活或用于发放养老金等,这部分股东特别关注现金股利,他们要求公司支付稳定的股利,反对公司留存较多的利润;③避税考虑,企业的股利政策会受到股东税负的影响,我国现金股利所得税税率是20%,而股票交易尚未征收资本利得税,低股利分配政策可以给股东带来更多资本利得收入,达到避税目的;④规避风险,在一部分投资者看来,股利的风险小于资本利得的风险,当期股利的支付能够解除投资者心中的不确定性,他们通常会要求企业支付较多的股利,减少股东投资的风险。

(4) 其他因素。影响股利分配政策的其他因素主要包括债务合同约束、机构投资者的投资限制、通货膨胀等。①债务合同约束,企业的债务合同特别是长期债务合同常有限制企业支付现金股利的条款,这使企业只能采用低股利分配政策;②机构投资者的投资限制,机构投资者如养老基金、信托基金、储蓄银行、保险企业等通常会选择股利稳定支付的股票进行投资,连续几年不支付股利或所支付的股利金额起伏较大的股票一般不能成为机构投资者的投资对象,企业如果想吸引更多的机构投资者,应采用较高而且稳定的股利分配政策;③通货膨胀,当发生通货膨胀时,折旧储备的资金通常不能满足重置资产的需要,公司为了维持原有生产能力,需要从留用利润中予以补足,可能导致股利支付水平下降,采取紧缩的股利分配政策。

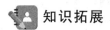知识拓展

股利相关理论

1. 税差理论

税差理论是讨论当股利收益税率高于资本利得税率时,股东会在继续持有股票以期取得预期资本利得与立即实现股利收益之间进行权衡。

(1) 如果不考虑股票交易成本,由于股利收益的税率高于资本利得税率,企业应采取低现金股利比率的分配政策。

(2) 如果存在股票交易成本,当资本利得税与交易成本之和大于股利收益税时,偏好现金股利收益的股东会倾向于企业采用高现金股利支付率的分配政策。

2. 客户效应理论

客户效应理论是研究处于不同税收等级的投资者对待股利分配的态度差异。

(1) 边际税率较高的投资者(即高收入投资者)偏好低股利支付率的股票。

(2) 边际税率较低的投资者(即低收入投资者)偏好高股利支付率的股票。

3. "一鸟在手"理论

(1) 股东偏好现金股利,倾向于股利支付率高的股票。

(2) 股利支付率越高，股东承担风险越小，要求的权益资本报酬率越低，权益资本成本相应越低，从而提高了企业权益价值。

4. 代理理论

企业的某一方利益相关者为了自身利益最大化可能损害另一方利益，这种利益冲突关系表现为不同形式的代理成本。

(1) 股东与债权人之间的代理冲突。债权人为保护自身利益，希望企业采取低股利支付率的分配政策。

(2) 管理人员与股东之间的代理冲突。股东为了抑制管理人员随意支配自由现金流的代理成本，并满足自身取得股利收益的愿望，希望企业采用高股利支付率的分配政策。

(3) 控股股东与中小股东之间的代理冲突。为防止控股股东侵害中小股东利益，中小股东希望企业采用高股利支付率的分配政策。

5. 信号理论

(1) 内部管理人员与外部投资者存在信息不对称，股利分配可以作为信息传递机制，使外部投资者依据股利信息判断公司经营状况和发展前景。

(2) 外部投资者对股利信息的理解不同，做出的企业价值判断也不同。

7.3.2 股利分配政策的选择

选择股利分配政策的核心问题是确定支付股利与留存收益的比例，即股利支付率问题。由于支付给股东的股利与企业留存收益之间存在此消彼长的关系，所以企业在实际财务管理过程中，要综合考虑不同企业、不同时期的特点及各因素的影响程度，确定适合自身的股利分配政策。目前，企业常采用的股利分配政策有以下几种。

1. 剩余股利政策

股利分配与公司的资本结构相关，而资本结构又是由投资所需资金构成的，因此股利分配政策会受到投资机会和资金成本的双重影响。剩余股利政策是指在公司未来有良好的投资机会时，根据公司设定的最佳资本结构确定未来投资所需的权益资金，先最大限度地使用留存收益来满足投资方案所需的权益资本，再将剩余部分作为股利发放给股东的政策。

采用剩余股利政策时，应遵循以下三个步骤：①确定目标资本结构下投资项目所需要的权益资金数额；②最大限度地使用留存收益满足投资项目所需的权益资本数额；③投资项目所需权益资金满足后，将剩余部分作为股利发放给股东。

【同步案例7-3】晨星公司当年利润下年分配股利。公司2020年年初未分配利润为－100万元，2020年实现净利润1 200万元。公司计划2021年新增投资资本1 000万元，目标资本结构（债务∶权益）为3∶7。根据法律规定，辰星公司须按抵减年初累计亏损后的本年净利润的10%提取法定盈余公积金。若该公司采取剩余股利政策，应发放多少现金股利？

【解析】该公司的目标资本结构为3∶7，在该资本结构下，加权平均资金成本将达到最低水平。

(1) 确定目标资本结构下投资所需的股东权益数额。

目标资本结构下投资所需的股东权益数额＝1000×70%＝700(万元)

(2) 最大限度地使用留存收益来满足投资方案所需的权益数额,若有剩余盈余,再将其作为股利发放给股东。

可分配股利＝1 200－700＝500(万元)

采取剩余股利政策可以充分利用留存收益这一资金来源,保持理想的资本结构,并能使综合资金成本最低,但这种方法忽略了不同股东对资本利得与股利的偏好,会损害那些偏好现金股利的股东利益,可能影响股东对企业的信心。另外,剩余股利政策以投资的未来收益为前提,由于企业管理者与股东之间存在信息不对称,股东不一定了解企业未来的投资收益水平,也会影响股东对企业的信心。剩余股利政策不利于投资者安排收入与支出,也不利于公司树立良好的形象,一般适用于公司初创阶段。

2. 固定股利政策

固定股利政策是指在一定时期内无论外部经济情况如何,也无论企业内部经营好坏,企业每年的每股股利支付额都稳定在某一特定水平上保持不变的政策。只有企业对未来利润的增长非常有把握,并且这种增长被认为不会发生逆转时,才会提高每股股利支付额。

固定股利政策是稳定的股利政策,有利于稳定股票价格,有助于消除投资者心中的不确定感,对那些期望每期有固定数额收入的投资者比较具有吸引力。但这种政策使股利的支付与盈利相脱节,造成投资收益和投资风险的不对称。企业盈利较低时仍要支付固定股利,可能会导致企业资金短缺、财务状况恶化,影响企业的长远发展。该政策适用于盈利稳定或处于成长期的企业。

3. 固定股利支付率政策

固定股利支付率政策是企业将每年净利润的某一固定百分比作为股利分配给股东的一种政策。这一百分比通常是股利支付率,股利支付率一经确定,不得随意变更。固定股利支付率越高,企业留存的净利润越少。在这一股利分配政策下,公司的净利润一经计算确定,所应派发的股利也就相应确定了。

【同步案例7-4】若晨星公司2021年实现净利润为900万元,发放的现金股利为315万元,2022年实现的净利润为2 000万元,公司采用固定股利支付率政策,则2022年公司应发放的股利是多少?

【解析】 2020年公司的股利支付率＝$\frac{315}{900}$×100%＝35%

2020年应发放的股利＝2 000×35%＝700(万元)

固定股利支付率政策能使股利与公司盈利紧密结合,体现"多盈多分、少盈少分、不盈不分"的原则。但是如果企业的盈利各年间波动不定,其股利也会随之波动,这会影响股东对企业未来经营的信心,不利于企业股票市场价格的稳定与上涨。因此,大多数企业并不采用这一股利政策,它比较适用于发展稳定且财务状况也较稳定的企业。

4. 正常股利加额外股利政策

正常股利加额外股利政策是介于固定股利政策与固定股利支付率政策之间的一种股利分配政策。这种政策是指企业每年都支付较低的固定股利,当盈利增长较多时再根据实际情况加付额外股利,即当企业盈余较低或现金投资较多时,可维持较低的固定股利,而当企业盈利有较大幅度增加时,则加付额外股利。

正常股利加额外股利政策既能保证股利的稳定性,使依靠股利度日的股东有比较稳定的收入,又能使股利和盈利良好配合,增强企业资金流动的灵活性。但该政策容易给投资者造成公司收益不稳定的感觉,适用于盈利水平随着经济周期而波动较大的企业。

股利分配政策不仅会影响股东的利益,而且会影响企业的运营与发展。因此,制定恰当的股利分配政策显得尤为重要。企业应结合自己的发展进程、发展规模及盈利水平制定相应的股利分配政策。企业在不同成长与发展阶段所采用的股利分配政策可遵循表 7-3 的内容。

表 7-3 企业在不同成长与发展阶段所采用的股利分配政策

企业发展阶段	发展特点	适用的股利分配政策
初创阶段	经营风险高,有投资需求但融资能力差	剩余股利政策
增长阶段	快速发展,投资需求大	正常股利加额外股利政策
稳定阶段	业务稳定增长,投资需求减少	固定股利政策
成熟阶段	盈利水平稳定,已积累一定资金	固定股利支付率政策
衰退阶段	业务减少,获利能力下降	剩余股利政策

【同步思考 7-2】你认为股利分配政策变动会对公司产生哪些不利影响?

分析说明:股利分配政策的变动会影响投资者对管理政策、付现能力以及未来获利能力的判断,并相应引起股票价格及市场价值的波动。股利分配政策的变动也会引发债权人对企业风险水平重新进行评估,影响企业的负债融资能力。

项目小结

1. 利润分配是指企业按国家财务制度规定的分配形式和分配顺序,对所实现的利润在国家、企业和投资者之间进行的分配。

2. 利润分配的基本原则有依法分配原则、分配与积累并重原则、兼顾各方利益原则、投资与收益对等原则。

3. 股利分配政策是指企业在法律允许的范围内制定的关于本企业是否发放股利、发放多少股利以及何时发放股利的方针和政策。

4. 股利分配政策通常包括剩余股利政策、固定股利政策、固定股利支付率政策及正常股利加额外股利政策。

5. 股利支付的方式有现金股利、股票股利、财产股利、股票分割等。

6. 股利分配政策的影响因素有法律约束因素、企业自身因素、投资者因素及其他因素。

 **思政园地**

股份公司"清仓式"分红

自 2018 年至 2020 年,某股份公司 A 股上市 3 年,实现净利润累计约 36 亿元,累计派现红利 47 亿元,分红率高达 129.99%,赚取的利润还不够分红。该公司的上市似乎就是奔着高额分红而来,3 年的分红不仅分光了 3 年挣得的利润,还分掉了公司积累的 10.77 亿元,堪称"清仓式"分红。与持续积极高额现金分红截然相反的是,该公司产业布局似乎是在消极怠工。公司 IPO 时募资 23.77 亿元,3 年过去了,除了补充流动资金外,3 个募投项目中有 2 个进行了调整,整体投资进度不到 10%。不仅如此,公司还将未调整的募投项目建设期限延长至 2025 年。如此大规模现金分红,最大受益者是该公司实际控制人朱某。该公司 3 年现金分红,朱某累计分得 27.89 亿元,收割了诸多新入市的"股票小白"。

近年来,朱某逐渐因各类经济问题被国家有关部门调查。2022 年 1 月 26 日晚间,该股份公司发布关于公司实际控制人被立案调查的进展公告。公告中称,公司于 2022 年 1 月 23 日收到湖南省耒阳市监察委员会立案通知书,其决定对公司实际控制人朱某的违法问题立案调查。1 月 26 日,公司从朱某女士家属处获悉,朱某已被执行指定居所监视居住。

利润分配管理主要是作为企业根据谁出资谁受益的原则进行实现投资者的预期收益,增强社会对企业的投资信心,提升企业信誉,同时也可以增强企业的继续融资能力,保障企业的持续健康发展。财务管理人员应树立社会主义核心价值观,不能一味地追求利润而损害社会利益,应在保证企业可持续发展的同时保护劳动者的合法权益,完善工会、职工董事和职工监事制度,公平合理地处理各类经济事项,真正实现企业价值的最大化。

(资料来源:股份公司 IPO 项目停滞 3 年进度不到 10%,朱林瑶"清仓式"分红盈利 36 亿分掉 47 亿. http://m.changjiangtimes.com/bencandy.php? aid=614465.)

项目训练

一、单项选择题

1. 下列各项目中,不能用于弥补亏损的是( )。
   A. 税前利润   B. 法定盈余公积金
   C. 筹建期间的汇兑损益   D. 资本公积金
2. 下列各项目中,不能用于股利分配的是( )。
   A. 法定盈余公积金   B. 资本公积金

  C. 上年未分配利润   D. 税后利润
3. 最常见且最容易被投资者接收的股利支付方式为（　　）。
  A. 现金股利   B. 股票股利
  C. 财产股利   D. 股票分割
4. 股利支付与公司盈利能力相脱节的股利分配政策是（　　）。
  A. 剩余股利政策   B. 固定股利政策
  C. 固定股利支付率政策   D. 正常股利加额外股利政策
5. 按照剩余股利政策，假定某公司资本结构目标为自有资金和借入资金之比为5：3，明年计划投资600万元，今年年末股利分配时，应从税后净利润中保留（　　）万元用于投资需要，再将剩余利润用于发放股利。
  A. 375   B. 360
  C. 600   D. 0
6. 公司采用固定股利政策发放股利的好处主要表现为（　　）。
  A. 降低资金成本   B. 维持股价稳定
  C. 提高支付能力   D. 实现资本保全
7. 公司以股票形式发放股利，可能带来的结果是（　　）。
  A. 公司资产减少   B. 公司负债减少
  C. 股东内部权益结构变化   D. 股东权益与负债同时变化
8. （　　）之后的股票交易，其交易价格可能有所下降。
  A. 股利宣告日   B. 除息日
  C. 股权登记日   D. 股利支付日
9. 法定盈余公积金达到注册资本的（　　）%时，可以不再提取。
  A. 55   B. 50
  C. 35   D. 25
10. 下列各项在利润分配中处于最优先顺序的是（　　）。
  A. 法定盈余公积金   B. 法定公益金
  C. 优先股股利   D. 任意盈余公积金
11. 在影响股利分配政策的法律因素中，目前我国相关法律尚未作出规定的是（　　）。
  A. 资本保全限制   B. 资本充实限制
  C. 偿债能力限制   D. 超额累计利润限制

二、多项选择题

1. 利润分配原则包括（　　）。
  A. 合法性原则   B. 利益兼顾原则
  C. 积累优先原则   D. 按劳分配原则
  E. 利益激励原则
2. 下列各项中属于税后利润分配项目的有（　　）。
  A. 法定盈余公积金   B. 法定公益金

C. 股利支出 D. 资本公积金
E. 职工福利基金
3. 我国股份制企业股利分派的方式主要包括（ ）。
   A. 现金股利　　B. 财产股利　　C. 股票分割　　D. 股票股利
4. 股东在决定公司收益分配政策时通常考虑的主要因素有（ ）。
   A. 规避风险 B. 稳定收益
   C. 防止公司控制权旁落 D. 避税
5. 固定股利政策一般适用于（ ）。
   A. 收益比较稳定的企业 B. 处于成长期的企业
   C. 业绩优良的企业 D. 业绩一般的企业
6. 影响股利分配政策的企业自身因素包括（ ）。
   A. 公司举债能力 B. 未来投资机会
   C. 资产流动状况 D. 筹资成本
7. 股份公司向股东分配股利时，涉及的重大日期有（ ）。
   A. 股利宣告日 B. 股权登记日
   C. 除息日 D. 股利支付日
8. 当股份公司现金短缺时可采用的股利支付形式有（ ）。
   A. 现金股利 B. 股票股利
   C. 财产股利 D. 股票分割
9. 下列项目中不能用于支付股利的有（ ）。
   A. 原始投资 B. 实收资本
   C. 法定公益金 D. 上年未分配利润
10. 剩余股利政策的优点有（ ）。
    A. 能最大限度地满足投资方案对权益资本的需要
    B. 有利于向市场传递公司正常发展的信息
    C. 有利于公司保持理想的资本结构，使综合资金成本降至最低
    D. 有利于体现"多盈多分、少盈少分、不盈不分"的原则
11. 固定股利政策的缺点有（ ）。
    A. 会造成股利支付与盈余脱节 B. 容易导致股价的波动
    C. 不能使公司保持较低的资金成本 D. 容易导致资金短缺，财务状况恶化
12. 正常股利加额外股利政策的优点有（ ）。
    A. 有利于公司灵活掌握资金的调配 B. 有利于稳定股价
    C. 有利于吸引依靠股利度日的股东 D. 有利于公司保持最优资本结构

三、判断题

1. 利润就是企业的收入，它也是社会积累的主要源泉。（   ）
2. 资本公积金和法定盈余公积金均为可用转增资本和弥补亏损。（   ）
3. 其他业务利润是其他业务收入扣除其他业务成本后的余额。（   ）

4. 期间费用应直接从当期收益中扣除,因此,管理费用、财务费用和销售费用均应从销售收入中扣除。（   ）

5. 在企业生产期间发生的长期负债的利息支出应计入财务费用。（   ）

6. 公益救济性捐赠支出不论多少均应计入营业外支出,直接扣减应税利润。（   ）

7. 企业当年无利润时,一律不得向投资者分配股利。（   ）

8. 法定公益金是用于职工福利的基金,可以用于职工医药费用支出。（   ）

四、实务题

1. 某公司 2020 年实现的税后净利润为 2 000 万元,法定盈余公积金（含法定公益金）的提取率为 15%,2021 年的投资计划所需资金 1 500 万元,公司的目标资金结构为自有资金占 60%。

(1) 若公司采用剩余股利政策,计算 2021 年末可发放的股利数。

(2) 若公司发行在外的股数为 2 000 万股,计算每股利润及每股股利。

(3) 若 2021 年公司决定将股利政策改为逐年稳定增长的股利政策,设股利的逐年增长率为 2%,投资者要求的必要报酬率为 10%,计算该股票的价值。

2. 某公司可供分配的税后净利润为 800 万元,为进一步扩大再生产,下一年的投资计划需要资金 1 000 万元,该公司的目标资本结构为 40%负债、60%权益资金,计算当公司采用固定股利支付率政策时,是否可向股东分配股利,若不可以,请说明理由；若可以,请计算出可分配金额。

五、案例题

某公司 2021 年 6 月 30 日资产负债表中的所有者权益账户情况如表 7-4 所示,该公司股票的市价目前为 45 元/股。

表 7-4　某公司所有者权益情况简表
2021 年 6 月 30 日

所有者权益	期末金额/万元
普通股(每股面值 4 元)	40
资本公积	25
留存收益	165
所有者权益总额	230

问题：

(1) 在发放 10%的股票股利后,公司的所有者权益账户有何变化？

(2) 在 2∶1 的股票分割后,公司的所有者权益账户又有何变化？

分析提示：股票股利会改变公司所有者权益内部结构,股票分割不会改变公司所有者权益内部结构。

六、实训题

(1) 实训项目：股利政策选择。

（2）实训目的：通过实训使学生了解股利分配政策的种类及优缺点，理解与股利发放有关日期的含义，掌握影响企业股利分配政策的因素。

（3）实训组织：将学生分成若干小组，每组3～5人，以小组为单位，上网查询3家不同成长阶段的上市公司，收集公司近3年的财务基础数据、债务负担、未来投资项目、股利分配等相关资料，分析公司采用的股利分配政策及影响因素。

（4）实训成果：以小组为单位完成实训报告。实训报告的内容包括本组收集的上市公司的股利分配政策，选择股利分配政策的原因，该股利分配政策对企业的影响，本组成员对公司选择的建议，通过实训产生的收获。

项目 8 财务预算

项目目标

知识目标

(1) 理解财务预算的含义、作用与编制步骤;
(2) 掌握固定预算、弹性预算、增量预算、零基预算、定期预算、滚动预算的含义与编制方法;
(3) 掌握滚动预算的编制、经营预算的编制、现金预算的编制;
(4) 掌握预计利润表和预计资产负债表的编制。

能力目标

(1) 能够正确编制滚动预算;
(2) 能够正确编制现金预算;
(3) 能够正确编制预计财务报表。

思政目标

(1) 培养爱岗敬业、诚信守信、廉洁自律的职业精神;
(2) 增强对财务预算中各项数据的敏感性,形成良好规划经营的职业素养;
(3) 锻炼团队协作意识,学习沟通表达技巧。

项目任务

任务情景

广东乐百氏集团是闻名全国的大型食品饮料企业,是中国饮料工业十强企业之一,产品商标"乐百氏"是中国食品饮料行业目前为数不多的经国家商标局认定的"驰名商标"。2006 年,广东乐百氏集团正式推行全面预算管理,全面预算管理帮助广东乐百氏集团真正实现了从民营企业向现代化企业的蜕变,让广东乐百氏集团跨入了现代企业的行列,为公司的持续、稳定、健康发展奠定了基础。

全面预算为何如此行之有效,其奥秘何在？作为全面预算组成部分的财务预算发挥着重要作用,尤其在提高资金的利用效果、降低成本费用方面功不可没。对追求企业价值最大化的经济组织而言,资源的稀缺性要求它们以尽可能少的资源投入获得尽可能多的产品,而企业想以有限的资源取得尽可能多的经济效益,就必须编制财务预算。现代财务预算管理包含哪些内容？如何编制财务预算呢？

任务提出

为使股东财富最大化,企业需要对各项财务活动进行合理筹划。正确地进行财务预算,不仅能为企业生产经营活动的正常开展测定相应的资金需要量,而且能为企业管理者制定经营决策、适时调度资金、优化资金结构、减少资金耗费、提高资金效益创造有利条件。财务预算需要财务管理人员完成以下工作任务。

工作任务1:掌握财务预算的编制方法。

工作任务2:正确编制现金预算。

工作任务3:正确编制预计财务报表。

任务分析

预算是一种管理工具,也是一套系统的方法。它通过合理分配人力、物力和财力等资源协助企业实现战略目标,监控战略目标实施进度,控制费用支出,并预测现金流量和利润。财务预算的对象是企业的资金运动,财务预算就是结合企业外部和内部的经济环境对企业资金运动的变化趋势和发展水平进行预测,包含企业资金运动的各个环节,具体表现为资金筹集、资金投放、资金耗费、资金收入、资金分配及有关方面。企业需要通过销售预算、生产预算、直接材料预算、直接人工预算、制造费用预算、产品成本预算、销售和管理费用预算等的编制来规划现金流量,通过预计财务报表的编制对预算期末财务状况进行预测,以便更好地控制财务活动,提高管理效率。

8.1 财务预算基础

8.1.1 全面预算与财务预算

全面预算是以货币及其他数量形式反映的有关企业未来一段期间内全部经营活动各项目标的行动计划与相应措施的数量说明,具体包括特种决策预算、日常业务预算和财务预算。

1. 特种决策预算

特种决策预算又称专门决策预算,是指企业不经常发生的、需要根据特定决策临时编制的一次性预算,通常由董事会及投资部门编制。特种决策预算包括经营决策预算和投资决策预算,主要针对企业某专项投资而编制,如固定资产投资预算、利润分配预算等。

2. 日常业务预算

日常业务预算又称经营预算,是指与企业日常经营活动直接相关的经营业务的各种预算,具体包括销售预算、生产预算、直接材料预算、应交税金及附加预算、直接人工预算、制造费用预算、产品成本预算、期末存货预算、销售费用预算、管理费用预算等内容。

3. 财务预算

财务预算是一系列专门反映企业未来一定预算期内预计财务状况和经营成果,以及现金收支等价值指标的各种预算的总称,具体包括现金预算、预计利润表和预计资产负债表等内容。其根本目的是明确企业内部各部门、各单位的责、权、利关系,对各种财务及非财务资源进行分配、考核和控制,以便有效组织和协调企业的生产经营活动,完成既定的财务目标。

财务预算是在经营预算和资本预算的基础上做出的现金流量的安排,以及对一定时期内的利润和一定时期末的资产负债的预计,是财务管理的一个重要的环节。财务预算是以财务决策确立的方案和财务预测提供的信息为基础编制的,是财务预测和财务决策的具体化,是控制财务活动的依据。

财务预算具体包括现金预算、财务费用预算、预计利润表、预计利润分配表和预计资产负债表等内容。财务预算作为全面预算的最后环节,从价值方面总括地反映日常业务预算和特种决策预算的结果,又称总预算,其余两种预算则相应称为辅助预算或分预算。

三种预算在编制时各有侧重点,相互之间又密不可分,财务预算是日常业务预算和特种决策预算的汇总。财务预算在全面预算体系中占有举足轻重的地位。

全面预算的构成如图 8-1 所示。

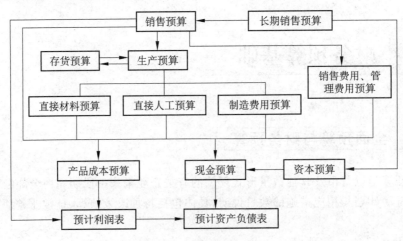

图 8-1 全面预算的构成

> **知识拓展**
>
> **预算的起源**
>
> "预算"一词起源于法语 bougette(公文包),最初是指政府部门用于管理财政收支的计划手段(即财政预算)。伴随着市场经济的发展,这种计划手段逐渐被企业借鉴,发展成为企业内部规划和配置资源的重要管理方法,由企业财务部门或会计部门发起和组织预算的制定以及预算执行结果的决算、考评。
>
> 预算的核心内容是企业内部各个运营管理部门基于当前资源基础和发展目标,评估下一阶段发展中资源需求和供给的关系,进而形成一种资源配置计划。

8.1.2 财务预算的作用

财务预算是企业全面预算体系中的组成部分,编制财务预算对完成企业财务工作和财务目标具有重要的作用,主要表现在以下方面。

1. 财务预算使决策目标具体化、系统化和定量化

财务决策目标具有层次性和多元性,必须通过预算将其分解成各级、各部门的具体目标。编制财务预算是将财务目标和制定目标所依据的主要设想和意图,以及为达到目标所采取的措施都详细列举出来,进而明确规定企业有关生产经营人员各自的职责和相应的奋斗目标,做到人人事先心中有数,在不同工作环节中朝同一方向努力。

2. 财务预算能合理配置财务资源

财务预算的编制过程就是财务资源的配置过程。编制财务预算是在合理决策的基础上,围绕财务管理目标将有限的财务资源在各部门、各层次、各环节进行合理配置,使有限的资金发挥最大的效益。

3. 财务预算有助于财务目标的顺利实现

企业通过财务预算可以建立评价企业财务状况的标准,以预算数作为依据,将实际数与预算数对比,及时发现问题并调整偏差,使企业的经济活动按预定的经济目标运行,从而实现企业的财务目标。

4. 财务预算可以控制财务活动

财务预算一经确定就要被严格执行,财务管理工作的重心就会转移至财务控制。建立相应的财务预算管理制度,可以指导与控制企业的财务活动,提高预见性,减少盲目性,使企业的财务活动有条不紊地进行。

8.1.3 财务预算的编制步骤

财务预算以获得一定利润为最终目标。企业把确定下来的目标利润作为编制财务预算的前提条件,通过市场调查,进行销售预测,编制销售预算,并在销售预算的基础上,做出不同层次、不同项目的预算,最后汇总为综合性的现金预算和预计财务报表。

财务预算的编制可以分为以下步骤。

(1) 根据销售预测编制销售预算。

(2) 根据销售预算确定的预计销售量,结合产成品的期初结存量和预计期末结存量编制生产预算。

(3) 根据生产预算确定的预计生产量,先分别编制直接材料消耗及采购预算、直接人工预算和制造费用预算,然后汇总编制产品生产成本预算。

(4) 根据销售预算编制销售费用与管理费用预算。

(5) 根据销售预算和生产预算估计所需要的固定资产投资,编制资本支出预算。

(6) 根据执行以上各项预算所产生和必需的现金流量,编制现金预算。

(7) 综合以上各项预算,进行试算平衡,编制预计财务报表。

8.2 财务预算的编制方法

编制财务预算是企业实施预算管理的起点,也是企业预算管理的关键环节。财务预算的编制方法直接影响预算目标的实现程度和预算的管理效果。财务预算的编制方法各有侧重及相应的适用范围,企业应结合自身的生产特点,使用适合自身的编制方法。

8.2.1 固定预算与弹性预算

财务预算的编制方法按其业务量基础的数量特征不同,可分为固定预算和弹性预算。

1. 固定预算

固定预算又称静态预算,是指根据预算期内正常的、可实现的某一固定业务量(如生产量、销售量)水平作为唯一基础来编制预算的方法,预算期内编制财务预算所依据的成本费用和利润信息都只是在一个预定的业务量水平的基础上确定的。在这种方法下,当预计业务量与实际水平相差比较大时,必然导致有关成本费用和利润的实际水平与预算水平因基础不同而失去可比性,不利于开展控制、考核和评价。例如,编制财务预算时,预计业务量为生产能力的 90%,其成本预算总额为 50 000 元,而实际业务量为生产能力的 110% 时,成本总额为 65 000 元,实际成本与预算相比超支 15 000 元,但是这种差异是由于业务量的差异引起的,两者没有可比性。另外,由于编制固定预算的基础是事先假定的某个业务量,使这种方法显得过于机械,不论预算期内业务量水平可能发生哪些变动都只按事先确定的某一业务量水平作为编制预算的基础。因此,固定预算只适用于那些业务量水平较为稳定的企业或非营利组织编制预算时采用。

2. 弹性预算

弹性预算又称变动预算或滑动预算,是为克服固定预算的缺点而设计的预算编制方法,是指在成本习性分析的基础上以业务量、成本和利润之间的依存关系为依据,按照预算期可预计的各种业务量水平,编制能够适应多种情况预算的方法。

弹性预算随着业务量的变动而变动,使预算执行情况的评价和考核建立在更加客观可比的基础上,可以充分发挥财务预算在管理中的控制作用。弹性预算范围宽,能够反映预算期内与一定相关范围内的可预见的多种业务量水平相对应的不同预算额,从而扩大预算的适用范围,便于调整预算指标。弹性预算的可比性强,在预算期实际业务量与计划业务量不一致的情况下,可以将实际指标与实际业务量相应的预算额进行对比,从而能够使预算执行情况评价与考核建立在更加客观和可比的基础上,便于更好地发挥预算的控制作用。弹性预算适用于企业预算中与业务量有关的各种预算,主要用于编制弹性成本费用预算和弹性利润预算等。

(1) 弹性成本费用预算的编制。编制弹性成本费用预算的关键是进行成本习性分析,将全部成本分为固定成本和变动成本,业务量变动时,只有变动成本随之变动,固定成本始终不变。成本习性模型公式为 $y=a+bx$,其中 y 表示某项成本总额,a 表示固定成本,b 表示单位变动成本,x 表示业务量。在编制弹性预算时,只需要将全部成本中的变动成本部分按业务量的变动加以调整,固定成本可以保持在一个水平上不变。弹性成本预算公式为

$$\text{弹性成本预算} = \sum(\text{单位变动成本预算} \times \text{预计业务量}) + \text{固定成本预算}$$

在此基础上,按事先选择的业务量计量单位和确定的有效变动范围,根据业务量与有关成本费用项目之间的内在关系即可编制弹性成本预算。业务量计量单位应根据企业的具体情况进行选择,可以是产量、销售量、直接人工工时、机器工时、材料消耗量或直接人工工资等。业务量的变动范围可以定在企业正常生产能力的 70%~120%,或以历史上最高业务量或最低业务量为其上下限。

弹性成本预算的具体编制方法主要有公式法和列表法。

① 公式法。在公式法下,只要确定某项成本中的固定成本 a 和单位变动成本 b,就可以推算出该项成本在相关业务量范围内任何业务量水平的预算金额,并用此预算金额对成本支出进行控制和考核。

【同步案例 8-1】晨星公司 2021 年生产能力利用率为 100% 时,机器运转量为 9 300 台时,机器运转量的变动范围为 8 400~9 756 台时,按公式法编制的制造费用弹性费用预算指标如表 8-1 所示。

表 8-1 晨星公司制造费用弹性预算表(公式法) 单位:元

项 目	固定费用/元	变动费用/(元/台时)
折旧	10 000	
保险费	9 000	
燃油		2
原材料		1
生产工人工资	13 000	0.35
维修费	1 500	0.1
合 计	33 500	3.45

从表 8-1 可以得知：

固定成本总额 $a=10\ 000+9\ 000+13\ 000+1\ 500=33\ 500$（元）

单位变动成本 $b=2+1+0.35+0.1=3.45$（元/台时）

预算期制造费用预算数 $y=a+bx=33\ 500+3.45x$

利用该模型可以预测业务量 x 在 8 400～9 756 台时（即生产能力利用率为 90%～105%）任意一点上的制造费用预算数。

公式法的优点是在一定范围内不受业务量波动的影响，编制预算的工作量较小；缺点是在进行预算控制和考核时，不能直接查出特定业务量下的总成本预算数额，且需要按细目分解成本，有一定的误差。

② 列表法。列表法就是通过列表的方式，在相关范围内每隔一定业务量计算相关数值进行预算，并以此为基础编制弹性成本预算的方法。

【同步案例 8-2】晨星公司机器运转量的有效变动范围及制造费用各项目固定成本 a 和单位变动成本 b 的资料如表 8-2 所示，根据资料，以 5% 为业务量间距，推算该公司 2021 年制造费用弹性费用预算数额。

表 8-2 晨星公司制造费用弹性预算表（列表法）

机器运转量/台时	8 400	8 835	9 300	9 765
生产能力利用率/%	90	95	100	105
变动成本项目/元	43 480	44 980	46 585	48 188
燃油费用/元	16 800	17 670	18 600	19 530
原材料费用/元	8 400	8 835	9 300	9 765
生产工人工资/元	15 940	16 092	16 255	16 417
维修费/元	2 340	2 383	2 430	2 476
固定成本/元	19 000	19 000	19 000	19 000
折旧费/元	10 000	10 000	10 000	10 000
保险费/元	9 000	9 000	9 000	9 000
生产制造费用预算数/元	62 480	63 980	65 585	67 188

根据表 8-2 可知，生产能力利用率为 90%（即机器运转量为 8 400 台时）时，制造费用可控制在 62 480 元；生产能力利用率为 95%（即机器运转量为 8 835 台时）时，造费用可控制在 63 980 元；依此类推。

列表法的优点是可以直接从表中查得各种业务量下的成本预算，便于预算的控制和考核，可以在一定程度上弥补公式法的不足。但这种方法工作量较大，且不能包括所有业务量条件下的费用预算，因此，适用面较窄。

（2）弹性利润预算的编制。弹性利润预算是根据成本、业务量和利润之间的依存关系，为适应多种业务量变化而编制的利润预算。编制弹性利润预算要以弹性成本预算为基础，编制方法有因素分析法和销售百分比法。

① 因素分析法。因素分析法是指根据受业务量变动影响的有关收入、成本等因素与

利润的关系,列表反映在不同业务量条件下利润水平的预算方法。

【同步案例 8-3】晨星公司预算年度甲产品的销量预计在 7 000～12 000 件变动,该产品销售单价为 100 元/件,单位变动成本为 86 元,固定成本总额为 80 000 元。晨星公司以 1 000 件为销售量的间隔单位编制甲产品的弹性利润预算如表 8-3 所示。

表 8-3 晨星公司甲产品弹性利润预算表　　　　　　　　　　单位:元

销售量/件	7 000	8 000	9 000	10 000	11 000	12 000
单价	100	100	100	100	100	100
单位变动成本	86	86	86	86	86	86
销售收入	700 000	800 000	900 000	1 000 000	1 100 000	1 200 000
减:变动成本	602 000	688 000	774 000	860 000	946 000	1 032 000
边际贡献	98 000	112 000	126 000	140 000	154 000	168 000
减:固定成本	80 000	80 000	80 000	80 000	80 000	80 000
营业利润	18 000	32 000	46 000	60 000	74 000	88 000

因素分析法主要适用于经营单一品种的企业。实际工作中,许多企业都经营多个品种,按品种逐一编制弹性利润预算是不现实的。因此,我们可以利用一种综合的方法,即销售百分比法对企业经营的全部商品按商品大类编制弹性利润预算。

② 销售百分比法。销售百分比法是按不同项目占销售额的百分比,列表反映在销售业务量的有效变动范围内,不同销售收入百分比相应的预算利润水平。在销售百分比法下,假定固定成本不变,变动成本随着销售收入的变动而成同比例变动。

【同步案例 8-4】晨星公司预算年度的销售业务量达到 100% 时的销售收入为 1 080 000 元,变动成本为 860 000 元,固定成本为 100 000 元。晨星公司以 5% 的间隔单位编制的弹性利润预算如表 8-4 所示。

表 8-4 晨星公司弹性利润预算表

①销售收入百分比/%	90	95	100	105
②销售收入(1 080 000×①)/元	972 000	1 026 000	1 080 000	1 134 000
③变动成本(86 000×①)/元	774 000	817 000	860 000	903 000
④边际贡献(②－③)/元	198 000	209 000	220 000	231 000
⑤固定成本/元	100 000	100 000	100 000	100 000
⑥利润总额(④－⑤)/元	98 000	109 000	120 000	131 000

8.2.2 增量预算与零基预算

财务预算的编制方法按其出发点的特征不同,可分为增量预算和零基预算。

1. 增量预算

增量预算又称定基预算,是指以基期成本费用水平为基础,结合预算期业务量水平和

有关降低成本的措施,通过调整有关原有成本费用项目而编制预算的方法。

增量预算比较简单,它以过去的经验为基础,使用以前的预算项目,无须在预算内容上做较大改进。该方法的不足之处有三点:一是编制预算时不加分析地保留或接受原有的成本项目,可能使原来不合理的费用开支继续下去,造成预算上的浪费;二是编制预算时,对未来实际需要开支的项目因没有考虑未来情况的变化而造成预算的不足;三是不利于调动各部门降低成本费用的积极性,容易鼓励预算编制人员凭主观臆断按成本项目平均削减预算或只增不减。增量预算一般只适用于一些不太重要而且发生变动的概率很小的项目预算。

2. 零基预算

零基预算是指在编制成本费用预算时,不考虑以往会计期间所发生的费用项目或费用数额,所有的预算支出均以零为出发点,一切从实际需要与可能出发,逐项审议预算期内各项费用的内容和开支标准是否合理,在综合平衡的基础上编制费用预算的一种方法。

编制零基预算的程序是:首先,根据企业在预算期内的总体目标,对每一项业务说明性质、目的,以零为基础,详细提出各项业务所需的开支或费用;其次,划分不可避免项目和可避免项目,前者是指在预算期内必须发生的费用项目,后者是指在预算期通过采取措施可以不发生的费用项目;再次,划分不可延缓项目和可延缓项目,前者是指必须在预算期内足额支付的费用项目,后者是指可以在预算期内部分支付或延缓支付的费用项目;最后,编制成预算表。

零基预算的优点是不受现有费用项目的限制,可以促使企业合理有效地进行资源分配,并能够调动各方面降低费用的积极性,促使各部门精打细算、合理使用资金,有助于企业未来发展。它的缺点在于这种预算编制方法一切从零出发,在编制费用预算时需要完成大量的基础工作,编制时间比较长。

为了克服零基预算的缺点,简化预算编制的工作量,企业通常不会每年都按零基预算的方法编制预算,而是每隔几年才按此方法编制一次预算。

知识拓展

增量预算与零基预算注意点

增量预算的假设条件是现有的业务活动是企业必需的,并且原有的各项业务都是合理的。

零基预算适用于企业各项预算的编制,特别是不经常发生的预算项目或预算编制基础变化较大的预算项目。

8.2.3 定期预算与滚动预算

财务预算的编制方法按其预算期的时间特征不同,可分为定期预算与滚动预算。

1. 定期预算

定期预算是指在编制预算时以不变的会计期间(如日历年度)作为预算期的一种编制

预算的方法。

定期预算的优点是能够使预算期间与会计年度相配合,便于考核和评价预算的执行结果。这种方法的缺点有以下三点:一是远期指导性差,定期预算通常是年初甚至提前两三个月编制的,难以对整个预算年度的生产经营活动做出准确的预算,尤其对后期缺乏指导性,给预算的执行带来很多困难,不利于对生产经营活动的考核与评价;二是灵活性差,当企业生产经营活动在预算期内发生重大变化时,定期预算不能及时做出调整;三是连续性差,定期预算只考虑一个会计年度的经营活动,会使经营管理者的决策只局限于本年度,不能适应连续的经营过程。

2. 滚动预算

滚动预算又称连续预算或永续预算,是指在编制预算时,将预算期与会计年度脱离,随着预算的执行不断延伸补充预算,逐期向后滚动,使预算期永远保持为一个固定期间的一种预算编制方法。滚动预算按其预算编制和滚动的时间单位不同可分为逐月滚动、逐季滚动和混合滚动三种方式。

(1) 逐月滚动。逐月滚动是指在预算编制过程中,以月份为预算的编制和滚动单位,每个月调整一次的预算。如在 2021 年 1 月至 12 月的预算执行过程中,需要在 1 月月末根据当月预算的执行情况,修订 2021 年 2 月至 12 月的预算,同时补充 2022 年 1 月的预算;到 2 月月末可根据当月预算的执行情况,修订 2021 年 3 月至 2022 年 1 月的预算,同时补充 2022 年 2 月的预算。按照逐月滚动预算编制的预算比较精确,但工作量较大。

(2) 逐季滚动。逐季滚动是指在预算编制过程中,以季度为预算的编制和滚动单位,每个季度调整一次的预算方法。逐季滚动编制预算比逐月滚动的工作量小,但预算精确度较差。

(3) 混合滚动。混合滚动是指在预算编制过程中,同时使用月份和季度作为预算的编制和滚动单位的方法,是滚动预算的一种变通方式。

【同步思考 8-1】你认为企业编制混合滚动预算的原因是什么?

分析说明:通常,人们对未来的把握程度不同,对近期的预计把握较大,对远期的预计把握较小。在编制预算的过程中,可以对近期的预算提出较高的精度要求,使预算的内容相对详细;对远期的预算提出较低的精度要求,使预算的内容相对简单,这样可以减少预算工作量。企业可以根据实际需要确定是否编制滚动预算及选择哪种滚动单位。

滚动预算可以保持预算的连续性和完整性,其优点主要有:一是透明度高,通过编制此预算,能使管理人员从动态的角度把握企业近期的规划目标和远期的战略布局,使预算具有较高的透明度;二是及时性强,滚动预算能根据前期的执行情况及时调整和修订近期预算,使预算更加切合实际,能够充分发挥预算的指导和控制作用;三是连续性好,滚动预算能够连续不断地规划未来的经营活动,不会造成预算的人为间断;四是完整性和稳定性突出,滚动预算可以使企业管理人员了解未来预算期内企业的总体规划与近期预算目标,能够确保企业管理工作的完整性与稳定性。

> **知识拓展**
>
> **财务预算的组织分工**
>
> 企业法定代表人对企业财务预算的管理工作负总责,各企业应设立财务预算委员会或指定企业财务管理部门负责财务预算管理事宜,并对企业法定代表人负责。
>
> 财务预算委员会主要拟订财务预算的目标、政策,制定财务预算管理的具体措施和办法,审议、平衡财务预算方案,组织下达财务预算,协调解决财务预算编制和执行中的问题,组织审计、考核财务预算的执行情况,督促企业完成财务预算目标。
>
> 财务预算编制在企业财务预算委员会领导下进行,企业财务管理部门具体负责组织编制、审查、汇总、上报、下达;负责预算执行和日常流程控制;负责预算执行情况的分析和报告;负责预算执行情况考核等。
>
> 企业内部生产、投资、物资、人力资源、市场营销等职能部门具体负责本部门业务涉及的财务预算的编制、执行、分析、控制等工作,并配合财务预算委员会做好企业总预算的综合平衡、协调、分析、控制、考核等工作。职能部门主要负责人参与企业财务预算委员会的工作,并对本部门财务预算执行结果承担责任。
>
> 企业是财务预算执行单位,在公司董事会或公司经营层的指导下,负责本单位现金流量、经营成果和各项成本费用预算的编制、控制、分析工作,接受企业董事会的检查、考核。企业主要负责人对本单位财务预算的执行结果承担责任。

8.3 现金预算与预计财务报表的编制

8.3.1 现金预算的编制

现金预算又称现金收支预算,是以日常业务预算和特种决策预算为基础编制的反映现金收支情况的预算。

现金预算实际上是其他预算有关现金收支部分的汇总和收支差额平衡措施的具体计划。现金预算的编制以其他各项预算为基础,其他预算在编制时要为现金预算做好数据准备。下面分别介绍各项预算为现金预算的编制提供的数据和编制依据。

1. 销售预算

销售预算是指为规划一定预算期内因组织销售活动而引起的预算销售收入而编制的一种日常业务预算。销售预算是编制全面预算的起点,也是编制日常业务预算的基础。销售预算的主要内容是销售量、单价和销售收入。销售预算中通常还包括预计现金收入,根据预算期现销收入与回收赊销货款的可能情况反映现金收入,以便为编制现金收支预算提供信息。

【**同步案例8-5**】晨星公司2021年度生产并销售甲产品。根据2021年各季度预计销售数量、销售价格的有关资料编制销售预算表,如表8-5所示。

表8-5　2021年度晨星公司销售预算表

季度	第一季度	第二季度	第三季度	第四季度	全年
预计销售量/件	320	420	560	500	1 800
预计单位售价/(元/件)	200	200	200	200	200
销售收入/元	64 000	84 000	112 000	100 000	360 000

在实际工作中,产品的销售有很大一部分是赊销,企业会产生大量的应收账款。因此,销售预算中通常还包括预计现金收入的计算,其目的是为编制现金预算提供必要的资料。

本例中,假设每季度销售收入在本季度收到80%,在下季度收到20%。该公司年初应收账款为14 600元。晨星公司2021年预计现金收入表如表8-6所示。

表8-6　2021年度晨星公司预计现金收入表　　　　　　　　　　单位:元

	第一季度	第二季度	第三季度	第四季度	全年
上年应收账款	14 600				14 600
第一季度现金收入	51 200	12 800			64 000
第二季度现金收入		67 200	16 800		84 000
第三季度现金收入			89 600	22 400	112 000
第四季度现金收入				80 000	80 000
现金收入合计	65 800	80 000	106 400	102 400	354 600

2. 生产预算

生产预算是根据销售预算编制的,是所有日常业务预算中唯一一种只使用实物量计量单位的预算。由于企业的生产和销售通常情况下不能做到"同步同量",所以必须设置一定的存货以保证能在发生意外需求时按时供货,并可均衡生产。预计生产量可用公式表示为

预计生产量＝预计销售量＋预计期末存货量－预计期初存货量

【**同步案例8-6**】晨星公司甲产品每季度末的存货量为下季度预计销量的10%,预计2021年期初和期末存货量分别为22件和42件。晨星公司2021年度的生产预算如表8-7所示。

表8-7　2021年度晨星公司生产预算表　　　　　　　　　　单位:件

季度	第一季度	第二季度	第三季度	第四季度	全年
预计销售量	320	420	560	500	1 800
加:预计期末存货量	42	56	50	42	42
合计	362	476	610	542	1 842
减:预计期初存货量	22	42	56	50	22
预计生产量	340	434	554	492	1 820

3. 直接材料预算

直接材料预算是以生产预算为基础编制的,同时考虑了期初和期末材料存货水平。直接材料的预计采购量与生产需要量可用公式表示为

预计采购量＝生产需要量＋期末库存量－期初库存量

生产需要量＝预计生产量×单位产品材料耗用量

预计采购现金支出＝预算期采购本期支付＋以前期赊购本期支付

【同步案例8-7】 晨星公司2021年度生产甲产品耗用A材料,A材料年初和年末材料存量分别为400kg和600kg,各季度期末材料存量根据下季度生产量的10%计算。晨星公司2021年度直接材料预算如表8-8所示。

表8-8 2021年度晨星公司直接材料预算表

季度	第一季度	第二季度	第三季度	第四季度	全年
预计生产量/件	340	434	554	492	1 820
单位产品材料耗用量/kg	10	10	10	10	10
生产需要量/件	3 400	4 340	5 540	4 920	18 200
加:预计期末存货量/件	434	554	492	600	600
合计/件	3 834	4 894	6 032	5 520	18 800
减:预计期初存货量/件	400	434	554	492	400
预计材料采购量/件	3 434	4 460	5 478	5 028	18 400
单价/元	6	6	6	6	6
预计采购金额/元	20 604	26 760	32 868	30 168	110 400

在实际工作中,企业的材料采购有一部分是赊购,不能立即用现金支付,这样就可能存在一部分应付款项。为了便于编制现金预算,对于材料采购还需编制现金支出预算。

本例中,假设每个季度材料采购货款的50%在本季度内付清,另外50%在下季度付清,则晨星公司2021年度预计现金支出如表8-9所示。

表8-9 2021年度晨星公司预计现金支出表　　　　　　　　单位:元

季度	第一季度	第二季度	第三季度	第四季度	全年
上年应付账款	2 519				2 519
第一季度现金支出	10 302	10 302			20 604
第二季度现金支出		13 380	13 380		26 760
第三季度现金支出			16 434	16 434	32 868
第四季度现金支出				15 084	15 084
现金支出合计	12 821	23 682	29 814	31 518	97 835

4. 直接人工预算

直接人工预算也是以生产预算为基础编制的,主要内容有预计生产量、单位产品工时、人工总工时、每小时人工成本和人工总成本。直接人工预算也能为编制现金预算提供

资料,相关计算公式为

$$预计直接人工成本=小时工资率×预计直接人工总工时$$

$$直接人工总工时=单位产品工时×预计生产量$$

由于人工成本一般由现金开支,故不必单独列支,可直接计入现金预算的汇总额。

【同步案例 8-8】晨星公司 2021 年度直接人工预算如表 8-10 所示。

表 8-10　2021 年度晨星公司直接人工预算表

季度	第一季度	第二季度	第三季度	第四季度	全年
预计生产量/件	340	434	554	492	1 820
单位产品工时/小时	10	10	10	10	10
人工总工时/小时	3 400	4 340	5 540	4 920	18 200
每小时人工成本/元	4	4	4	4	4
人工总成本/元	13 600	17 360	22 160	19 680	72 800

5. 制造费用预算

制造费用预算是指除直接材料和直接人工预算以外的其他一切生产费用的预算。制造费用预算通常分为变动制造费用和固定制造费用两部分。变动制造费用预算以生产预算为基础编制。固定制造费用与生产量无关,需要逐项编制。

为便于编制产品成本预算,需要计算变动制造费用预算分配率,其计算公式为

$$变动制造费用预算分配率=\frac{变动制造费用预算总额}{相关分配标准预算总额}$$

式中,相关分配标准预算总额可在生产预算或直接人工工时总数预算中选择。

为编制现金预算,制造费用预算也需要预计现金支出。由于固定资产折旧是无须用现金支出的项目,在计算时应予剔除。

制造费用的现金支出计算公式为

$$制造费用现金支出=制造费用预算数-非付现费用$$

【同步案例 8-9】晨星公司 2021 年度制造费用预算如表 8-11 所示。

表 8-11　2021 年度晨星公司制造费用预算表　　　　　　　　单位:元

季度	第一季度	第二季度	第三季度	第四季度	全年
变动制造费用					
间接材料	1 360	1 736	2 216	1 968	7 280
间接人工	680	868	1 108	984	3 640
修理费	1 020	1 302	1 662	1 476	5 460
水电费	340	434	554	492	1 820
小计	3 400	4 340	5 540	4 920	18 200
固定制造费用					
修理费	1 600	2 000	2 800	2 400	8 800
折旧费	3 200	3 200	3 200	3 200	12 800

续表

季度	第一季度	第二季度	第三季度	第四季度	全年
管理人员工资	800	800	800	800	3 200
保险费	180	300	360	460	1 300
其他	300	300	300	300	1 200
小计	6 080	6 600	7 460	7 160	27 300
合计	9 480	10 940	13 000	12 080	45 500
减：折旧	3 200	3 200	3 200	3 200	12 800
现金支出的费用	6 280	7 740	9 800	8 880	32 700

变动制造费用分配率＝18 200÷18 200＝1(元/工时)

固定制造费用分配率＝27 300÷18 200＝1.5(元/工时)

6. 产品成本预算

产品成本预算是生产预算、直接材料预算、直接人工预算、制造费用预算的汇总，主要内容是产品的单位成本和总成本。

【同步案例8-10】 晨星公司2021年度产品成本预算如表8-12所示。

表8-12　2021年度晨星公司产品成本预算表

成本项目	单价/(元/kg)	单位用量	单位成本/元	总成本(1 820件)/元	期末存货(42件)/元	销货成本(1 800件)/元
直接材料	6	10kg	60	109 200	2 520	108 000
直接人工	4	10小时	40	72 800	1 680	72 000
变动制造费用	1	10小时	10	18 200	420	18 000
固定制造费用	1.5	10小时	15	27 300	630	27 000
合计			125	227 500	5 250	225 000

7. 销售和管理费用预算

销售和管理费用预算是指为了实现销售预算所需支付的费用预算。销售和管理费用预算以销售预算为基础，分析销售收入、销售利润和销售费用的关系，以实现销售费用的有效使用。管理费用是做好一般管理业务必需的费用。在编制管理费用预算时，要分析企业的业务成绩和一般经营状况，做到费用合理化。

销售和管理费用的现金支出计算公式为

销售和管理费用现金支出＝销售和管理费用预算数－非付现费用

【同步案例8-11】 晨星公司2021年度销售和管理费用预算如表8-13所示。

表8-13　2021年度晨星公司销售和管理费用预算表　　　　单位：元

成本项目	金额
销售费用：	
销售人员工资	8 000

续表

成本项目	金　额
广告费	16 000
包装、运输费	7 000
保险费	5 400
管理费用	
福利人员工资	16 000
福利费	2 000
保险费	1 600
办公费	3 600
合计	59 600
每季度支付现金	14 900

8. 现金预算的编制

现金预算的编制是以各项日常业务预算和特种决策预算为基础来反映各预算的收入款项和支出款项。编制现金预算的目的是帮助企业财务人员了解企业在预算期间的现金收支情况及资金短缺情况，为企业如何运用多余资金及如何筹措所需资金提供依据，进而加强企业在预算期内对现金流量的控制。

现金预算由以下四个部分组成。

（1）现金收入。现金收入包括期初的现金结存数和预算期内发生的现金收入，如现销收入、收回的应收账款、应收票据到期收回、票据贴现收入等。

（2）现金支出。现金支出是指预算期内预计发生的现金支出，如采购材料支付货款、支付工资支付制造费用、支付期间费用、偿还应付款项、缴纳税金、支付利润、资本性支出等。

（3）现金收支差额。现金收支差额是指现金收入合计与现金支出合计的差额。差额为正，说明现金有多余；差额为负，说明现金不足。

（4）现金的筹集和运用。根据预算期内现金收支的差额和企业有关现金管理的各项政策，确定筹集和运用现金的数额。如果现金不足，可向银行取得借款，并预计还本付息的期限和数额。如果现金多余，除了可用于偿还借款外，还可以用于购买作为短期投资的有价证券。

【同步案例8-12】 晨星公司预计2021年年初现金余额为17 000元，并于2021年第二季度购买设备一台，预计价值22 000元，于第二季度、第四季度各支付股利16 000元，每季度缴纳所得税6 000元，其他有关资料见同步案例8-5～同步案例8-11各项业务预算。该公司现金余额每季度最低应保持8 000元，当现金不足时向银行借款，借款在季初，还款在季末，借款年利率为10%，还款时支付所还款项的全部利息。向银行借款的金额要求是1 000元的倍数。晨星公司2021年度现金预算如表8-14所示。

表 8-14 2021 年度晨星公司现金预算表   单位:元

季度	第一季度	第二季度	第三季度	第四季度	全年
期初现金余额	17 000	29 199	8 517	24 893	17 000
加:销货现金收入(见表8-6)	65 800	80 000	106 400	102 400	354 600
可供使用现金	82 800	109 199	114 917	127 293	371 600
减:各项现金支出					
直接材料(见表8-9)	12 821	23 682	29 814	31 518	97 835
直接人工(见表8-10)	13 600	17 360	22 160	19 680	72 800
制造费用(见表8-11)	6 280	7 740	9 800	8 880	32 700
销售和管理费用(见表8-13)	14 900	14 900	14 900	14 900	59 600
所得税	6 000	6 000	6 000	6 000	24 000
购买设备		22 000			22 000
股利		16 000		16 000	32 000
支出合计	53 601	107 682	82 674	96 978	340 935
现金多余或不足	29 199	1 517	32 243	30 315	30 315
向银行借款		7 000			7 000
还款			7 000		7 000
借款利息(年率10%)			350		350
合计			7 350		7 350
期末现金余额(最低 8 000 元)	29 199	8 517	24 893	30 315	30 315

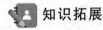

编制现金预算注意事项

(1) 利息支付方式通常有每期支付利息和利随本清两种方式。如果每期支付利息,利息支出要按照每期期初的借款金额计算。

(2) 借款的时点可以在期初或期末,还本通常在期末。借款的时点假设会影响各期利息支付的金额。

(3) 计算借款或还本金额时,可以通过不等式进行求解。需要借款时:现金多余或不足＋借款－利息支付≥要求保留的最低余额;需要还本时:现金多余或不足－还本－利息支付≥要求保留的最低余额。

8.3.2 预计财务报表的编制

预计财务报表是财务管理的重要工具,为企业财务管理服务,是控制企业资金、成本和利润总量的重要手段,可以从总体上反映一定期间企业经营的全局情况。

1. 预计利润表

预计利润表是指以货币形式综合反映预算期内企业经营活动成果计划水平的一种财务预算。预计利润表与实际利润表内容、格式相同,只不过数字是面向预算期的。预计利润表是在汇总销售、成本、销售及管理费用、资本支出等预算的基础上编制的。通过编制预计利润表,可以了解企业预期的盈利水平。

【同步案例8-13】根据同步案例8-5～同步案例8-12的各种预算资料,晨星公司2021年度预计利润表如表8-15所示。

表8-15 2021年度晨星公司预计利润表　　　　　　　　　　单位:元

销售收入(见表8-5)	360 000
销售成本(见表8-12)	225 000
毛利	135 000
销售和管理费用(见表8-13)	59 600
利息(见表8-14)	350
利润总额	75 050
所得税(见表8-14)	24 000
净利润	51 050

知识拓展

编制预算利润表注意事项

(1)"销售收入"项目的数据,来自销售收入预算;"销售成本"项目的数据,来自产品成本预算;"销售和管理费用"项目的数据,来自销售和管理费用预算。

(2)"所得税"项目的金额是预先估计数,并已列入现金预算。

2. 预计资产负债表

预计资产负债表是以货币形式反映预算期期末财务状况的总括性预算。预计资产负债表的编制以期初资产负债表为基础,并根据销售、生产、资本等预算的有关数据加以调整。

【同步案例8-14】晨星公司2021年度预计资产负债表如表8-16所示。

表8-16 2021年度晨星公司预计资产负债表　　　　　　　　　　单位:元

资产			负债及所有者权益		
项目	年初	年末	项目	年初	年末
现金(见表8-14)	17 000	30 315	应付账款	2 519	15 084
应收账款(见表8-6)	14 600	20 000	银行借款	25 000	25 000

续表

资产			负债及所有者权益		
项目	年初	年末	项目	年初	年末
直接材料(见表8-8)	2 400	3 600	股本	60 000	60 000
产成品(见表8-12)	2 750	5 250	未分配利润	5 231	24 281
固定资产(见表8-14)	40 000	62 000			
减:累计折旧(见表8-11)	8 000	20 800			
无形资产	24 000	24 000			
资产总额	92 750	124 365	负债及所有者权益	92 750	124 365

其中，应收账款年末数根据表8-6中的第四季度销售额和本期收现率计算：

期末应收账款＝本期销售额×(1－本期收现率)
＝100 000×(1－80%)＝20 000(元)

应付账款年末数根据表8-8中的第四季度采购金额和本期付现率计算：

期末应付账款＝本期采购额×(1－本期付现率)
＝30 168×(1－50%)＝15 084(元)

未分配利润年末数根据表8-14、表8-15和表8-16中的年初未分配利润、股利分配额和净利润计算：

期末未分配利润＝5 231＋51 050－32 000＝24 281(元)

知识拓展

预计现金流量表

预计现金流量表是反映企业一定期间现金流入与现金流出情况的一种财务预算。它从现金的流入和流出两个方面揭示企业一定期间经营活动、投资活动和筹资活动所产生的现金流量。

预计现金流量表是按照现金流量表主要项目编制的,反映企业预算期内一切现金收支结果的预算,以业务预算、资本预算和筹资预算为基础,是其他预算有关现金的汇总,主要作为企业可用资金调度和调控管理的依据,是企业能否持续经营的基本保障预算。预计现金流量表的编制可以弥补现金预算的不足,有利于了解预算期内企业的资金流转状况和企业经营能力,而且能突出表现一些长期的资金筹集与使用的方案对预算期内企业的影响。

【同步思考8-2】你认为企业财务预算管理中经常存在哪些问题？

分析说明：企业财务预算管理中经常存在的问题有：只重视短期活动,忽视战略目标；只强调财会部门的预算管理工作,忽视预算管理组织机构的完善；只重视静态管理,忽视动态管理；只重视资金运用管理,忽视资金成本管理；只重制造成本法的运用,忽视成本管理方法的改进；只重视内部因素分析,忽视外部环境研究。

 项目小结

1. 财务预算是一系列专门反映企业未来一定预算期内预计财务状况和经营成果,以及现金收支等价值指标的各种预算的总称,具体包括现金预算、预计利润表和预计资产负债表等内容。

2. 全面预算是以货币及其他数量形式反映的有关企业未来一段期间内全部经营活动各项目标的行动计划与相应措施的数量说明,具体包括特种决策预算、日常业务预算和财务预算。

3. 特种决策预算又称专门决策预算,是指企业不经常发生的、需要根据特定决策临时编制的一次性预算。

4. 日常业务预算又称经营预算,是指与企业日常经营活动直接相关的经营业务的各种预算。

5. 固定预算又称静态预算,是指根据预算期内正常的、可实现的某一固定业务量(如生产量、销售量)水平作为唯一基础来编制预算的方法。

6. 弹性预算又称变动预算或滑动预算,是指在成本习性分析的基础上以业务量、成本和利润之间的依存关系为依据,按照预算期可预计的各种业务量水平,编制能够适应多种情况预算的方法。

7. 增量预算又称定基预算,是指以基期成本费用水平为基础,结合预算期业务量水平和有关降低成本的措施,通过调整有关原有成本费用项目而编制预算的方法。

8. 零基预算是指在编制成本费用预算时,不考虑以往会计期间所发生的费用项目或费用数额,所有的预算支出均以零为出发点,一切从实际需要与可能出发,逐项审议预算期内各项费用的内容和开支标准是否合理,在综合平衡的基础上编制费用预算的一种方法。

9. 定期预算是指在编制预算时以不变的会计期间(如日历年度)作为预算期的一种编制预算的方法。

10. 滚动预算又称连续预算或永续预算,是指在编制预算时,将预算期与会计年度脱离,随着预算的执行不断延伸补充预算,逐期向后滚动,使预算期永远保持为一个固定期间的一种预算编制方法。

11. 现金预算又称现金收支预算,是以日常业务预算和特种决策预算为基础编制的反映现金收支情况的预算。

12. 销售预算是指为规划一定预算期内因组织销售活动而引起的预算销售收入而编制的一种日常业务预算。

13. 生产预算是根据销售预算编制的,是所有日常业务预算中唯一一种只使用实物量计量单位的预算。

14. 制造费用预算是指除直接材料和直接人工预算以外的其他一切生产费用的预算。

15. 产品成本预算是生产预算、直接材料预算、直接人工预算、制造费用预算的汇总,主要内容是产品的单位成本和总成本。

16. 销售和管理费用预算是指为了实现销售预算所需支付的费用预算。

华为研发预算对企业发展的重要性

华为一直致力于提升研发水平、降低销售成本，每年的研发投入占销售收入的10%以上。在加大消费者业务和企业业务品牌及渠道建设的投入基础上，受益于持续变革带来的运营效率提升，华为销售与管理费用率下降了1.2%。根据2018年的数据，华为十年内累计投入的研发费用超过人民币3 940亿元，累计获得专利授权74 307件，其中90%以上的专利为发明专利。华为对研发预算的布局，正像华为总裁任正非所说："我们要逐步摆脱对技术的依赖，对人才的依赖，对资金的依赖，使企业从必然王国走向自由王国。"

通过华为的研发预算及财务预算内容的学习，可以知道财务预算对于企业经营管理的重要性。编制财务预算需要根据业务资料和财务数据信息编制业务预算，应该客观遵照企业的实际业务，做好短期和长期预算，不能因为公司面临高金额重大合同或者是想争取银行贷款而调整相关的预算数、提供不实数据。作为一名合格的管理会计人员应当在工作中要守住底线，做到讲信誉、守承诺，注意预算管理工作的严肃性，增强自身的法治意识。

项 目 训 练

一、单项选择题

1. 相对固定预算而言，弹性预算（　　）。
   A. 预算成本低　　　　　　　　B. 预算工作量小
   C. 预算可比性差　　　　　　　D. 预算范围宽

2. 下列不属于零基预算程序的是（　　）。
   A. 动员企业内部各部门员工，讨论计划期内应该发生的费用项目，对每一费用项目编写一套方案，提出费用开支的目的，以及需要开支的费用数额
   B. 划分不可避免费用项目和可避免费用项目
   C. 划分不可延缓费用项目和可延缓费用项目
   D. 划分不可提前费用项目和可提前费用项目

3. 定期预算编制方法的缺点是（　　）。
   A. 缺乏长远打算，导致短期行为出现
   B. 工作量大
   C. 形成不必要的开支合理化，造成预算上的浪费
   D. 可比性差

4. 某企业编制"材料采购预算"，预计第四季度期初存量456kg，季度生产需用量

2 120kg,预计期末存量为350kg,材料单价为10元,若材料采购货款有50%在本季度内付清,另外50%在下季度付清,假设不考虑其他因素,则该企业预计资产负债表年末"应付账款"项目为(　　)元。

　　A. 11 130　　　　B. 14 630　　　　C. 10 070　　　　D. 13 560

5. 下列预算中不是在生产预算的基础上编制的是(　　)。

　　A. 材料采购预算　　　　　　　　B. 直接人工预算

　　C. 单位生产成本预算　　　　　　D. 销售和管理费用预算

6. 下列预算中只使用实物量作为计量单位的是(　　)。

　　A. 现金预算　　　　　　　　　　B. 预计资产负债表

　　C. 生产预算　　　　　　　　　　D. 销售预算

7. 下列选项中一般属于长期预算的有(　　)。

　　A. 销售预算　　　　　　　　　　B. 财务预算

　　C. 销售和管理费用预算　　　　　D. 资本支出预算

二、多项选择题

1. 预算的作用主要表现为(　　)。

　　A. 预算通过引导和控制经济活动、使企业经营达到预期目标

　　B. 预算可以实现企业内部各个部门之间的协调

　　C. 预算可以降低企业的经营风险

　　D. 预算可以作为业绩考核的标准

2. 属于财务预算的有(　　)。

　　A. 现金预算　　　　　　　　　　B. 财务费用预算

　　C. 预计资产负债表　　　　　　　D. 预计利润表

3. 预算工作的组织包括(　　)。

　　A. 决策层　　　　　　　　　　　B. 管理层

　　C. 执行层　　　　　　　　　　　D. 考核层

4. 可以作为弹性预算所依据业务量的是(　　)。

　　A. 产量　　　　　　　　　　　　B. 销售量

　　C. 直接人工工时　　　　　　　　D. 材料消耗量

5. 编制预计利润表可以依据(　　)。

　　A. 各业务预算表　　　　　　　　B. 决策预算表

　　C. 现金预算表　　　　　　　　　D. 预计资产负债表

6. 某期现金预算中假定出现了正值的现金余缺数,且超过额定的期末现金余额,单纯从财务预算调剂现金余缺的角度看,该期可以采取的措施有(　　)。

　　A. 偿还部分借款利息　　　　　　B. 偿还部分借款本金

　　C. 出售短期投资　　　　　　　　D. 进行短期投资

7. 在编制现金预算的过程中,可作为其编制依据的有(　　)。

　　A. 业务预算　　　　　　　　　　B. 预计利润表

C. 预计资产负债表 D. 决策预算

8. 企业进行决策时,应当遵循的要求有(　　)。

A. 预算调整事项不能偏离企业发展战略

B. 预算调整方案应当在经济上能够实现最优化

C. 预算调整重点应当放在财务预算执行中出现的非重要的、非正常的、不符合常规的关键性差异方面

D. 预算调整重点应当放在财务预算执行中出现的重要的、非正常的、不符合常规的关键性差异方面

三、判断题

1. 财务预算是全面预算的最后环节。　　　　　　　　　　　　　　　　　　(　　)
2. 定期预算编制方法一般只适用于数额比较稳定的预算项目。　　　　　(　　)
3. 预算必须与企业的战略或目标保持一致是预算最主要的特征。　　　　(　　)
4. 在财务预算的编制过程中,编制预计财务报表的正确程序是先编制预计资产负债表,再编制预计利润表。　　　　　　　　　　　　　　　　　　　　　　(　　)
5. 连续预算能够使预算期间与会计年度相配合。　　　　　　　　　　　(　　)

四、实务题

1. 某公司2022年的现金预算如表8-17所示,假定企业没有其他现金收支业务,也没有其他负债。

表8-17　2022年现金预算　　　　　　　　　　　单位:万元

项目	第一季度	第二季度	第三季度	第四季度
期初现金余额	150			
本期经营性现金收入	5 000	5 200	E	4 500
本期经营性现金支出	A	5 350	6 000	4 000
现金余缺	650	C	(650)	G
取得短期借款		100	900	
归还借款	450			H
期末现金余额	B	D	F	200

根据表中资料填写表中字母表示的部分。

2. 某企业生产和销售A产品,计划期2022年四个季度预计销售数量分别为1 000件、1 500件、2 000件和1 800件,A产品预计单位售价为100元。假设每季度销售收入中,本季度收到现金60%,另外40%要到下季度才能收回,上年末应收账款余额为62 000元。

(1) 编制2022年销售预算(见表8-18和表8-19)。

表 8-18 销售预算

季度	第一季度	第二季度	第三季度	第四季度	全年
销售数量/件					
销售单价/(元/件)					
销售收入/元					

表 8-19 预计现金流入　　　　　　　　　　　　　　　　　　单位:元

上年应收账款					
第一季度					
第二季度					
第三季度					
第四季度					
现金流入合计					

(2) 确定2022年年末的应收账款余额。

五、案例题

A公司生产和销售甲产品,6月现金收支的预计资料如下。

(1) 6月1日的现金余额为520 000元。

(2) 产品售价117元/件,4月销售10 000件,5月销售12 000件,6月预计销售15 000件,7月预计销售20 000件。根据经验,商品售出后当月可收回货款的40%,次月收回30%,再次月收回25%,另外5%为坏账。

(3) 材料采购单价为2.34元/kg,产品消耗定额为5kg;材料采购货款当月支付70%,下月支付30%。编制预算时月底产成品存货为次月销售量的10%。5月底的实际产成品存货为1 200件,应付账款余额为30 000元。5月底的材料库存量为2 000kg,预计6月末的材料库存量为1 500kg。

(4) 6月需要支付的直接人工工资为650 000元,管理人员工资280 000元,其中有60 000元是生产管理人员工资;需要支付其他的管理费用45 000元、制造费用12 000元,需要支付销售费用64 000元。

(5) 支付流转税120 000元。

(6) 预计6月将购置设备一台,支出650 000元,须当月付款。

(7) 预交所得税20 000元。

(8) 现金不足时可以从银行借入,借款额为10 000元的倍数,利息在还款时支付。期末现金余额不少于500 000元。

问题:

(1) 预计6月的生产量。

(2) 预计6月材料需用量和材料采购量。

(3) 预计6月的采购金额。

(4) 预计 6 月的采购现金支出。

(5) 预计 6 月的经营现金收入。

(6) 编制 6 月的现金预算,填写表 8-20。

表 8-20　6 月现金预算　　　　　　　　　　　单位:元

项　　　目	金　　　额
期初现金余额	
经营现金收入	
可运用现金合计	
经营现金支出	
采购现金支出	
支付直接人工	
支付制造费用	
支付销售费用	
支付管理费用	
支付流转税	
预交所得税	
资本性现金支出	
购置固定资产	
现金支出合计	
现金余缺	
借入银行借款	
期末现金余额	

分析提示:根据企业的销售及回款比例确定经营现金收入;根据销售量确定生产量,根据生产量确定采购量及金额,从而确定经营现金支出,结合其他相关收支情况编制现金预算。

六、实训题

(1) 实训项目:财务预算的编制。

(2) 实训目的:通过实训使学生了解财务预算的编制方法,掌握现金预算、预计财务报表的编制方法。

(3) 实训组织:将同学分成若干小组,每组 3~5 人,以小组为单位到调研企业或通过网络收集编制财务预算所需要的资料,分析编制财务预算的流程,编制企业的财务预算。

(4) 实训成果:以小组为单位完成实训报告。实训报告的内容包括编制财务预算需要获取的资料,财务预算的编制流程,所选取的财务预算编制方法及理由,通过实训有哪些收获。

附 录

资金时间价值系数表

附表1 1元复利

期数	1%	2%	3%	4%	5%	6%	7%	8%	9%	10%
1	1.010 0	1.020 0	1.030 0	1.040 0	1.050 0	1.060 0	1.070 0	1.080 0	1.090 0	1.100 0
2	1.020 1	1.040 4	1.060 9	1.081 6	1.102 5	1.123 6	1.144 9	1.166 4	1.188 1	1.210 0
3	1.030 3	1.061 2	1.092 7	1.124 9	1.157 6	1.191 0	1.225 0	1.259 7	1.295 0	1.331 0
4	1.040 6	1.082 4	1.125 5	1.169 9	1.215 5	1.262 5	1.310 8	1.360 5	1.411 6	1.464 1
5	1.051 0	1.104 1	1.159 3	1.216 7	1.276 3	1.338 2	1.402 6	1.469 3	1.538 6	1.610 5
6	1.061 5	1.126 2	1.194 1	1.265 3	1.340 1	1.418 5	1.500 7	1.580 9	1.677 1	1.771 6
7	1.072 1	1.148 7	1.229 9	1.315 9	1.407 1	1.503 6	1.605 8	1.713 8	1.828 0	1.948 7
8	1.082 9	1.171 7	1.266 8	1.368 6	1.477 5	1.593 8	1.718 2	1.850 9	1.992 6	2.143 6
9	1.093 7	1.195 1	1.304 8	1.423 3	1.551 3	1.689 5	1.838 5	1.999 0	2.171 9	2.357 9
10	1.104 6	1.219 0	1.343 9	1.480 2	1.628 9	1.790 8	1.967 2	2.158 9	2.367 4	2.593 7
11	1.115 7	1.243 4	1.384 2	1.539 5	1.710 3	1.898 3	2.104 9	2.331 6	2.580 4	2.853 1
12	1.126 8	1.268 2	1.425 8	1.601 0	1.795 9	2.012 2	2.252 2	2.518 2	2.812 7	3.138 4
13	1.138 1	1.293 6	1.468 5	1.665 1	1.885 6	2.132 9	2.409 8	2.719 6	3.065 8	3.452 3
14	1.149 5	1.319 5	1.512 6	1.731 7	1.979 9	2.260 9	2.578 5	2.937 2	3.341 7	3.797 5
15	1.161 0	1.345 9	1.558 0	1.800 9	2.078 9	2.396 6	2.759 0	3.172 2	3.642 5	4.177 2
16	1.172 6	1.372 8	1.604 7	1.873 0	2.182 9	2.540 4	2.952 2	3.425 9	3.970 3	4.595 0
17	1.184 3	1.400 2	1.652 8	1.947 9	2.292 0	2.692 8	3.158 8	3.700 0	4.327 6	5.054 5
18	1.196 1	1.428 2	1.702 4	2.025 8	2.406 6	2.854 3	3.379 9	3.996 0	4.717 15	5.559 9
19	1.208 1	1.456 8	1.753 5	2.106 8	2.527 0	3.025 6	3.616 5	4.315 7	5.141 7	6.115 9
20	1.220 2	1.485 9	1.806 1	2.191 1	2.653 3	3.207 1	3.869 7	4.661 0	5.604 4	6.727 5
21	1.232 4	1.515 7	1.860 3	2.278 8	2.786 0	3.399 6	4.140 6	5.033 8	6.108 8	7.400 2
22	1.244 7	1.546 0	1.916 1	2.369 9	2.925 3	3.603 5	4.430 4	5.436 5	6.658 6	8.140 3
23	1.257 2	1.576 9	1.973 6	2.464 7	3.071 5	3.819 7	4.740 5	5.871 5	7.257 9	8.254 3
24	1.269 7	1.608 4	2.032 8	2.563 3	3.225 1	4.048 9	5.072 4	6.341 2	7.911 1	9.849 7
25	1.282 4	1.640 6	2.093 8	2.665 8	3.386 4	4.291 9	5.427 4	6.848 5	8.623 1	10.835
26	1.295 3	1.673 4	2.156 6	2.772 5	3.555 7	4.549 4	5.807 4	7.396 4	9.399 2	11.918
27	1.308 2	1.706 9	2.221 3	2.883 4	3.733 5	4.882 3	6.213 9	7.988 1	10.245	13.110
28	1.321 3	1.741 0	2.287 9	2.998 7	3.920 1	5.111 7	6.648 8	8.627 1	11.167	14.421
29	1.334 5	1.775 8	2.356 6	3.118 7	4.116 1	5.418 4	7.114 3	9.317 3	12.172	15.863
30	1.347 8	1.811 4	2.427 3	3.243 4	4.321 9	5.743 5	7.612 3	10.063	13.268	17.449
40	1.488 9	2.208 0	3.262 0	4.801 0	7.040 0	10.286	14.794 2	1.725	31.408	45.259
50	1.644 6	2.691 6	4.383 9	7.106 7	11.467	18.420	29.457 4	46.902	74.358	117.39
60	1.816 7	3.281 0	5.891 6	10.520	18.679	32.988	57.946	101.26	176.03	304.48

注：*>99 999。

终值系数表

12%	14%	15%	16%	18%	20%	24%	28%	32%	36%
1.120 0	1.140 0	1.150 0	1.160 0	1.180 0	1.200 0	1.240 0	1.280 0	1.320 0	1.360 0
1.254 4	1.299 6	1.322 5	1.345 6	1.392 4	1.440 0	1.537 6	1.638 4	1.742 4	1.849 6
1.404 9	1.481 5	1.520 9	1.560 9	1.643 0	1.728 0	1.906 6	2.087 2	2.300 0	2.515 5
1.573 5	1.689 0	1.749 0	1.810 6	1.938 8	2.073 6	2.364 2	2.684 4	3.036 0	3.421 0
1.762 3	1.925 4	2.011 4	2.100 3	2.287 8	2.488 3	2.931 6	3.436 0	4.007 5	4.652 6
1.973 8	2.195 0	2.313 1	2.436 4	2.699 6	2.986 0	3.635 2	4.398 0	5.289 9	6.327 5
2.210 7	2.502 3	2.660 0	2.826 2	3.185 5	3.583 2	4.507 7	5.629 5	6.982 6	8.605 4
2.476 0	2.852 6	3.059 0	3.278 4	3.758 9	4.299 8	5.589 5	7.205 8	9.217 0	11.703
2.773 1	3.251 9	3.517 9	3.803 0	4.435 5	5.159 8	6.931 0	9.223 4	12.166	15.917
3.105 8	3.707 2	4.045 6	4.411 4	5.233 8	6.191 7	8.594 4	11.806	16.060	21.647
3.478 5	4.226 2	4.652 4	5.117 3	6.175 9	7.430 1	10.657	15.112	21.199	29.439
3.896 0	4.817 9	5.350 3	5.936 0	7.287 6	8.916 1	13.215	19.343	27.983	40.037
4.363 5	5.492 4	6.152 8	6.885 8	8.599 4	10.699	16.386	24.759	36.937	54.451
4.887 1	6.261 3	7.075 7	7.987 5	10.147	12.839	20.319	31.691	48.757	74.053
5.473 6	7.137 9	8.137 1	9.265 5	11.974	15.407	25.196	40.565	64.359	100.71
6.130 4	8.137 2	9.357 6	10.748	14.129	18.488	31.243	51.923	84.954	136.97
6.866 0	9.276 5	10.761	12.468	16.672	22.186	38.741	66.461	112.14	186.28
7.690 0	10.575	12.375	14.463	19.673	26.623	48.039	86.071	148.02	253.34
8.612 8	12.056	14.232	16.777	23.214	31.948	59.568	108.89	195.39	344.54
9.646 3	13.743	16.367	19.461	27.393	38.338	73.864	139.38	257.92	468.57
10.804	15.668	18.822	22.574	32.324	46.005	91.592	178.41	340.45	637.26
12.100	17.861	21.645	26.186	38.142	55.206	113.57	228.36	449.39	866.67
13.552	20.362	24.891	30.376	45.008	66.247	140.83	292.30	593.20	1 178.7
15.179	23.212	28.625	35.236	53.109	79.497	174.63	374.14	783.02	1 603.0
17.000	26.462	32.919	40.874	62.669	95.396	216.54	478.90	1 033.6	2 180.1
19.040	30.167	37.857	47.414	73.949	114.48	268.51	613.00	1 364.3	2 964.9
21.325	34.390	43.535	55.000	87.260	137.37	332.95	784.64	1 800.9	4 032.3
23.884	39.204	50.066	63.800	102.97	164.84	412.86	1 004.3	2 377.2	5 483.9
26.750	44.693	57.575	74.009	121.50	197.81	511.95	1 285.6	3 137.9	7 458.1
29.960	50.950	66.212	85.850	143.37	237.38	634.8	21 645.5	4 142.1	1 014.3
93.051	188.83	267.86	378.72	750.38	1 469.8	5 455.9	19 427	66 521	*
289.00	700.23	1 083.7	1 670.7	3 927.4	9 100.4	46 890	*	*	*
897.60	2 595.9	4 384.0	7 370.2	20 555	56 348	*	*	*	*

附表2　1元复利

期数	1%	2%	3%	4%	5%	6%	7%	8%	9%	10%
1	0.990 1	0.980 4	0.970 9	0.961 5	0.952 4	0.943 4	0.934 6	0.925 9	0.917 4	0.909 1
2	0.980 3	0.971 2	0.942 6	0.924 6	0.907 0	0.890 0	0.873 4	0.857 3	0.841 7	0.826 4
3	0.970 6	0.942 3	0.915 1	0.889 0	0.863 8	0.839 6	0.816 3	0.793 8	0.772 2	0.751 3
4	0.961 0	0.923 8	0.888 5	0.854 8	0.822 7	0.792 1	0.762 9	0.735 0	0.708 4	0.683 0
5	0.951 5	0.905 7	0.862 6	0.821 9	0.783 5	0.747 3	0.713 0	0.680 6	0.649 9	0.620 9
6	0.942 0	0.888 0	0.837 5	0.790 3	0.746 2	0.705 0	0.666 3	0.630 2	0.596 3	0.564 5
7	0.932 7	0.860 6	0.813 1	0.759 9	0.710 7	0.665 1	0.622 7	0.583 5	0.547 0	0.513 2
8	0.923 5	0.853 5	0.787 4	0.730 7	0.676 8	0.627 4	0.582 0	0.540 3	0.501 9	0.466 5
9	0.914 3	0.836 8	0.766 4	0.702 6	0.644 6	0.591 9	0.543 9	0.500 2	0.460 4	0.424 1
10	0.905 3	0.820 3	0.744 1	0.675 6	0.613 9	0.558 4	0.508 3	0.463 2	0.422 4	0.385 5
11	0.896 3	0.804 3	0.722 4	0.649 6	0.584 7	0.526 8	0.475 1	0.428 9	0.387 5	0.350 5
12	0.887 4	0.788 5	0.701 4	0.624 6	0.556 8	0.497 0	0.444 0	0.397 1	0.355 5	0.318 6
13	0.878 7	0.773 0	0.681 0	0.600 6	0.530 3	0.468 8	0.415 0	0.367 7	0.326 2	0.289 7
14	0.870 0	0.757 9	0.661 1	0.577 5	0.505 1	0.442 3	0.387 8	0.340 5	0.299 2	0.263 3
15	0.861 3	0.743 0	0.641 9	0.555 3	0.481 0	0.417 3	0.362 4	0.315 2	0.274 5	0.239 4
16	0.852 8	0.728 4	0.623 2	0.533 9	0.458 1	0.393 6	0.338 7	0.291 9	0.251 9	0.217 6
17	0.844 4	0.714 2	0.605 0	0.513 4	0.436 3	0.371 4	0.316 6	0.270 3	0.231 1	0.197 8
18	0.836 0	0.700 2	0.587 4	0.493 6	0.415 5	0.350 3	0.295 9	0.250 2	0.212 0	0.179 9
19	0.827 7	0.686 4	0.570 3	0.474 6	0.395 7	0.330 5	0.276 5	0.231 7	0.194 5	0.163 5
20	0.819 5	0.673 0	0.553 7	0.456 4	0.376 9	0.311 8	0.258 4	0.214 5	0.178 4	0.148 6
21	0.811 4	0.659 8	0.537 5	0.438 8	0.358 9	0.294 2	0.241 5	0.198 7	0.163 7	0.135 1
22	0.803 4	0.646 8	0.521 9	0.422 0	0.341 8	0.277 5	0.225 7	0.183 9	0.150 2	0.122 8
23	0.795 4	0.634 2	0.506 7	0.405 7	0.325 6	0.261 8	0.210 9	0.170 3	0.137 8	0.111 7
24	0.787 6	0.621 7	0.491 9	0.390 1	0.310 1	0.247 0	0.197 1	0.157 7	0.126 4	0.101 5
25	0.779 8	0.609 5	0.477 6	0.375 1	0.295 3	0.233 0	0.184 2	0.146 0	0.116 0	0.092 3
26	0.772 0	0.597 6	0.463 7	0.360 4	0.281 2	0.219 8	0.172 2	0.135 2	0.106 4	0.083 9
27	0.764 4	0.585 9	0.450 2	0.346 8	0.267 8	0.207 4	0.160 9	0.125 2	0.097 6	0.076 3
28	0.756 8	0.574 4	0.437 1	0.333 5	0.255 1	0.195 6	0.150 4	0.115 9	0.089 5	0.069 3
29	0.749 3	0.563	0.424 3	0.320 7	0.242 9	0.184 6	0.140 6	0.107 3	0.082 2	0.063 0
30	0.741 9	0.552 1	0.412 0	0.308 3	0.231 4	0.174 1	0.131 4	0.099 4	0.075 4	0.057 3
35	0.705 9	0.500 0	0.355 4	0.253 4	0.181 3	0.130 1	0.093 7	0.067 6	0.049 0	0.035 6
40	0.671 7	0.452 9	0.306 6	0.208 3	0.142 0	0.097 2	0.066 8	0.046 0	0.031 8	0.022 1
45	0.649 1	0.410 2	0.264 4	0.171 2	0.111 3	0.072 7	0.047 6	0.031 3	0.020 7	0.013 7
50	0.608 0	0.371 5	0.228 1	0.140 7	0.087 2	0.054 3	0.033 9	0.021 3	0.013 4	0.008 5
55	0.578 5	0.336 5	0.196 8	0.115 7	0.068 3	0.040 6	0.024 2	0.014 5	0.008 7	0.005 3

注：*＜0.000 1。

现值系数表

12%	14%	15%	16%	18%	20%	24%	28%	32%	36%
0.892 9	0.877 2	0.869 6	0.862 1	0.847 5	0.833 3	0.806 5	0.781 3	0.757 6	0.735 3
0.797 2	0.769 5	0.756 1	0.743 2	0.718 2	0.694 4	0.650 4	0.610 4	0.573 9	0.540 7
0.711 8	0.675 0	0.657 5	0.640 7	0.608 6	0.578 7	0.524 5	0.476 8	0.434 8	0.397 5
0.635 5	0.592 1	0.571 8	0.552 3	0.515 8	0.482 3	0.423 0	0.372 5	0.329 4	0.292 3
0.567 4	0.519 4	0.497 2	0.476 2	0.437 1	0.401 9	0.341 1	0.291 0	0.249 5	0.214 9
0.506 6	0.455 6	0.432 3	0.410 4	0.370 4	0.334 9	0.275 1	0.227 4	0.189 0	0.158 0
0.452 3	0.399 6	0.375 9	0.353 8	0.313 9	0.279 1	0.221 8	0.177 6	0.143 2	0.116 2
0.403 9	0.350 6	0.326 9	0.305 0	0.266 0	0.232 6	0.178 9	0.138 8	0.108 5	0.085 4
0.360 6	0.307 5	0.284 3	0.263 0	0.225 5	0.193 8	0.144 3	0.108 4	0.082 2	0.062 8
0.322 0	0.269 7	0.247 2	0.226 7	0.191 1	0.161 5	0.116 4	0.084 7	0.062 3	0.046 2
0.287 5	0.236 6	0.214 9	0.195 4	0.161 9	0.134 6	0.093 8	0.066 2	0.047 2	0.034 0
0.256 7	0.207 6	0.186 9	0.168 5	0.137 3	0.112 2	0.055 7	0.051 7	0.035 7	0.025 0
0.229 2	0.182 1	0.162 5	0.145 2	0.116 3	0.093 5	0.061 0	0.040 4	0.027 1	0.018 4
0.204 6	0.159 7	0.141 3	0.125 2	0.098 5	0.077 9	0.049 2	0.031 6	0.020 5	0.013 5
0.182 7	0.140 1	0.122 9	0.107 9	0.083 5	0.064 9	0.039 7	0.024 7	0.015 5	0.009 9
0.163 1	0.122 9	0.106 9	0.098 0	0.070 9	0.054 1	0.032 0	0.019 3	0.011 8	0.007 3
0.145 6	0.107 8	0.092 9	0.080 2	0.060 0	0.045 1	0.025 9	0.015 0	0.008 9	0.005 4
0.130 0	0.094 6	0.080 8	0.069 1	0.050 8	0.037 6	0.020 8	0.011 8	0.006 8	0.003 9
0.116 1	0.082 9	0.070 3	0.059 6	0.043 1	0.031 3	0.016 8	0.009 2	0.005 1	0.002 9
0.103 7	0.072 8	0.061 1	0.051 4	0.036 5	0.026 1	0.013 5	0.007 2	0.003 9	0.002 1
0.092 6	0.063 8	0.053 1	0.044 3	0.030 9	0.021 7	0.010 9	0.005 6	0.002 9	0.001 6
0.082 6	0.056 0	0.046 2	0.038 2	0.026 2	0.018 1	0.008 8	0.004 4	0.002 2	0.001 2
0.073 8	0.049 1	0.040 2	0.032 9	0.022 2	0.015 1	0.007 1	0.003 4	0.001 7	0.000 8
0.065 9	0.043 1	0.034 9	0.028 4	0.018 8	0.012 6	0.005 7	0.002 7	0.001 3	0.000 6
0.058 8	0.037 8	0.030 4	0.024 5	0.016 0	0.010 5	0.004 6	0.002 1	0.001 0	0.000 5
0.052 5	0.033 1	0.026 4	0.021 1	0.013 5	0.008 7	0.003 7	0.001 6	0.000 7	0.000 3
0.046 9	0.029 1	0.023 0	0.018 2	0.011 5	0.007 3	0.003 0	0.001 3	0.000 6	0.000 2
0.041 9	0.025 5	0.020 0	0.015 7	0.009 7	0.006 1	0.002 4	0.001 0	0.000 4	0.000 2
0.037 4	0.022 4	0.017 4	0.013 5	0.008 2	0.005 1	0.002 0	0.000 8	0.000 3	0.000 1
0.033 4	0.019 6	0.015 1	0.011 6	0.007 0	0.004 2	0.001 6	0.000 6	0.000 2	0.000 1
0.018 9	0.010 2	0.007 5	0.005 5	0.003 0	0.001 7	0.000 5	0.000 2	0.000 1	*
0.010 7	0.005 3	0.003 7	0.002 6	0.001 3	0.000 7	0.000 2	0.000 1	*	*
0.006 1	0.002 7	0.001 9	0.001 3	0.000 6	0.000 3	0.000 1	*	*	*
0.003 5	0.001 4	0.000 9	0.000 6	0.000 3	0.000 1	*	*	*	*
0.002 0	0.000 7	0.000 5	0.000 3	0.000 1	*	*	*	*	*

附表3 1元年金

期数	1%	2%	3%	4%	5%	6%	7%	8%	9%	10%
1	1.000 0	1.000 0	1.000 0	1.000 0	1.000 0	1.000 0	1.000 0	1.000 0	1.000 0	1.000 0
2	2.010 0	2.020 0	2.030 0	2.040 0	2.050 0	2.060 0	2.070 0	2.080 0	2.090 0	2.100 0
3	3.030 1	3.060 4	3.090 9	3.121 6	3.152 5	3.183 6	3.214 9	3.246 4	3.278 1	3.310 0
4	4.060 4	4.121 6	4.183 6	4.246 5	4.310 1	4.374 6	4.439 9	4.506 1	4.573 1	4.641 0
5	5.101 0	5.204 0	5.309 1	5.416 3	5.525 6	5.637 1	5.750 7	5.866 6	5.984 7	6.105
6	6.152 0	6.308 1	6.468 4	6.633 0	6.801 9	6.975 3	7.153 3	7.335 9	7.523 3	7.715 6
7	7.213 5	7.434 3	7.662 5	7.898 3	8.142 0	8.393 8	8.654 0	8.922 8	9.200 4	9.487 2
8	8.285 7	8.583 0	8.892 3	9.214 2	9.549 1	9.897 5	10.260	10.637	11.028	11.436
9	9.368 5	9.754 6	10.159	10.583	11.027	11.491	11.978	12.488	13.021	13.579
10	10.462	10.950	11.464	12.006	12.578	13.181	13.816	14.487	15.193	15.937
11	11.567	12.169	12.808	13.486	14.207	14.972	15.784	16.645	17.560	18.531
12	12.683	13.412	14.192	15.026	15.917	16.870	17.888	18.977	20.141	21.384
13	13.809	14.680	15.618	16.627	17.713	18.882	20.141	21.495	22.953	24.523
14	14.947	15.974	17.086	18.292	19.599	21.015	22.550	24.214	26.019	27.975
15	16.097	17.293	18.599	20.024	21.579	23.276	25.129	27.152	29.361	31.772
16	17.258	18.639	20.157	21.825	23.657	25.673	27.888	30.324	33.003	35.950
17	18.430	20.012	21.762	23.698	25.840	28.213	30.840	33.750	36.974	40.545
18	19.615	21.412	23.414	25.645	28.132	30.906	33.999	37.450	41.301	45.599
19	20.811	22.841	25.117	27.671	30.539	33.760	37.379	41.446	46.018	51.159
20	22.019	24.297	26.870	29.778	33.066	36.786	40.995	45.752	51.160	57.275
21	23.239	25.783	28.676	31.969	35.719	39.993	44.865	50.423	56.765	64.002
22	24.472	27.299	30.537	34.248	38.505	43.392	49.006	55.457	62.873	71.403
23	25.716	28.845	32.453	36.618	41.430	46.996	53.436	60.883	69.532	79.543
24	26.973	30.422	34.426	39.083	44.502	50.816	58.177	66.765	76.790	88.497
25	28.243	32.030	36.459	41.646	47.727	54.863	63.249	73.106	84.701	98.347
26	29.526	33.671	38.553	44.312	51.113	59.156	68.676	79.954	93.324	109.18
27	30.821	35.344	40.710	47.084	54.669	63.706	74.484	87.351	102.72	121.10
28	32.129	37.051	42.931	49.968	58.403	68.528	80.698	95.339	112.97	134.21
29	33.450	38.792	45.219	52.966	62.323	73.640	87.347	103.97	124.14	148.63
30	34.785	40.568	47.575	56.085	66.439	79.058	94.461	113.28	136.31	164.49
40	48.886	60.402	75.401	95.026	120.80	154.76	199.64	259.06	337.88	442.59
50	64.463	84.579	112.80	152.67	209.35	290.34	406.53	573.77	815.08	1 163.9
60	81.670	114.05	163.05	237.99	353.58	533.13	813.52	1 253.2	1 944.8	3 034.8

注: * >99 999。

终值系数表

12%	14%	15%	16%	18%	20%	24%	28%	32%	36%
1.000 0	1.000 0	1.000 0	1.000 0	1.000 0	1.000 0	1.000 0	1.000 0	1.000 0	1.000 0
2.120 0	2.140 0	2.150 0	2.160 0	2.180 0	2.200 0	2.240 0	2.280 0	2.320 0	2.360 0
3.374 4	3.439 6	3.472 5	3.505 6	3.572 4	3.640 0	3.777 6	3.918 4	3.062 4	3.209 6
4.779 3	4.921 1	4.993 4	5.066 5	5.215 4	5.368 0	5.684 2	6.015 6	6.362 4	6.725 1
6.352 8	6.610 1	6.742 4	6.877 1	7.154 2	7.441 6	8.048 4	8.699 9	9.398 3	10.146
8.115 2	8.535 5	8.753 7	8.977 5	9.442 0	9.929 9	10.980	12.136	13.406	14.799
10.089	10.730	11.067	11.414	12.142	12.916	14.615	16.534	18.696	21.126
12.300	13.233	13.727	14.240	15.327	16.499	19.123	22.163	25.678	29.732
14.776	16.085	16.786	17.519	19.086	20.799	24.712	29.369	34.895	41.435
17.549	19.337	20.304	21.321	23.521	25.959	31.643	38.593	47.062	57.352
20.655	23.045	24.349	25.733	28.755	32.150	40.238	50.398	63.122	78.998
24.133	27.271	29.002	30.850	34.931	39.581	50.895	65.510	84.320	108.44
28.029	32.089	34.352	36.786	42.219	48.497	64.110	84.853	112.30	148.47
32.393	37.581	40.505	43.672	50.818	59.196	80.496	109.61	149.24	202.93
37.280	43.842	47.580	51.660	60.965	72.035	100.82	141.30	198.00	276.98
42.753	50.980	55.717	60.925	72.939	87.442	126.01	181.87	262.36	377.69
48.884	59.118	65.075	71.673	87.068	105.93	157.25	233.79	347.31	514.66
55.750	68.394	75.836	84.141	103.74	128.12	195.99	300.25	459.45	770.94
63.440	78.969	88.212	98.603	123.41	154.74	244.03	385.32	607.47	954.28
72.052	91.025	102.44	115.38	146.63	186.69	303.60	494.21	802.86	1 298.8
81.699	104.77	118.81	134.84	174.02	225.03	377.46	633.59	1 060.8	1 767.4
92.503	120.44	137.63	157.41	206.34	271.03	469.06	812.00	1 401.2	2 404.7
104.60	138.30	159.28	183.60	244.49	326.24	582.63	1 040.4	1 850.6	3 271.3
118.16	158.66	184.17	213.98	289.49	392.48	723.46	1 332.7	2 443.8	4 450.0
133.33	181.87	212.79	249.21	342.60	471.98	898.09	1 706.8	3 226.8	6 053.0
150.33	208.33	245.71	290.09	405.27	567.38	1 114.6	2 185.7	4 260.4	8 233.1
169.37	238.50	283.57	337.50	479.22	681.85	1 383.1	2 798.7	5 624.8	11 198.0
190.70	272.89	327.10	392.50	566.48	819.22	1 716.1	583.3	7 225.7	15 230.3
214.58	312.09	377.17	456.30	669.45	984.07	2 129.0	4 587.7	9 802.9	20 714.2
241.33	356.79	434.75	530.31	790.95	1 181.92	640.9	5 873.2	12 941.2	8 172.3
767.09	1 342.0	1 779.1	2 360.8	4 163.2	7 343.2	2 729.6	9 377	*	*
2 400.0	4 994.5	7 217.7	10 436.2	1 813.4	5 497	*	*	*	*
7 471.6	18 535	29 220	46 058	*	*	*	*	*	*

附表 4　1元年金

期数	1%	2%	3%	4%	5%	6%	7%	8%	9%
1	0.990 1	0.980 4	0.970 9	0.961 5	0.952 4	0.943 4	0.934 6	0.925 9	0.917 4
2	1.970 4	1.941 6	1.913 5	1.886 1	1.859 4	1.833 4	1.808 0	1.783 3	1.759 1
3	2.941 0	2.883 9	2.828 6	2.775 1	2.723 2	2.673 0	2.624 3	2.577 1	2.531 3
4	3.902 0	3.807 7	3.717 1	3.629 9	3.546 0	3.465 1	3.387 2	3.312 1	3.239 7
5	4.853 4	4.713 5	4.579 7	4.451 8	4.329 5	4.212 4	4.100 2	3.992 7	3.889 7
6	5.795 5	5.601 4	5.417 2	5.242 1	5.075 7	4.917 3	4.766 5	4.622 9	4.485 9
7	6.728 2	6.472 0	6.230 3	6.002 1	5.786 4	5.582 4	5.389 3	5.206 4	5.033 0
8	7.651 7	7.325 5	7.019 7	6.732 7	6.463 2	6.209 8	5.971 3	5.746 6	5.534 8
9	8.566 0	8.162 2	7.786 1	7.435 3	7.107 8	6.801 7	6.515 2	6.246 9	5.995 2
10	9.471 3	8.982 6	8.530	8.110 9	7.721 7	7.360 1	7.023 6	6.710 1	6.417 7
11	10.367 6	9.786 8	9.252 6	8.760 5	8.306 4	7.886 9	7.498 7	7.139 0	6.805 2
12	11.255 1	10.575 3	9.954 0	9.385 1	8.863 3	8.383 8	7.942 7	7.536 1	7.160 7
13	12.133 7	11.348 4	10.635 0	9.985 6	9.393 6	8.852 7	8.357 7	7.903 8	7.486 9
14	13.003 7	12.106 2	11.296 1	10.563	19.898 6	9.295 0	8.745 5	8.244 2	7.786 2
15	13.865 1	12.849 3	11.937 9	11.118 4	10.379 7	9.712 2	9.107 9	8.559 5	8.060 7
16	14.717 9	13.577 7	12.561 1	11.652 3	10.837 8	10.105 9	9.446 6	8.851 4	8.312 6
17	15.562 3	14.291 9	13.166 1	12.165 7	11.274 1	10.477 3	9.763 2	9.121 6	8.543 6
18	16.398 3	14.992 0	13.753 5	12.689 6	11.689 6	10.827 6	10.059 1	9.371 9	8.755 6
19	17.226 0	15.678 5	14.323 8	13.133 9	12.085 3	11.158 1	10.335 6	9.603 6	8.960 1
20	18.045 6	16.351 4	14.877 5	13.590 3	12.462 2	11.469 9	10.594 0	9.818 1	9.128 5
21	18.857 0	17.011 2	15.415 0	14.029 2	12.821 2	11.764 1	10.835 5	10.016 8	9.292 2
22	19.660 4	17.658 0	15.936 9	14.451 1	13.488 6	12.303 4	11.061 2	10.200 7	9.442 4
23	20.455 8	18.292 2	16.443 6	14.856 8	13.488 6	12.303 4	11.272 2	10.371 1	9.580 2
24	21.243 4	18.913 9	16.935 5	15.247 0	13.798 6	12.550 4	11.469 3	10.528 8	9.706 6
25	22.023 2	19.523 5	17.413 1	15.622 1	14.093 9	12.783 4	11.653 6	10.674 8	9.822 6
26	22.795 2	20.121 0	17.876 8	15.982 8	14.375 2	13.003 2	11.825 8	10.810	9.929 0
27	23.559 6	20.705 9	18.327 0	16.329 6	14.643 0	13.210 5	11.986 7	10.935 2	10.026 6
28	24.316 4	21.281 3	18.764 1	16.663 1	14.898 1	13.406 2	12.137 1	11.051 1	10.116 1
29	25.065 8	21.844 4	19.188 5	16.983 7	15.141 1	13.590 7	12.277 7	11.158 4	10.198 3
30	25.807 7	22.396 5	19.600 4	17.292 0	15.372 5	13.764 8	12.409 0	11.257 8	10.273 7
35	29.408 6	24.998 6	21.487 2	18.664 6	16.374 2	14.498 2	12.947 7	11.654 6	10.566 8
40	32.834 7	27.355 5	23.114 8	19.792 6	17.159 1	15.046 3	13.331 7	11.924 6	10.757 4
45	36.094 5	29.490 2	24.518 7	20.720 0	17.774 1	15.455 8	13.605 5	12.108 4	10.881 2
50	39.196 1	31.423 6	25.729 8	21.482 2	18.255 9	15.761 9	13.800 7	12.233 5	10.961 7
55	42.147 2	33.174 8	26.774 4	22.108 6	18.633 5	15.990 5	13.939 9	12.318 6	11.014 0

现值系数表

10%	12%	14%	15%	16%	18%	20%	24%	28%	32%
0.909 1	0.892 9	0.877 2	0.869 6	0.862 1	0.847 5	0.833 3	0.806 5	0.781 3	0.757 6
1.735 5	1.690 1	1.646 7	1.625 7	1.605 2	1.565 6	1.527 8	1.456 8	1.391 6	1.331 5
2.486 9	2.401 8	2.321 6	2.283 2	2.245 9	2.174 3	2.106 5	1.981 3	1.868 4	1.766 3
3.169 9	3.037 3	2.917 3	2.855 0	2.798 2	2.690 1	2.588 7	2.404 3	2.241 0	2.095 7
3.790 8	3.604 8	3.433 1	3.352 2	3.274 3	3.127 2	2.990 6	2.745 4	2.532 0	2.345 2
4.355 3	4.111 4	3.888 7	3.784 5	3.684 7	3.497 6	3.325 5	3.020 5	2.759 4	2.534 2
4.868 4	4.563 8	4.288 2	4.160 4	4.038 6	3.811 5	3.604 6	3.242 3	2.937 0	2.677 5
5.334 9	4.967 6	4.638 9	4.487 3	4.343 6	4.077 6	3.837 2	3.421 2	3.075 8	2.786 0
5.759 0	5.328 2	4.916 4	4.771 6	4.606 5	4.303 0	4.031 0	3.565 5	3.184 2	2.868 1
6.144 6	5.650 2	5.216 1	5.018 8	4.833 2	4.494 1	4.192 5	3.681 9	3.268 9	2.930 4
6.495 1	5.937 7	5.452 7	5.233 7	5.028 6	4.656 0	4.327 1	3.775 7	3.335 1	2.977 6
6.813 7	6.194 4	5.660 3	5.420 6	5.197 1	4.793 2	4.439 2	3.851 4	3.386 8	3.013 3
7.103 4	6.423 5	5.842 4	5.583 1	5.342 3	4.909 5	4.532 7	3.912 4	3.427 2	3.040 4
7.366 7	6.628 2	6.002 1	5.724 5	5.467 5	5.008 1	4.610 6	3.961 6	3.458 7	3.060 9
7.606 1	6.810 9	6.142 2	5.847 4	5.575 5	5.091 6	4.675 5	4.001 3	3.483 4	3.076 4
7.823 7	6.974 0	6.265 1	5.954 2	5.668 5	5.162 4	4.729 6	4.033 3	3.502 6	3.088 2
8.021 6	7.119 6	6.372 9	6.047 2	5.748 7	5.222 3	4.774 6	4.059 1	3.517 7	3.097 1
8.021 6	7.249 7	6.467 4	6.128 0	5.817 8	5.273 2	4.812 2	4.079 9	3.529 4	3.103 9
8.364 9	7.365 8	6.550 4	6.198 2	5.877 5	5.316 2	4.843 5	4.096 7	3.538 3	3.109 0
8.513 6	7.469 4	6.623 1	6.259 3	5.928 8	5.352 7	4.869 6	4.110 3	3.545 8	3.112 9
8.648 7	7.562 0	6.687 0	6.312 5	5.973 1	5.383 7	4.891 3	4.121 2	3.551 4	3.115 8
8.771 5	7.644 6	6.742 9	6.358 7	6.011 3	5.409 9	4.909 4	4.130 0	3.555 8	3.118 0
8.883 2	7.718 4	6.792 1	6.398 8	6.044 2	5.342 1	4.924 5	4.137 1	3.559 2	3.119 7
8.984 7	7.784 3	6.835 1	6.433 8	6.072 6	5.450 9	4.937 1	4.142 8	3.561 9	3.121 0
9.077 0	7.843 1	6.872 9	6.464 1	6.097 1	5.466 9	4.947 6	4.147 4	3.564 0	3.122 0
9.160 9	7.895 7	6.906 1	6.490 6	6.118 2	5.480 4	4.956 3	4.151 1	3.565 6	3.122 7
9.237 2	7.942 6	6.935 2	6.513 5	6.136 4	5.491 9	4.963 6	4.154 2	3.566 9	3.123 3
9.306 6	7.984 4	6.960 7	6.533 5	6.152 0	5.501 6	4.969 7	4.156 6	3.567 9	3.123 7
9.369 6	8.021 8	6.983 0	6.550 9	6.165 6	5.509 8	4.974 7	4.158 5	3.568 7	3.124 0
9.426 9	8.055 2	7.002 7	6.566 0	6.177 2	5.516 6	4.978 9	4.160 1	3.569 3	3.124 2
9.644 2	8.175 5	7.070 0	6.616 6	6.215 3	5.538 6	4.991 5	4.164 4	3.570 8	3.124 8
9.779 1	8.243 8	7.105 0	6.641 8	6.233 5	5.548 2	4.996 5	4.165 9	3.571 2	3.125 0
9.862 8	8.282 5	7.123 2	6.654 3	6.242 1	5.552 3	4.998 6	4.166 4	3.571 4	3.125 0
9.914 8	8.304 5	7.132 7	6.660 5	6.246 3	5.554 1	4.999 5	4.166 6	3.571 4	3.125 0
9.947 1	8.317 0	7.137 6	6.663 6	6.248 2	5.554 9	4.999 8	4.166 6	3.571 4	3.125 0

附录 资金时间价值系数表

参 考 文 献

[1] 马元兴. 企业财务管理[M]. 3版. 北京:高等教育出版社,2017.
[2] 张蕊. 公司财务学[M]. 3版. 北京:高等教育出版社,2017.
[3] 袁国辉. 指尖上的会计[M]. 北京:人民邮电出版社,2017.
[4] 肖星. 肖星的财务思维课[M]. 北京:机械工业出版社,2020.